생애체험 세대를 넘어, 이해와 통합으로

노인생애체험 프로그램의 구성과 운영의 실제

서혜경 · 이윤희

경춘사

생애체험 세대를 넘어, 이해와 통합으로

노인생애체험 프로그램의 구성과 운영의 실제

지은이 서혜경 · 이윤희
발행인 안 중 기
발행처 도서출판 경춘사
등록번호 제10-153(1987. 11. 28)

인 쇄 2007년 10월 30일
발 행 2007년 11월 15일

서울 특별시 마포구 공덕 1동 117-25
경춘빌딩 101호

전화 716-2502, 714-5246
팩스 704-0688

값 16,000원

ISBN 978-89-5895-044-8 93330

머리말

고령 사회가 커다란 위기로 우리에게 다가오고 있다. 세대간 단절이 그것이다.

젊은 사람과 나이든 사람이 만날 수 있는 기회가 점차 희박해지면서 어린 이들은 '늙음'과 단절된 상황속에서 성장하게 된다. 상대와의 접촉이 많으면 보다 깊게 이해할수 있지만 그렇지 않으면 오해와 편견만 늘어난다. '창의성이 없다' '비생산적이다' '성에 대한 관심이 없다' '새로운 것을 익힐 수 없다' '고독하다' '개성과 융통성이 결여되었다' 등 노인세대를 열등하고 특이한 집단으로 치부하는 경향이 짙다.

이런 결과들은 노인들을 배척하는 사회의 인위적 산물이다. Dr. Butler(1975)에 의하면 외모가 늙어 보이면 차별을 받고 이로인해 자기비하, 고독감, 소외감, 격리감 등을 겪게된다고 한다.

노인에 대한 몰이해와 편견, 부정적인 시각들을 위기가 아닌 도전의 기회로 바꿔주는 노력들이 곳곳에서 이루어져야 한다. 노인복지분야에서 해야할 일중 하나가 바로 자녀세대와 손자녀 세대들의 노인에 대한 올바른 이해다. 다가올 미래사회의 변화에 대응할 수 있게 한다는 점에서 노인을 이해하는 교육은 매우 중요한 영역임에도 불구하고 이제까지 간과되어왔다. 세대갈등의 책임이 상당부분 사회변화에 제대로 적응하지 못하고 무기력한 모습으로 머물러 있는 노인세대들에게 돌려져 온게 사실이다. 그러나 세대갈등의 책임은 서로에 대해 이해하고 있지 못하고 있다는 점에서 양자 모두에게 있는 것이다.

때문에 노인을 가상으로 미리 체험해 보는 것은 노인에 대한 이해의 폭을 넓히는데 중요하다. 노인생애체험센터가 선진국은 물론 우리나라에도 등장한 것도 이같은 현실의 반영이라 할 수있다. 국내에선 처음으로 시도한 것이라 여러 가지로 부족한 점이 많지만, 책으로 출간하게 된 것은 노인관련 단체나 기관 또는 고령친화산업 분야에 종사하는 분들에게 노인체험센터의 A to Z 을 전해 노인교육에 대한 공감대를 넓혀 나이들수록 존경받는 사회를 만들고자 하는데있다.

머리말

이 책은 총 6장으로, 1장은 고령사회, 노인과 노년기를 생각하는 내용으로 고령사회 어디만큼 왔는가, 세계의 고령화 실태, 우리나라의 인구실태와 전망을 다루었으며, 2장에서는 노년의 체험, 세대간의 이해와 통합을 위한 선택으로 노인에 대한 교육, 왜 노인생애체험인가? 생애체험 교육의 필요성 및 기대효과를 3장에서는 노인생애체험 프로그램 운영의 A to Z 이를테면, 운영의 흐름도에서 진행 메뉴얼까지 정리했다. 4장에서는 체험대상에 따른 프로그램 사례, 5장에서는 한일 노인생애체험센터별 공간구성 및 특징, 6장에서는 체험프로그램의 전망과 과제 그리고 부록의 순으로 구성하였다. 이 책은 또한 노인 관련 기관 및 시설 종사자, 노인이용 거주 · 요양 등의 서비스기관 종사자, 세대간 교육에 관심 있는 교사, 노인복지 정책 및 제도 관련 공무원, 노인-장애인 분야에서 활동하는 자원봉사자, 건강한 노후를 준비하는 중장년층, 초 · 중 · 고등학교 교사들에게 노인생애체험에 대한 체계적이고 종합적인 정보를 제시하는데 주력했다.

이 책이 완성되기까지 도움을 주셨던 한림 고령사회종합 연구원 윤현숙 원장님, 한림대 박사과정 허소영 선생님, 한림대 고령사회교육센터의 노인생애체험실 담당 주아현 선생님, 그리고 생애체험센터에 대해 오랫동안 애정을 갖고 함께 일해왔던 한국노인의 전화에 김효정과장님, 성기옥선생님, 교정을 봐준 서미경 선생님, 사진촬영에 응해주셨던 분들 그 밖의 서울시 노인회 관계자 분들과 안산1대학 실버유사 체험관관련 교수님들, 이책이 나오기까지 인내를 갖고 기다려주신 경춘사 사장님, 끝으로 믿음과 신뢰의 징검돌을 제보폭이 넘지 않게 놓아준 김영규씨와 지혜의 삶을 일깨워주신 오창순여사에게 진심으로 감사드린다.

2007. 9 서혜경 & 이윤희

contents

contents

고령 사회, 노인과 노년기를 생각하다.

chapter 01

우리가 서로 비슷하다는 사실을 믿지 않는다는 게 문제라네 백인과 흑인, 천주교 신자와 개신교 신자, 남자와 여자, 노인과 젊은이 – 다 똑같은데 서로 비슷하다는 점을 안다면 우리 모두는 이 세상의 인류 대가족에 합류하고 싶을 거야.

그래서 지금 우리가 가족을 돌보는 것처럼 인류 대가족을 돌보고 싶어질 거야.

우리 모두 똑같이 시작하지, 출생으로 그리고 똑같이 끝나네 죽음으로. 그런데 뭔가 그렇게 다를 수 있다는 거야? 사람들에게 애정을 쏟게. 자네가 사랑하는, 자네를 사랑하는 작은 공동체를 세우란 말일세.

미치 엘봄 (Mitch Albom) 지음/공경희 옮김(1997), 「모리(Morrie)와 함께한 화요일」 중에서

1. 고령사회, 어디만큼 왔는가

1) 세계의 고령화 실태

세계적으로 고출생(高出生), 고사망(高死亡)에서 저출생(低出生), 저사망(低死亡)으로 인구 동태가 변화하고 있다. 이러한 추세는 최근 선진국의 전체 평균수명이 75세이며 여성 1인당 출산자녀수가 1.6명까지 하락하는 저출생(低出生), 고령화 및 인구 감소 문제와 직면하고 있다.

UN은 2002년 4월 스페인 마드리드에서 개최한 제 2차 세계고령화회의(The Second World Assembly on Aging)에서 세계 각국의 정부, 비정부조직대표와 학자가 모여 고령자의 사회공헌, 건강과 복지, 능력 활용을 위한 방안 등에 관해 논의하였다. 전 세계적으로 급속도로 진행되고 있는 인구고령화 (Global Aging)에 대한 대비를 목적으로 하는 회의였다.

이미 대부분의 선진국에서 고령화가 시작되었다. 최근 들어 개발도상국 일부에서도 고령화가 나타남에 따라 세계적으로 심각한 사회문제로 부각되었다. 빠른 속도로 진행되는 한국과 같은 개발도상국의 고령화는 충분한 경제발전이 이루어지지 않은 상황에서 진행되었다는 점에서 선진국과는 다르다.

일반적으로 출산비율의 감소현상이 일어난 후 20~30년간은 전체 인구 중 생산가능인구(15-64세)가 비중이 높은 인구보너스(인구형태가 경제성장에 이익을 가져오는 시기)상황이 계속되었다. 따라서 우리나라의 경우, 본격적인 고령화 사회로 접어들기 전에 이 인구보너스가 경제발전과 연결될 수 있도록 노력해야 한다. 선진국의 경우, 일찍이 저출산 · 고령화 인구감소사회라는 인류가 경험하지 못했던 상황으로 인해 사회보장제도의 토대가 흔들리고 있다.

그림 1-1과 같이 우리나라는 프랑스나 미국에 비해 적게는 3배, 많게는 10배 가까이 빠르게 고령화가 진행되고 있다. 초고령 사회로 진입하는 시기는 거의 비슷해 보이지만 다른 두 나라에 비해 우리나라는 고령화 사회에서 고령사회로, 고령사회에서 초고령 사회로 진행되는 기간이 불과 19년, 7년밖에 되질 않는다. 하지만 더 큰 문제는 가속되고 있는 고령화속도에 반해 그것을 내비하기 위한 국가적, 사회적, 개인적 차원의 노력이 너무 미비하다는 것이다.

2) 우리나라의 노인인구 현황과 전망

빠른 속도로 고령사회 진입이 다가오고 있는 우리나라의 노인 인구 특성을 다음과 같이 살펴보았다. 이는 체계적인 고령사회 대비에 매우 중요한 단서를 제공하는 것으로 노인인구연령계층별 인구구조, 성별노인인구비율, 도시 농촌의 특성, 평균수명, 노년부양비 그리고 노인계층의 복지욕구 등이다.

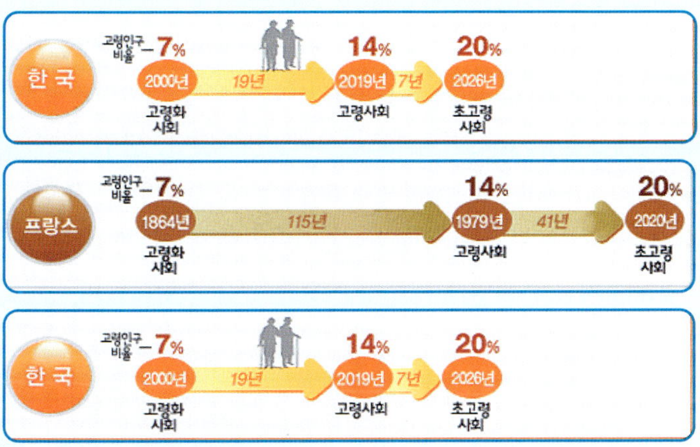

〈그림 1-1〉
각국의 고령화 추세

통계청 (2001,11) 장래인구 추계결과, 일본국립사회보장, 인구문제연구소(2003), 인구통계 자료집(재구성)

(1) 노인인구연령계층별 인구구조

우리나라는 지난 2000년 전체인구 중 65세 이상 노인 인구비율이 7.2%에 이르러 「고령화 사회」에 들어섰으며, 2018년에는 이 비율이 14.3%가 되어

「고령사회」에 진입하고, 2026년에는 20.8%가 되어 「초(超)고령 사회」에 도달할 것으로 전망된다.

2005년 총인구 중 65세 이상 인구가 차지하는 비율은 9.1%로 2004년 8.7%에 비해 0.4% 증가하였고, 10년 전인 1995년 5.9%에 비해서는 3.2% 증가하였다.

(2) 성별 노인인구

2005년 전체인구에서 65세 이상 노인인구가 차지하는 비율을 살펴보면 남성은 7.2%, 여성은 10.9%로 여성의 노인인구 비율이 더 높게 나타났다. 65세 이상 노인인구의 성비(여성 100명당 남성인구)는 2005년 67.1%로, 10년 전, 1995년 59.1%에 비해 높아졌는데, 이는 남성 노인의 사망률이 상대적으로 많이 낮아졌기 때문이다.

(3) 도시 · 농촌의 노인인구 구성

농촌의 고령화는 도시지역에 비하여 훨씬 빠르게 진행되고 있으며, 남해, 의령 등의 45개 시 · 군은 이미 초고령 사회에 진입하였다. 농촌지역의 경우 1990년에 전체인구 중 65세 이상 노인인구비율이 9.0%에 이르러 「고령화 사회」, 2000년에는 14.7%로 이미 「고령사회」가 되었다. 반면 도시지역 65세 이상 인구비율은 1990년에 3.6%, 2000년에는 5.5%이었다. 또한, 전체인구 중 농촌지역 거주 인구 비율이 18.5%인 것에 비해, 65세 이상 고령인구의 경우에는 37.1%가 농촌지역에 거주하고 있는 것으로 나타났다.

〈그림1-2〉 연령계층별 인구 구성비 추이

연령계층별 인구구성비
자료 : 통계청
(장래인구추계,2001)

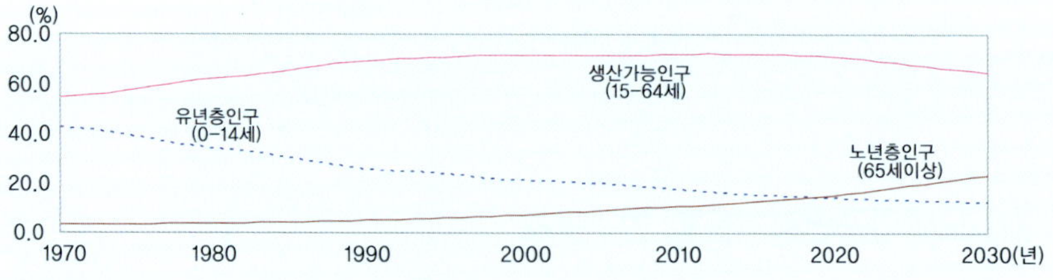

〈그림 1-3〉
성별 노인인구 구성비 추이

자료 : 통계청 (장래인구추계,2001)

(4) 평균수명

2005년 우리나라 인구의 평균수명은 77.9세로 1991년 71.7세에 비해서는 6.2세 증가하였다. 성별로 살펴보면, 2002년 평균수명은 남성 73.4세, 여성 80.4세로 여성이 남성보다 7년 정도 더 오래 사는 것으로 나타났다. 향후 2020년에는 평균수명이 81세, 2030년에는 81.9세로 늘어날 전망이다. 남녀 간의 평균수명 차이는 2002년 7세로 2001년 7.2세에 비해 0.2세, 1991년 8.2세에 비해 1.2세 감소하였다. 이는 남성의 사망률 감소의 속도가 여성보다 빠르기 때문이며, 평균수명 차이는 2020년에 6.2세, 2030년에는 6.0세로 계속 감소할 것으로 전망된다.

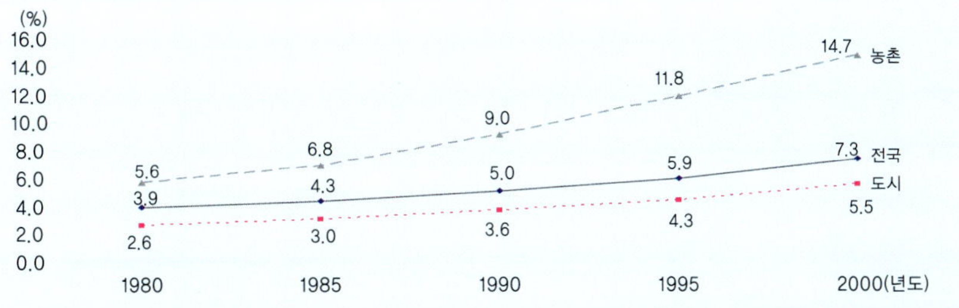

〈그림 1-4〉
도시 · 농촌의 65세 이상 인구비율

자료 : 인구주택총조사보고서, 각년도

chapter 01

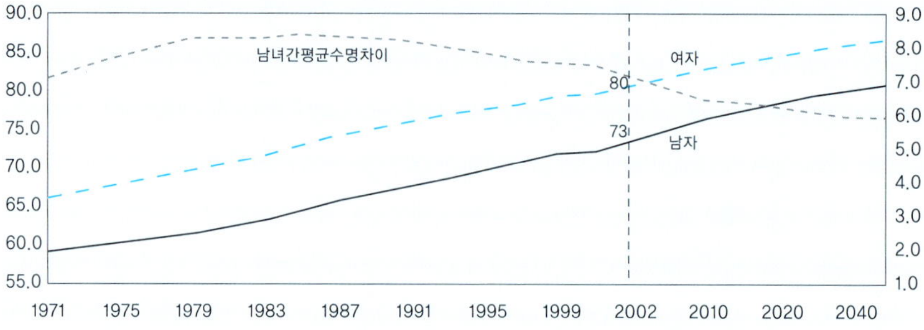

〈그림 1-5〉
평균수명 추이

자료 : 통계청
(장래인구추계,2001)

(5) 노인부양비 및 노령화 지수

노년부양비(比)율은 2005년 12.6%로 10년 전인 1995년 8.3%에 비해 4.3% 증가하였고, 이는 향후 2020년에 21.8%, 2030년에는 37.3%로 계속 증가할 것으로 전망된다. 즉, 2005년의 경우 생산 가능 인구 8.2명이 노인 1명을 부양하는 것이고, 2020년에는 4.6명, 2030년에는 2.7명, 2050년에는 1.4명이 노인 1명을 부양하는 것이다.

2005년 노령화 지수는 47.4로 유년인구(0~14세) 100명당 노인인구가 47명이지만, 2010년에 66.8, 2020년에는 124.2로 크게 높아질 것으로 전망이며, 특히 2017년에 노령화 지수는 104.7로 노인인구가 유년인구를 초과할 것으로 보인다.

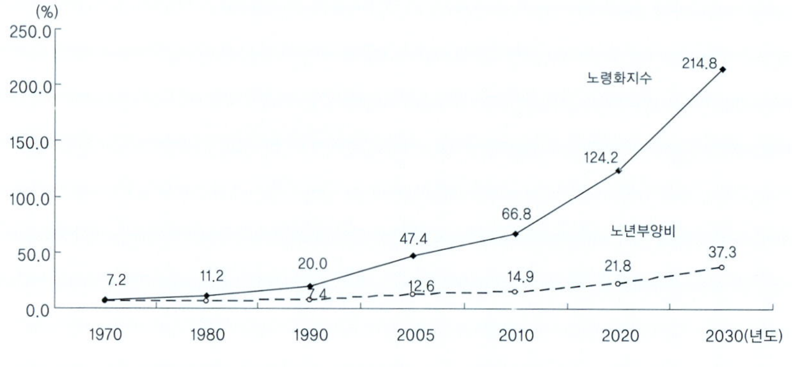

〈그림 1-6〉
노년부양비 및 노령화 지수 추이

자료 : 통계청
(2004 고령자통계)

2002년 노년부양비는 11.1%로 생산가능인구 9명이 1명의 노인을 부양하고 있지만 2019년에는 20.2%로 늘어나 5명이 1명의 노인을 부양해야 하는 실정이다. 이러한 노인인구의 증가속도는 세계에서 유례없이 빠른 것으로, 노인부양, 보건의료 · 복지 등 여러 분야의 문제도 그만큼 빨리 가시화될 것으로 예견되므로, 다가올 고령화 사회에 대한 준비가 시급하다.

(6) 노인인구 계층의 복지욕구

이렇게 급속하게 증가하고 있는 노인인구는 동일한 욕구를 갖고 있는 단일한 집단이 아니다. 노인들의 건강상태와 경제 상태에 따라 요구되는 복지욕구도 다양하다. 즉, 건강한 노인과 건강하지 않은 노인, 저소득층 노인과 중산층 이상 노인들은 서로 상이한 복지 욕구를 갖고 있으며 이에 따른 다양한 정책적 접근이 요구된다.

무엇보다도 노인인구가 증가함에 따라서 건강한 노인의 절대수도 증가하고 있다는 사실이 간과되어서는 안 될 것이다. 즉, 제반 사회적 환경의 변화 및 평균수명의 연장에 따라 전체 노인인구의 급증과 함께 비교적 건강하고 활기찬 생활을 영위할 수 있는 노인이 증가하고 있는 것이다.

반면에 일상생활 수행 능력이 없는 즉, 독립생활이 불가능한 노인도 증가하고 있다. 65세 이상 노인의 31.9%가 일상생활을 위한 동작수행(ADL)에 있어서 한 가지 이상 장애를 갖고 있으며, 3.5%는 일상생활을 위한 동작수행을 전혀 할 수 없는 노인들이다.

〈표1-1〉 65세 이상 노인의 기능장애 정도

<table>
<tr><td rowspan="3">독립생활 가능노인
(57.5%)</td><td colspan="3">독립생활 불가능 노인(42.5%)</td></tr>
<tr><td rowspan="2">IADL만 제한노인
(30.8%)</td><td colspan="2">ADL 제한노인(11.8%)</td></tr>
<tr><td>ADL일부제한(10.5%)</td><td>ADL모두제한(1.3%)</td></tr>
</table>

※ 자료 : 한국보건사회연구원, 2001년도 전국 노인장기요양보호서비스 욕구조사
주 : 1) N=5,058
2) ADL : Activities of Daily Living
3) IADL : Instrumental Activities of Daily Living

이러한 건강하지 못한 노인의 증가로 인해 1985년 이후 2000년까지 전체 인구의 진료비가 22.3배 증가한 것에 비해, 노인인구의 진료비는 83.2배로

증가하여 이는 전체인구의 진료비보다 훨씬 빠른 속도로 증가하고 있다.

이와 같이 노인계층은 동일한 욕구를 갖고 있는 단일한 집단이 아니다. 다시 말해, 노인계층의 다양한 건강상태와 경제적 능력에 따라 요구되는 복지욕구도 다양하다. 즉, 건강한 노인과 건강하지 못한 노인, 저소득층 노인과 중산층 이상 노인들은 서로 상이한 복지욕구를 갖고 있으며 이에 따른 다양한 정책적 접근이 요구되고 있다

노년기의 체험, 세대 간의 이해와 통합을 위한 선택

chapter 02

잘 들어보게. 자넨 알아야해. 젊은 사람 모두 알아야 한다고, 늘 나이 먹는 것에 맞서 싸우면 언제나 불행해 어쨌거나 결국 나이는 먹고 마는 것이니깐.
늙은 사람이 젊은이들을 질투하지 않기란 불가능한 일이야. 하지만 자기가 누구인지 받아들이고 그 속에 흠뻑 빠져드는 것이 중요하지.
지금 자네는 30대를 살고 있지. 나도 30대를 살아봤어.
그리고 지금 나는 78살이 되는 때를 맞이했네. 살면서 현재 자신의 인생에서 무엇이 좋고 진실하며 아름다운지 발견해야 되네.
뒤돌아보면 경쟁심만 생기지. 헌데 나이는 경쟁할만한 문제가 아니거든.

미치 엘봄 (Mitch Albom) 지음/공경희 옮김(1997), 「모리(Morrie)와 함께한 화요일」 중에서

1. 생애체험을 통한 노년기 이해 교육의 필요성

1) 노인에 대한 교육

'노화와 노인에 대한 교육 '(education about older adult and aging)에서 학습자는 어린이에서 노인에 이르기까지 어느 연령집단이든지 언젠가는 노인이 될 사람들, 노인과 관련된 직업에 현재 종사하고 있거나 종사하기를 원하는 사람들, 그리고 퇴직을 준비하는 이들을 모두 포함하는 '미래의 노인'이다. 노인에 대한 교육에서는 노화 과정의 특성과 노년기 과업 등 노화와 노인에 관한 지식과 기술을 다룬다.

우리나라는 노인들을 대상으로 한 교육은 이루어지고 있지만, 노인에 대한 교육은 거의 진행되고 있지 않다. 이는 다가올 미래사회 변화에 대응할 수 있게 한다는 점에서 매우 중요한 영역임에도 불구하고 이제까지 간과되어 왔다. 즉, 세대갈등의 책임이 상당부분 사회변화에 제대로 적응하지 못하고 무기력한 모습으로 머물려 있는 노인세대들에게로 돌려져 왔기 때문이다.

서로의 세대를 이해할 수 있는 기회가 산업화 이후 가족의 핵가족화로 더욱 더 없어지게 되었고, 학교 정규코스를 통한, 그들에 대한 올바른 이해교육은 대학입시 위주의 교육으로 더욱 더 멀어져 갔다. 그러나 앞서 언급한 바와 같이 우리나라의 경우는 정규코스에 정규과목으로 노인에 대한 교육이 이루어지고 있지 않다. 노인에 대한 교육은 고령화 사회를 살아가는 모든 사람들에게 필요한 교육이며, 아동부터 노인 자신에 이르기까지 고령화로 파생되는 여러 문제를 이해하고 더 나아가 자신의 노화와 노후의 준비를 위한 교육 등을 포함한다. 또 동시에 노인에 대한 교육은 노인복지전문가나 노인복지분야에 관련된 직업을 가진 자들, 노인교육지도자 등의 전문적인 직업인들, 이러한 직업을 준비하는 이들을 위한 전문적인 교육 등을 포함한다. 노인과 노화에 관한 객관적인 정확한 지식과 노화에 대한 이해와 준비, 노인과 노화에 대한 직업적인 관심과 교육 등을 모두 포함하는 것이어야 한다(한정란,2000).

노인에 대한 교육은 정규학교과목을 통해 이루어져야 바람직하겠지만, 현재 우리나라에서는 평생교육의 형태로 이루어지고 있다. 예를 들면, 한림대학교는 고령사회센터 내에 '노인생애체험센터'를 상설전시관으로 설립하여 대학생들은 물론이고 인근의 성 · 장년층, 초 · 중 · 고등학교 학생들에서 성 · 장년층에 이르기까지 노인 가상체험을 실시하여 그들을 십분 이해하게 도와준다. 이러한 노인 가상체험교육을 위한 상설전시공간을 '노인생애체험센터'라 하고 이러한 노인 가상체험교육을 통해 노인에 대한 바른 인식과 이해, 고령화를 대응하기 위한 정보 등을 습득할 수 있게 된다.

(1) 교육의 기본적 과제

가정과 학교 그리고 사회에서는 인간의 삶의 질 향상을 위한 실천적 능력을 배양하는 것이 목표이다. 이것은 인간의 생활양식에 관한 광범위하고 전반적인 내용이겠지만, 가장 기본으로 하는 것은 가족에 대한 바른 인식일 것이다. 특히 아동들의 학습활동은 가족을 중심으로 한 인간의 삶을 종합적으로 포용하는 내용으로 실시될 필요가 있다.

교육의 기본적 과제 중 첫 번째는 가족, 가정이란 무엇인가? 가정의 기능과 가정생활의 의의, 중요성과 필요성을 명확히 파악하게 하는 일이다. 두 번째로는 고령화 사회를 살아가기 위한 가장 기본이 되는 생활자립, 생활에 대한 능력을 육성하는 것이다. 그것은 경제적 분배의 문제와 생활설계능력 혹은 의지결정능력 등의 훈련으로 생각할 수 있다. 세 번째로는 자기와 가족의 생명을 지키고 발전시키는 목표에 있어 보다 쾌적한 사회를 창조해 가기 위한 아동들의 실천력 강화가 요구된다.

(2) 교육 내용의 구성상 특성

① 인간성

노년기의 생활 그 자체를 정면에서 이해하는 것이 중요하며 비 노인세대에게 진실을 알리고 생활을 발전시키는 힘을 길러주지 않으면 안 된다. 특히 노

인들에게서 배우는 자세나 배려하는 마음이 사람들을 밝게 하고 인생을 풍요롭게 한다는 것을 이해시키는 것이 필요하다.

② 사회성

일반적으로 볼 수 있는 사회현상이나 문제점을 가정을 중심으로 파악하고 그것들을 개선하기 위하여 필요한 지식을 기르는 것이 필요하다. 사회가 가정에 미치는 영향, 가정이 사회에 미치는 문제 등을 추구하고 쾌적하고 살기 좋은 사회를 만들려고 하는 힘을 지향하는 것이다.

③ 생활성

매일의 생활상황을 소재로 하여 생활에 밀착한 내용이야말로 모든 학습에 통하는 가장 중요한 요소이다. 그중에서도 가족은 각 영역의 중심이라고도 할 수 있다. 거기에 관련하는 의식주의 요소도 내용구성의 주체이다. 우리들은 생활을 주목하고 거기서 항상 새로운 것을 발견하고 소재의 개발에 노력하는 것이 중요하다. 동시에 이제부터는 하나하나의 과제 속에 노인을 의식하는 구조로 생각해 나갈 필요가 있을 것이다.

④ 시대성(현대성)

시대성이 있는 것을 대상으로 자기의 생활양식에 관련지으면서 개혁하여 나가는 노력이 필요하다. 또 그러한 노력 속에서야 말로 아동들은 새로운 것을 발견하고 추구해 나갈 수 있는 것이다. 노인의 생활, 복지의 문제 등은 가정 · 학교 · 사회교육에 있어서 현재의 과제로서 가장 중요한 테마의 하나이고 적극적으로 추진해 나갈 것을 기대해 본다.

⑤ 관련성

노인을 대하는데도 그것이 노인의 생활의 이해에서 시작되고 배려, 보살핌, 자원봉사 활동, 사회문제 등 갖가지 측면에서 배움으로서 확실한 실천력과 연결된다고 생각된다.

(3) 노인에 대한 교육의 기본과제

① 노인의 생활이해에 관한 과제

노인 문제를 다루는 데에 있어서 우선 중요한 것은 비노인에게 노인의 특징을 이해시키는 것이다. 생활을 눈여겨보게 하고 그들의 강점과 약점 등 신체적 심리적인 특징을 파악하고 어떻게 노인들이 삶에서 노력하고 있는지를 아동들에게 노인을 이해시키는 것이 필요하다.

② 노인 수발에 관한 과제

노인의 입장에 서서 수용해 나가는 것이 바람직하지만 수발에 관해서는 생활전반을 통해서 가족의 일원으로서 협력하는 자세로 또 노인에게서 배운다는 입장에서 생각하고 실천할 수 있도록 하는 것이 바람직하다.

③ 노인에 대해 연민 또는 배려에 관한 과제

연민과 배려는 노인 생활에 대한 노력 혹은 고독감에 사로잡혔을 경우 등 도움이 필요할 때 가족을 중심으로 한 따스한 분위기 속에서 노인의 기쁨이나 소원을 파악하고 위로하는 마음을 가지고 접할 수 있는 힘을 기르는 것이다.

④ 노인과 자원봉사에 대한 이해

자기의 힘으로 할 수 있는 일을 찾아서 행동하는 것은 대단히 어렵고 용기가 필요한 일이다. 자원봉사 활동에 결부시키지 않아도 가까운 조부모에 대한 배려의 마음이 점차로 지역사람들에게 확산되듯이 장차 자원봉사의 힘이 될 기초를 기르게 하는 것이 중요하다. 중학교 단계에서는 신체적, 정신적으로도 성장하여 상대의 기분을 읽을 수 있게 된다. 따라서 자원봉사 활동에 대한 이해도 깊어지고 실천도 가능할 것이다. 고등학교 단계에서는 지적발달도 뛰어나고 사회성도 진화하기 때문에 사회와의 연관을 넓혀나가기 위해 자원봉사 활동에 적극적으로 참여시키는 것이 바람직하다.

⑤ 노인과 사회에 관한 과제

교육이란 사람을 인간답게 형성하는 의도적인 행위이다. 젊은이와 노인들이 함께 사는 새로운 가치관 아래 가정, 학교, 지역사회가 제휴하여 서로 교

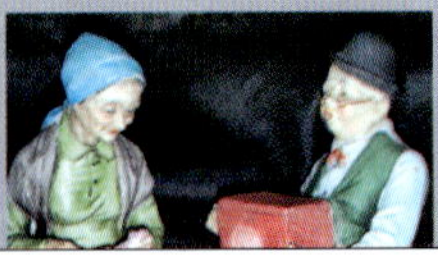

육하는 것을 지향하는 교육이 필요하다.

사회적인 측면에서 고령화 사회가 진전하고 있는데 대한 학생의 지식과 이해를 촉구할 필요가 있다. 특히 가정 · 학교 · 사회교육에 있어서는 단순한 이해에 그치지 않고 기본적인 인간교육으로서 가장 중요한 감정을 기르기 위해서도 서로 만나고 접촉하고 서로 전하고 나누는 기회를 무엇보다도 중시하여야 할 것이다.

이러한 인간관계를 풍요롭게 길러 주기 위해 큰 역할을 담당하지 않으면 안 될 것이다. 어렸을 때의 교육은 우선 배려하는 마음을 가지고 생활하는 일이 중요하며, 가족 간에 사이좋게 지낼 수 있는 분위기 조성이 부모와 그 부모가 그들의 부모를 모시면서 보여줄 수 있는 산교육에 초점을 둔다.

더 큰 단계에서는 인간의 사는 법으로서의 자각과 어른에게 배우고 경의를 갖는 마음을 기르게 하는 것이 필요한 것이다. 장래의 이 나라를 젊어지고 갈 아동들이 어떠한 인간으로 자랄 수 있는 가에 대한 근본은 가정 · 학교 · 사회교육에서 제시되어야 하는 것이다(서혜경, 2000, 고령화 사회와 노인교육의 실천방안, 97-121)

2) 왜 생애체험인가?

생애체험은 비노인 세대가 노인세대의 신체적, 감각적 상태를 가상체험 함으로써 세대 간 상호이해와 통합을 추구하는 교육이다. 즉 노인세대가 사회속에서 분리 당하는 것이 아니라 동등하게 섞이는 것에 관한 교육이라는 것이다.

단순히 노인의 신체적, 감각적 상태를 경험함으로써 노인에 대한 동정심을 유발하기 위한 교육이 아님을 명심해야 한다. 생애체험은 '노년기'를 단절된 한 시기로 보지 않고 '태어나면서 유아기, 아동기, 청소년기, 청년기, 성.장년기를 거쳐 현재의 노년기까지 이어지는 삶의 의미를 포함하고 있다. 즉 각 인생의 주기를 거치면서 지금의 농축된 노년의 시기에 있음을 강조한다. 따라서 '생애체험' 은 노인의 이해만을 목적으로 하는 '노인체험' 의 단절이 아니라 그 이해를 바탕으로 자신의 '생애를 인식하고 준비' 하는 긴 여정을 목적으로 한다는 것에서 차별성을 둘 수 있다.

3) 노인 생애체험 교육의 필요성

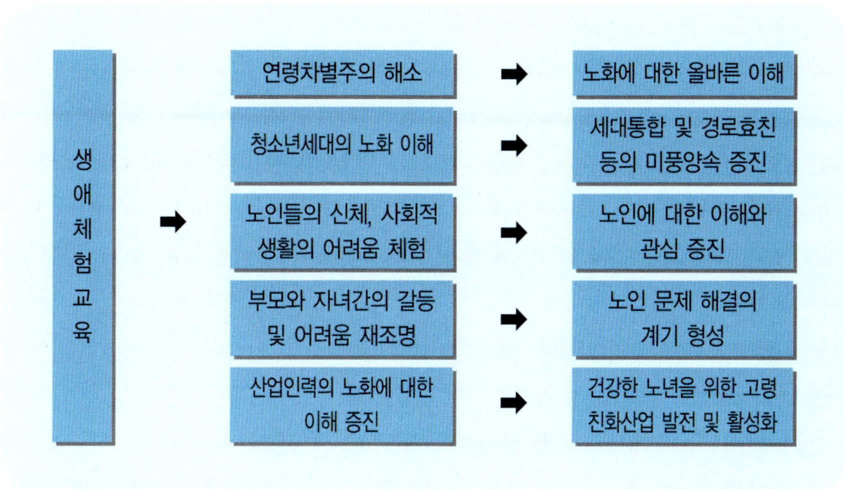

〈그림 2-1〉
생애체험교육의 필요성

4) 기대효과

(1) 세대 간 인식차이로 인한 노인에 대한 편견의 감소

비 노인세대와 노인 세대 간에는 사회적, 문화적 차이를 포함한 많은 인식의 차이가 발생하게 된다. 특히 비 노인세대는 이러한 인식차이로 인하여 노인에 대한 편견을 쉽게 갖게 된다. 흔히 편견은 잘못 알고 있는 것에서 시작된다고 알고 있지만 실제는 '무지' 즉 알지 못하기 때문에 시작된다.

핵가족사회가 진행되면서 비노인세대가 노인세대와 교류 할 수 있는 기회가 점점 줄어들고 미디어에서는 노인을 '고집 센', '고리타분한', '고약한', '무기력한' 이미지로 그려내는 것을 무차별적으로 받아들이다 보니 노인에

대한 편견은 더더욱 고착화 될 수밖에 없었다.

'세상을 많이 살아보신 분들이라 웬만한 주제들에 대한 당신들의 생각이 분명한 것을 체험센터에서의 교육을 받기 이전에는 무턱대고 고집이 세고 자기 주장이 강하다고 생각 했었어요'
(2006년 2월 20일 체험자 소감문)

생애체험은 노인의 신체와 생활 전반적인 부분을 체험함으로써 평소에 이해하기 힘들었던 노인들의 행동과 심리상태를 이해할 수 있게 되고 그들에게 갖고 있는 편견이나 오해를 '가상체험'을 통해서 해결하고자 한다.

'버스에서 천천히 내리는 할머니 할아버지 보면 가끔 밀치고 나갈 때도 있었어요. 근데 정말 그러면 안 되겠다는 생각이 들어요. 다음부턴 좀 더 기다려 드려야겠어요'
(2007년 3월 26일 체험자 소감문)

(2) 청소년시절부터 노후에 대한 인식 증진 계기

우리는 흔히 노후준비는 중 · 장년이 되면 시작하는 것으로 알고 있다. 이는 노화에 대한 충분한 이해가 없기 때문이다. 노화는 신체적 노화, 정신적 노화, 심리적 노화로 분류된다. 노후준비는 이 세 가지 영역의 노화를 두루 준비하는 것이 마땅하다. 생애체험교육을 통해 청소년시절부터 할 수 있는 노후준비의 영역을 인식하도록 하고 좀 더 통합적이고 성공적인 노후를 준비할 수 있는 계기가 될 수 있겠다.

(3) 세대통합 및 사회통합의 실현

① 세대통합의 개념

집안의 노인들은 자신의 생활을 이끌어 오면서 지식, 기술, 통찰력, 안목을 갖게 되고 이러한 것은 가정에서 젊은 세대들에게 전달될 수 있다. 역사적으로 노인들은 가정에서 젊은이들과 특별한 관계를 형성해 왔다. 노인들은 젊은이들에게 영양분을 공급하는 사람들이고 긍정적인 역할의 모델이며 지식, 가치, 문화를 전달하는 사람들이다.

세대 간의 결속을 통해 이루이지는 지식과 가치의 전이를 통해 가정의 아동과 청년들의 안전, 성장, 학습에 장기적인 영향력을 가지고 있다. 이러한 결속력은 또한 집안의 조부모들의 삶에 대한 만족과 복지, 생활의 목적에도 부합되기에 이들에게도 매우 중요하다.

집안의 다세대 결속은 노인과 성인자녀 가족들이 서로의 욕구를 인식하고 이러한 욕구를 충족시키는 역할을 이행하게 만든다(Kingson, 1989). 따라서 세대통합의 기본적 개념은 가족과 지역공동체의 역사처럼 오래된 인간관계이다. 그 뿌리는 가정에서 세대들 간 즉 노인 가족과 젊은 가족들과의 연결고리에서 볼 수 있다.

가족 내에서 성인자녀와 손자녀세대의 결속은 상호욕구에서 비롯되며 종종 매우 강력한 관계로 진전된다. 결속작용(Synergy)은 자연스럽고 적절한 것으로 최근에 인간서비스 분야에 확대되고 있는 것이 세대통합 개념의 요지이다.

② 인간발달이론을 통해서 본 세대통합의 예시

가. 몬테소리(Montessori, Maria)

몬테소리에 의하면 성인은 아동이 자유롭게 활동을 선택할 수 있도록 지도의 기본 틀을 제공하는 사람이며, 노인은 그들이 익힌 경험과 발달적 특성 때문에 아동의 생활에 도움을 주는 역할을 하는데 적절하다고 했다.

나. 존듀이(Jone Dewey)

듀이는 폭넓은 방법의 교육철학을 제시했는데 이는 세대 간의 통합적 개념을 담고 있다. 그는 사회가 아동들에게 교육적 환경을 제공하는 사회의 필요성을 인식했다. 사회에서 가장 경험 있고 학식 있는 사람들과 노인들은 이러한 환경을 일상생활에서 현실과 적응하는데 필요한 기술

을 가르치고 이들에게 성공적인 모델의 역할을 제공할 것을 제안했다. 노인은 비공식적인 교사로서 매우 적절할 뿐만 아니라 현실과 성공적으로 타협해 온 긍정적인 역할모델이며 노인들과의 상호작용은 아동의 공식적 · 비공식적 학습을 경험하는데 있어 지대한 영향력을 갖는다고 했다.

다. 레브 브로스키(Levbrosky)

개별 아동이 홀로 수행할 수 없는 일련의 과업을 기술을 가진 가까운 누군가가 도와주면 이 과업을 할 수 있음이 설명된다. 이런 영역 내에서 아동은 보다 복잡한 과제를 풀 수 있게 되며 이 영역 안에서 성인과의 상호성은 사회행동, 문화에의 동화뿐만 아니라 학구적인 학습에도 영향을 준다.

성인이 아동을 양육하는데 꼭 필요한 과업은 지식과 문화를 아동과 나누고 인접한 발달의 영역에서 지원을 하는 것이다. 이러한 과업들은 노인들이 수행하기에 매우 적절하다. 왜냐하면 노인들은 자신의 생활경험, 문화적 통찰력, 뿌리, 그리고 그들 고유의 발달 특징들을 이 영역으로 들고 들어오기 때문이라며 세대통합을 예시하고 있다.

라. 에릭 에릭슨(Erik Erikson)

에릭슨의 초기단계는 이 시기에 위기를 해결할 때마다 갈등과 문제에 민감한 성인의 지원을 요구한다. 노인은 풍부한 인생경험과 민감성, 이해 등을 포함한 특징을 갖추고 있어 이러한 지원을 제공하기에 매우 적합하다.

다른 세대와의 경험들은 세대 간 계승되어 오는 고유한 생활기술과 문화, 가치를 도구로 집안에서 오랫동안 내려오던 문제를 해결하는데도 도움을 준다. 허약한 노인을 돌보는 일은 젊은이들로 하여금 노인과의 지원적 관계 안에서 자연스럽게 의미 있는 봉사를 할 기회를 준다. 이러한 봉사는 젊은이들의 자존감을 향상시킬 수 있으며 청소년들에게는 연합적인 정체감을 갖고 긍정적인 역할을 할 수 있는 기회를 제공한다.

에릭슨의 발달이론은 다른 학자들과 달리 아동에 국한되는 것이 아니라 생애전반에 걸쳐 성인·노년기 단계까지 지속되기 때문에 더욱 세대 간의 통합적 의미를 담고 있었다.

③ 세대통합프로그램의 개념

세대통합프로그램은 가족 간의 상호작용에 근거를 두고 있기 때문에 지역사회, 가정, 개인 모두에게 긍정적인 영향을 준다. 가정을 경험하지 못한 많은 미국인들은 세대통합프로그램을 통해 가정과 기본적인 접촉을 갖는 것으로 대신하거나 가정의 부족부분을 채우고 가정을 새롭게 만들어 냄으로써 개인의 삶의 질에 직접적인 영향을 주고 있다.

이 프로그램은 또한 젊은 사람과 노인을 연결시킴으로 지역사회를 다시 세우는데 도움을 준다. 개인적 차원으로는 그의 기본적인 욕구충족을 지원함으로써 각 개인은 자신의 시간과 에너지를 지역사회 기능을 유지시키는데 사용할 수 있다.

세대통합프로그램은 노인과 젊은 사람들 간에 서로의 기술, 지식, 그리고 경험을 나누는 것을 증진시키고 두 집단이 모두 혜택을 받는 상호작용이 지속되도록 지원하는 것이다. 세대통합 프로그램들은 노인과 젊은 사람들의 상호작용이 두 집단에게 긍정적인 영향을 준다는 역사적 입증에 기초하고 있다. 이러한 혜택은 전통적으로 가정에서 있었다. 어떻게 가족 간에 이루어진 이러한 혜택이 비친척간인 아동과 노인들에게 세대통합프로그램을 통해 가능하게 할 것인가?

세대통합프로그램은 비친척인 노인과 젊은 사람들이 상호작용을 통해 서로 연결되어 세대들 간에 결속을 갖도록 설계된다. 세대통합프로그램의 역사적 발달은 크게 두 기간으로 나누어진다. 첫 번째 기간은 1960년대 후반부터 1970년대로 세대 간 고립에 관심을 보인 프로그램들이 나타났다. 두 번째 기간은 1980년대에서 1990년대로 사회적 힘의 반응으로 나타난 사회적 문제에 접근하기 위해서였다.

세대통합프로그램의 개발은 미국 내 많은 가정들이 이주를 하고 노인과 젊은이가 지리적으로 분리되어 살면서 두 집단 모두가 부정적인 영향을 받는데서 비롯된다. 지리적으로 떨어져 사는 노인과 젊은 가족들은 서로가 서로를 잘못 이해하는 결과를 가져왔다. 특히 노인에 대한 고정관념, 부정적인 자세 등은 이들에 대한 그릇된 인식에서 비롯되었다.

1960년대와 1970년대의 세대문제가 1980년대와 1990년대에는 사회적 문제로 변화되면서 세대통합 프로그램의 사회적 가치에 대한 인식이 높아졌다. 세대통합프로그램은 주민들에게 사회적 문제를 해결하는 중요한 도구로 인식되었으며 자신들을 사회문제와 관련지어 생각하는 계기를 마련했다. 프로그램에 대한 인식이 확산되면서 아동과 노인의 교육, 보건, 복지에 관심을 갖고 미국전역에서 다양한 제도로 운영되고 있다.

생애체험프로그램 운영의 A to Z

chapter 03

세상 사람들은 젊음을 강조하지만 난 그렇게 생각하지 않아. 잘 들어보게. 젊다는 것이 얼마나 처참할 수 있는지 난 잘 알아. 그러니 젊다는 게 대단히 멋지다고는 말하지 말게. 젊은이들은 갈등과 고민과 부족한 느낌에 늘 시달리고 인생이 비참하다며 나를 찾아오곤 한다네. 너무 괴로워서 자살하고 싶다면서―

그렇다면 나이 먹는데 그렇게 귀중한 일이라면 왜 모두들 젊은 시설로 돌아갔으면―
하고 말할까? 누구도 빨리 65살이 되면 좋겠다라고는 하지 않는 걸까?
그게 어떤 것을 반영하는지 아니? 인생이 불만족스럽다는 것을 적나라하게 보여주는 것이지, 성취감 없는 인생, 의미를 찾지 못한 인생말야, 삶에서 의미를 찾았다면 더 이상 돌아가고 싶어 하지 않아, 앞으로 나가고 싶어 하지, 더 많은 것을 보고, 더 많은 일을 하고 싶어 하지. 아마 65살이 되고 싶어 견딜 수 없을 걸.

미치 엘봄 (Mitch Albom) 지음/공경희 옮김(1997), 「모리(Morrie)와 함께한 화요일」 중에서

1. 노인 생애체험프로그램의 운영

1) 운영흐름도

노인생애체험프로그램에 총체적인 운영체계와 흐름은 다음 그림 3-1과 같다.

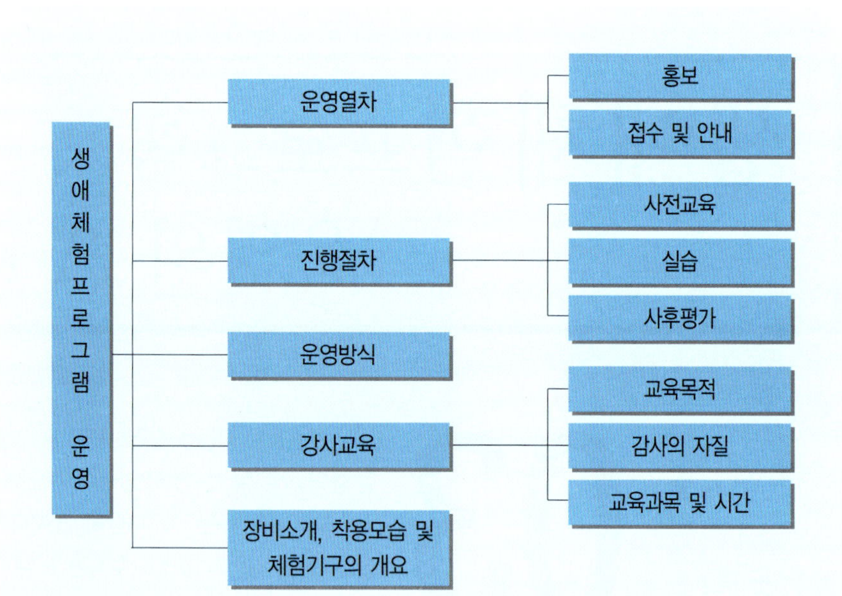

〈그림 3-1〉 생애체험프로그램 운영 흐름도

2) 프로그램 홍보

생애체험프로그램이 아직 대중화 되지 못하였기 때문에 이를 홍보하는 전략이 상당히 중요하다. 기관 및 운영시설의 상황과 특성에 맞게 전략적인 홍보가 필요할 것이다. 한림대학교 노인생애체험실의 경우 접근성이 좋은 서울 · 경기 지역 및 강원도 지역의 복지시설, 병원, 초 · 중 · 고등학교, 대학교, 대학원 등에 홍보물을 우편발송을 하였고 '노인체험대회'를 최초로 실시하여 전국적으로 대대적인 홍보를 하였다.

홍보를 위해선 생애체험프로그램을 쉽게 이해할 수 있는 홍보물을 제작하는 것이 중요하다. 이때 체험내용에 대해서 너무 자세히 설명하기 보다는 큰 그림을 그리듯 간략적인 그림과 설명으로 대신하는 것이 좋다. 대신 체험복, 체험공간에 대해서는 알아보기 쉽도록 사진 또는 삽화를 이용하여 가시화시킬 필요가 있다.

3) 접수 및 안내

접수와 안내에 관한 구체적인 내용은 다음과 같다.

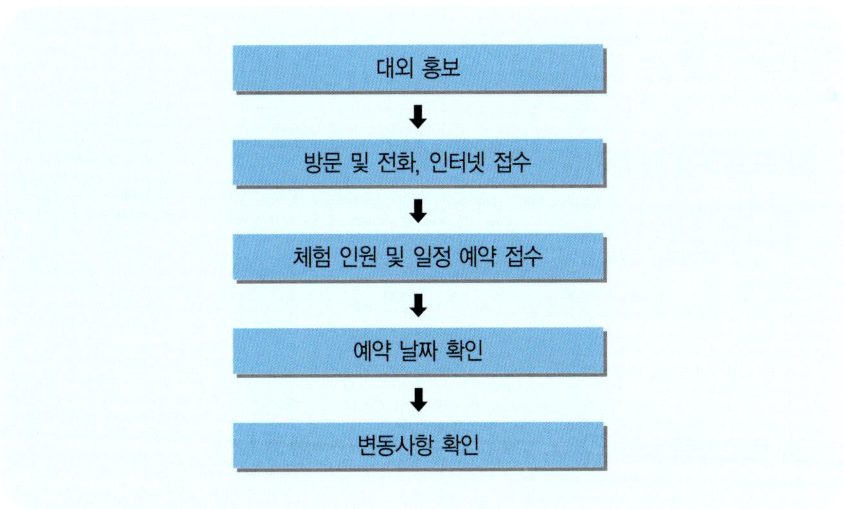

〈그림3-2〉
접수 및 안내

4) 프로그램의 진행절차

사전교육	→	실습	→	사후평가
◈ 프로그램 안내 ◈ 노인에 대한 태도 조사 ◈ 체험 장비 착용 및 유의사항 전달	→	◈ 감성 및 근력공간 -시각(황화현상/백내장) - 청각, 촉각, 근력 ◈ 생활공간 - 현관/주방 - 욕실/화장실 - 침실 ◈ 보행공간 체험 - 슬로프(휠체어) - 계단 오르기, 내리기	→	◈ 느낌 공유 ◈ 노인에 대한 태도 조사 ◈ 평가

〈그림3-3〉
프로그램 진행절차

5) 프로그램 운영방식

(1) 프로그램 운영인원

- 운영인원 : 센터장, 접수업무 및 체험진행 강사, 유료봉사자 1-2명으로 최소한 4~6명으로 운영(운영주체의 예산 등의 상황에 따라 유동적으로 구성 가능)

(2) 프로그램운영시간 (기본 프로그램 120분 기준)

: 사전교육(20분)→체험기구 착의→(10분)→체험실(감성 및 근력 20분, 생활공간 체험 20분, 보행체험 20분)→체험기구 탈의(10분)→체험 후 교육(20분: 태도 조사, 느낌공유)

(3) 이용인원

: 1회에 10~15명 내외, 1일 이용자 50명 내외
(시설의 운영인원 및 업무시간에 따라 조정가능)

6) 생애체험 강사 교육

(1) 교육의 목적

노인생애체험강사의 최대의 목적은 노인유사체험을 통해 고령자의 일상생활에 관한 인간의 오감(시각, 청각, 후각, 촉각, 미각) 뿐만 아니라 심리적인 면에 대해서도 이해가 될 수 있도록 정확하게 어드바이스 할 수 있게 하는 것이다. 또 노인생애체험을 할 때 정상인이더라도 그 신체적 기능을 제한할 경우 위험을 수반하는 경우가 많기 때문에 안전면을 배려한 지도강사의 역할은 대단히 중요하다.

(2) 생애체험 강사의 자질

대상에 대한 이해, 교육 후 부정적 태도를 다루는 방법, 집중도를 높여주기 위한 기술, 체험자들의 경험을 충분히 이끌어 낼 수 있는 공유의 능력(상담자에게도 요구되는)을 갖고 있어야 한다. 사회복지사나 사회복지 관련 과목을 이수한자(강사교육안 표3-1 참조)들이 생애체험 강사로 활약하고 있다.

(3) 교육과목

고령사회의 이해, 신체 · 심리 · 사회적 노화에 대한 이해, 체험대상에 대한 이해 (초 · 중 · 고 · 대학생, 중 · 장년층, 직장인, 현장실무자 등) 등(표3-1 참조)

(4) 교육시간

- 이론교육 1차와 2차 총23시간(3시간× 5과목, 2시간× 4)/ 실습 시간
- 실습 : 생애체험프로그램 소개(프레젠테이션) 및 각 코스별 실습, 사후평가 진행
- 교육안

〈표 3-1〉 강사교육안 예시[1]

구분	과목	비고
1차 이론교육 (기본이론)	고령사회의 이해	
	효과적인 의사소통기술	
	신체 · 심리 · 사회적 노화에 대한 이해	
	노인복지	
	체험대상(아동, 여성, 노인 등) 에 대한 이해	
2차 이론교육 (생애체험이론)	생애체험교육에 대한 이해	각 단원별 발제 및 발표형식의 교육
	노인교육	
	생애체험 프레젠테이션의 실제	
	생애체험 강사의 자질	
실습교육	사전교육 실습 및 공간구성의 이해	체험교육강사의 시범과 교육생들의 실습을 병행하여 실시(강사평가 및 교육생평가)
	감성 및 근력체험 공간 실습	
	생활공간체험 실습	
	보행공간체험 실습	
	사후평가 진행 실습	
	체험진행실습(현장실습)	

7) 장비소개 및 착용모습 및 체험기능

(1) 장비소개[2]

장비 명칭 및 구성	착용방법 및 체험기능
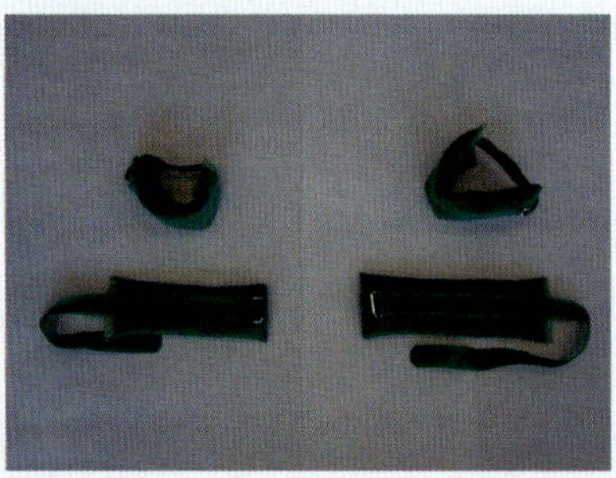 **1. 발목 모래주머니** (좌, 우 1set/개당 1kg)	착용방법 : 양쪽 발목에 착용. 착용 시 발목에 밀착되도록 조이는 게 중요하다. 모래주머니가 발 앞쪽으로 오도록 지시한다. 체험기능 : 팔, 다리의 근력저하 및 움직임을 둔화시킴.

1) 한림대학교 고령사회 교육센터 내 노인 생애체험선터의 예제

2) Koren Co, Ltd에서 개발된 기기로 노인생애체험기구(The Aged Simulation Set, LM-060)

장비 명칭 및 구성	착용방법 및 체험기능
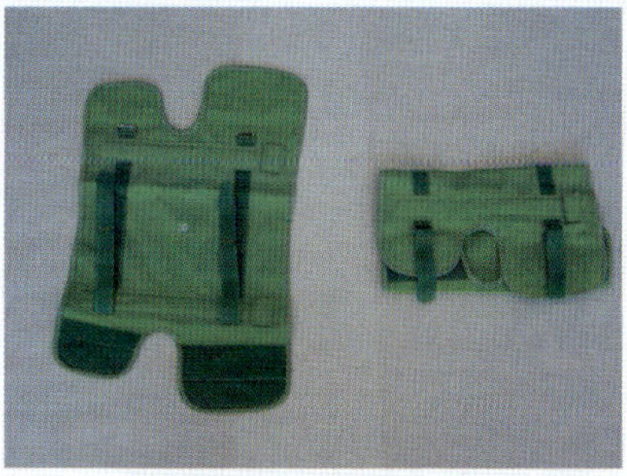 2. **다리보호대** (좌, 우 1set/좌우 구분 있음)	착용방법 : 좌, 우를 구분하여 다리 관절에 착용. 관절을 구부리기 위한 여유 공간이 발생하는데 그 공간이 무릎에 위치하도록 착용한다. 체험기능 : 다리 관절의 운동성을 둔화 체험
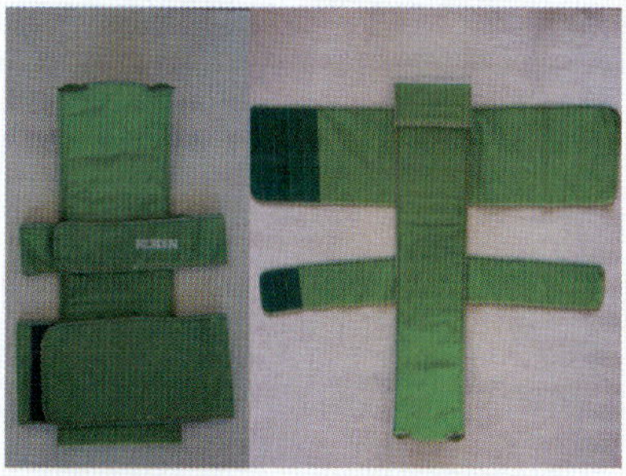 3. **등 보호대** (일체형/가슴, 배 부착부분 분리) 〈접힌 모습〉 〈펼친 모습〉	착용방법 : 알루미늄 고정 쇠가 양쪽 어깨 부위에 오도록 걸치고 보호대와 등 사이가 뜨지 않도록 허리를 구부려 분리된 가슴과 배의 velcro(벌크로)를 붙여 고정시킨다. 이때 보호대의 어깨 부분과 등 부분이 신체와 최대한 밀착 되도록 착용해야 한다. 체험기능 : 척추 관절의 노화를 체험
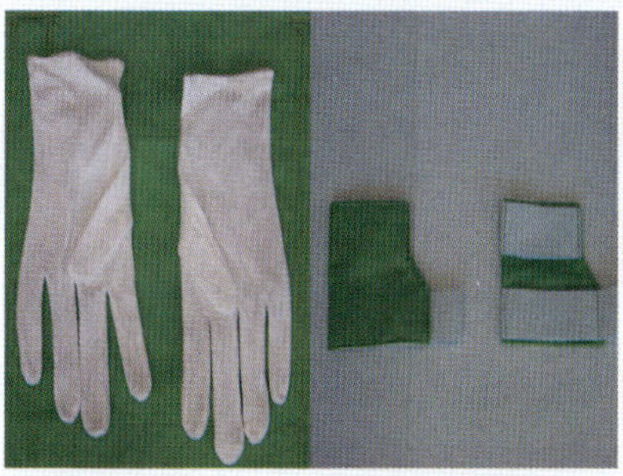 4. **장갑** (좌, 우 구분 없음) 5. **리스트럭터** (1set/좌우 구분 있음)	착용방법 : 장갑과 리스트럭터는 실내체험의 경우 비교체험을 위해 한손(주로 사용하는 손)에만 착용하고 실외체험은 양손 다 착용한다. 리스트럭터는 좌, 우를 잘 구분하여 착용하며 흰색 고무 밴드 사이로 손가락을 집어넣는다. 체험기능 : 손의 촉감 저하 및 손아귀와 손 근력 노화의 체험을 할 수 있다.
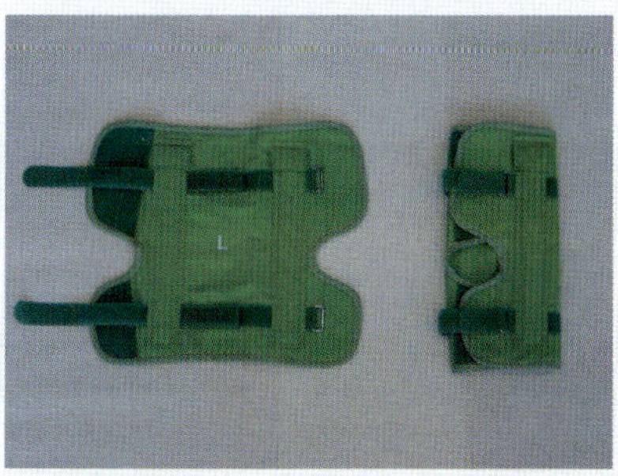 6. **팔 보호대** (좌, 우 1set/좌우 구분 있음)	착용방법 : 장갑과 리스트럭터와 마찬가지로 실내체험은 한쪽만, 실외체험은 양쪽 다 착용한다. 두 명이 한조를 이루어서 팔꿈치를 가리지 않도록 자리를 잡고 벨크로로 부착 후 끈을 조여 고정시킨다. 체험기능 : 팔 근력의 저하와 근육기관의 노화를 체험 할 수 있다.

장비 명칭 및 구성	착용방법 및 체험기능
 7. 귀마개	착용방법 : 귀에 들어갈 부분을 여러 번 주물러 주어 모양을 작게 만든 후 양쪽 귀에 끼우고 약 5초간 눌러주어 고정시킨 뒤 손을 뗀다. 체험기능 : 청력의 노화를 체험하게 된다.
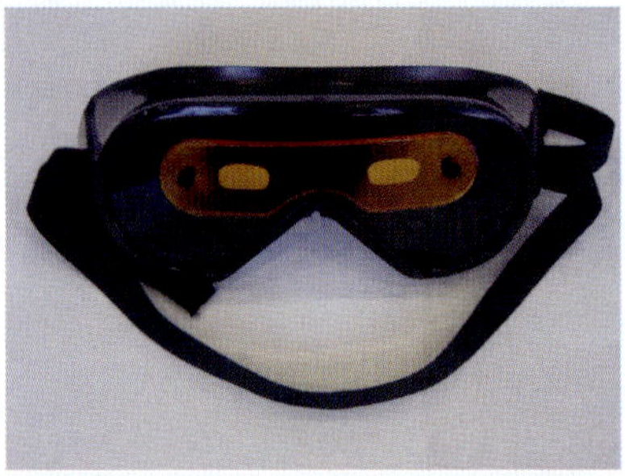 7. 안경	착용방법 : 고정 고무 밴드를 머리 크기에 맞게 잘 조이고 앞을 볼 수 있도록 확보되어진 눈구멍에 눈을 잘 맞추어 착용한다. 이때 시력 보정용 안경을 쓴 사람은 안경 위에 그대로 체험용 안경을 쓰면 된다. 체험기능 : 황화현상과 녹내장의 중증 정도의 증상을 체험 할 수 있다. 눈앞이 노르스름해 보이고 시야가 상당히 좁아지기 때문에 보행 시 고개를 돌려 시야를 확보하도록 지시한다.
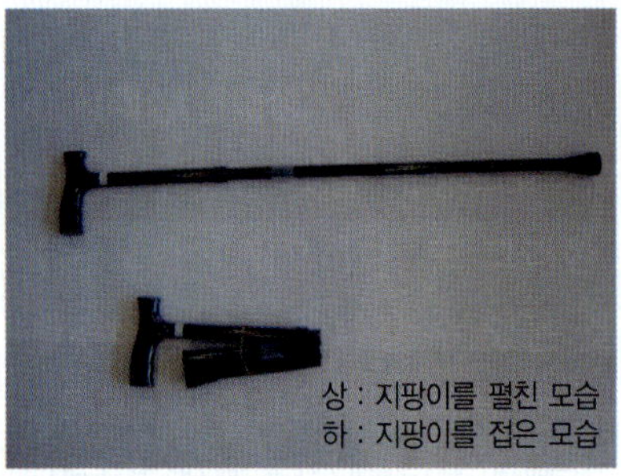 8. **접이형 지팡이**(알루미늄 재질의 접이형 지팡이)	착용방법 ① 3단으로 굽혀있던 지팡이를 펴면 1자형으로 펴진다. ② 첫 번째 마디의 고정 쇠를 돌리면서 손잡이를 당기면 노란 걸림 쇠가 나온다. ③ 원하는 길이에 맞추어 걸림 쇠의 위치를 조절한다. 체험기능 : 모든 기능이 저하된 체험자들이 보행 시에 몸을 지탱할 수 있도록 한다.
 9. **연장패드**(좌, 우 1set)	착용방법 각 보호대의 길이가 짧을 때 사용 ① 보호대 안쪽의 고정 벨트를 집어넣는다. ② 고정벨트에 연장패드를 붙인다. ③ 보호대의 금속 고정 쇠에 고정벨트를 통과시킨다. ④ 보호대의 벌크로 테이프에 고정벨트를 붙인다. ⑤ 고정벨트를 접는다. 체험기능 : 연장패드가 필요한 체격이 큰 체험자들에게 필요하다.

2) 착용모습

앞모습 뒷모습 옆모습

3) 체험기구의 개요

노화로 인한 신체적 변화와 관계된 불편함을 경험하기 위한 목적으로 만들어진 것이다. 본 연구에 사용된 체험 기구는 80세 노인의 신체적인 상태를 느낄 수 있도록 제작된 것이다. 이 체험기구의 착용으로 인한 신체적 불편함이 체험자들을 당황하게 만들 수도 있을 것이다. 그러나 실제로 노화로 인한 이러한 변화는 갑자기 일어나는 것은 아니라 나이가 들면서 점차적으로 일어나게 되는 것이다. 이는 착용 시 체험자가 느끼게 되는 갑작스런 변화로 인해 노화에 대한 반감이 생길수도 있으므로 체험자가 체험을 시작하기 전 · 후의 교육을 통해 충분한 이해가 선행되도록 해야 할 것이다. 또한 이 체험 기구는 단지 체험하기 위한 기구이며, 실제로 체험자가 느끼는 불편함은 제한 장치, 체격, 몸무게, 체형 등에 따라 틀리게 느끼게 될 것이다. 따라서 이 기구를 사

용하기 전에 체험자들에게 이러한 사항들에 대한 충분한 이해를 시켜줘야 한다.

위 사진은 실외체험 시 장비착용 모습이다. 실내체험 시에는 손의 촉감 및 관절운동성과 팔의 근력, 운동성을 비교체험 하기 위하여 팔에 착용하는 장비 즉, 손목 모래주머니, 장갑, 리스트럭터는 한쪽(자주 사용하는 손)에만 착용한다.

체험복 착용 후에는 착용상태를 반드시 확인하여야 한다. 장비의 착용상태가 불량하면 체험 장비의 파손 뿐 아니라 체험자체에도 크게 영향을 미치기 때문이다. 등보호대는 어깨에 닿은 부분 사이가 뜨지 않도록 하고 등과 장비 사이가 반드시 밀착되도록 한다. 손목, 발목 모래주머니는 손과 발의 앞쪽으로 오게 하며 착용부위를 조여 헐겁지 않게 한다. 팔 보호대, 다리보호대는 반드시 좌우가 올바르게 착용되도록 돕고 착용 후에는 무리한 힘을 가하지 않도록 주의시킨다. 안경은 썼을 때 앞이 노랗고 뿌옇게 보이는지를 확인시키고 장비안경 외에 시력보조용 안경을 쓰고 있는 체험자에게는 장비안경과 시력보조안경을 동시에 착용하되 두 안경의 초점이 잘 맞도록 조절하여 준다.

2. 노인 생애체험 진행 매뉴얼[3]

1) 진행흐름도

노인생애체험프로그램에 총체적인 진행 흐름은 다음 그림 3-4와 같다.

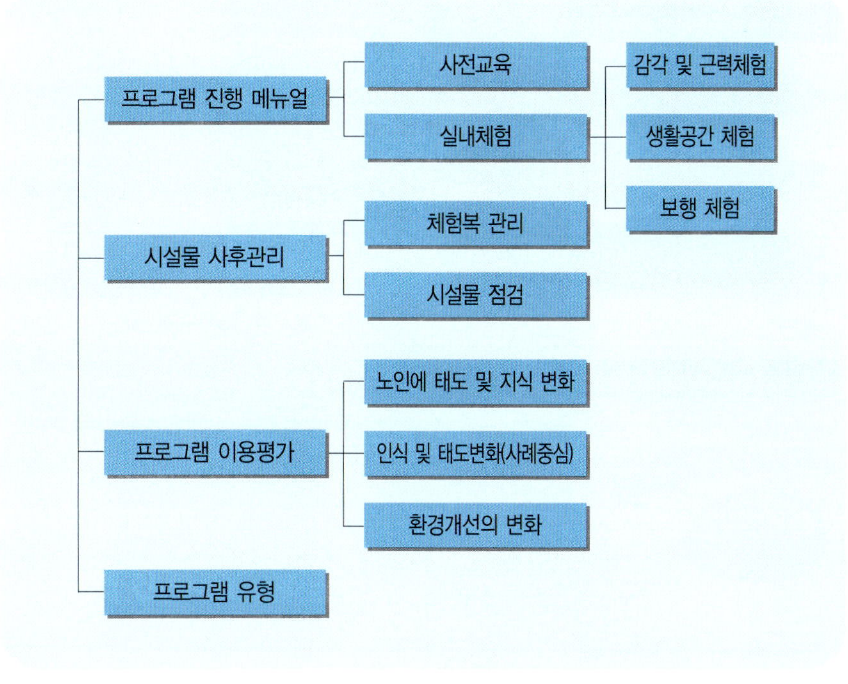

〈그림 3-4〉 생애체험프로그램 진행 흐름도

3) 한림대학교 고령사회 교육센터 내 노인 생애체험실 예제

2) 사전교육 : 파워포인트 자료를 이용한 프레젠테이션

파워포인트 자료	교육내용
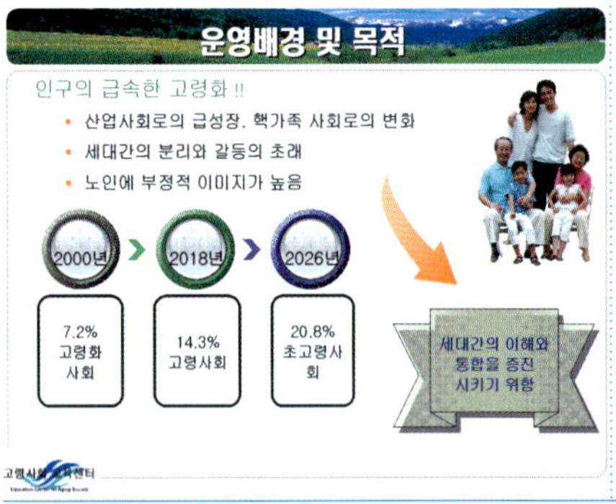	■생애체험실의 운영배경 및 목적 - 고령화 사회, 고령사회, 초고령사회의 기준과 우리나라 진행현황 (표를 활용하여 설명) - 고령화의 원인 - 고령화로 인해 파생되고 있는 사회현상 및 문제(이슈가 되었던 사건을 예로 들어 설명) - 비노인세대가 노인세대에 대해 가질 수 있는 부정적 이미지 - 체험자에게 노인에 대한 이미지를 질문
	■생애체험실의 기대효과 1) 세대 간 인식차이로 인한 노인에 대한 편견의 감소 - 편견은 무지에서 비롯되며 생애체험을 통해 노인에 대해 올바르게 알아가야 함을 강조 2) 청소년시절부터 바람직한 노후에 대한 인식 증진 계기 - 노화에 대한 세가지 측면(신체적,사회적,심리적 노화)을 고려한 통합적인 노후준비가 필요함 3) 세대통합, 사회통합의 기회제공
	■체험대상 - 어린이에서 (예비)노인까지 누구나 체험이 가능하고 필요함
	■생애체험실의 운영 - 기관의 운영 스케줄에 따라 차별적운영 - 기간, 체험인원(1회기 기준), 참가 신청 방법 등을 설명

파워포인트 자료	교육내용
	■교육과정(실내) - 사전교육/실습/사후평가 (기관의 운영방법에 따라 변동이 가능)
	■교육과정(실외) - 사전교육/실습/사후평가 (기관의 운영방법에 따라 변동이 가능) * 참가인원이 많을경우 일부는 사전에 지정된 야외 실습 코스를 체험하게 된다.
	■장비구성 및 기능 - 장비의 구성 및 기능을 사진과 함께 설명함. - 기능설명과 더불어 착용 시 유의점이나 착용 후 체험시의 주의사항을 전달
	■체험 장비 착용 모습 - 설명한 장비의 올바른 착용모습을 보여주고 실외/실내 체험시의 착용상태 차이를 설명

chapter 03

파워포인트 자료	교육내용
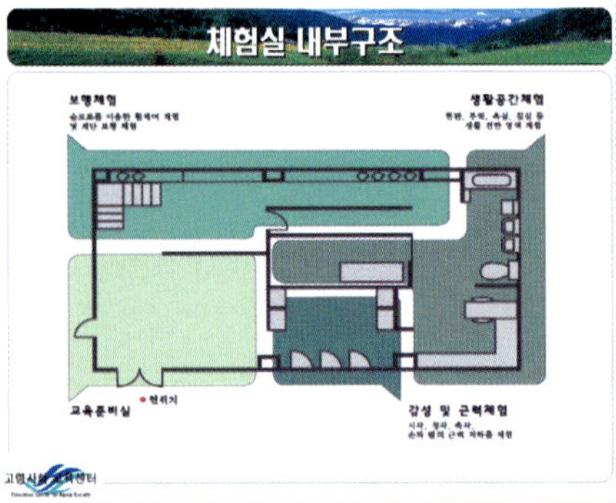	■체험실 내부구조 – 기관의 구성된 체험실의 내부구조를 보여주고 공간별 이루어질 체험에 대해 간단히 설명한다.
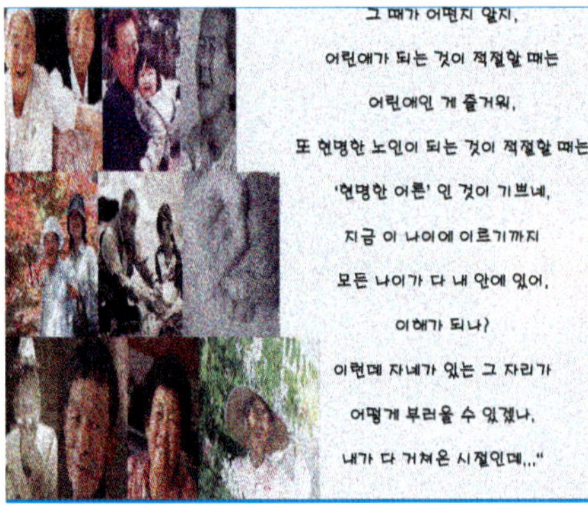	■ '모리와 함께 한 화요일' 인용 – 체험자들에게 인용문을 읽을 시간을 주고 이루어질 체험이 노인체험이 아닌 생애체험인 이유에 대해 설명

9) 실습

(1) 실내체험

① 감각 및 근력체험

구 분	사 진	진행요령
시각체험1 (황화현상체험)		체험자들을 시각체험용 그림판 앞에 서도록 하고 그림판의 그림을 확인하라는 멘트와 함께 약간의 시간을 준다.
	 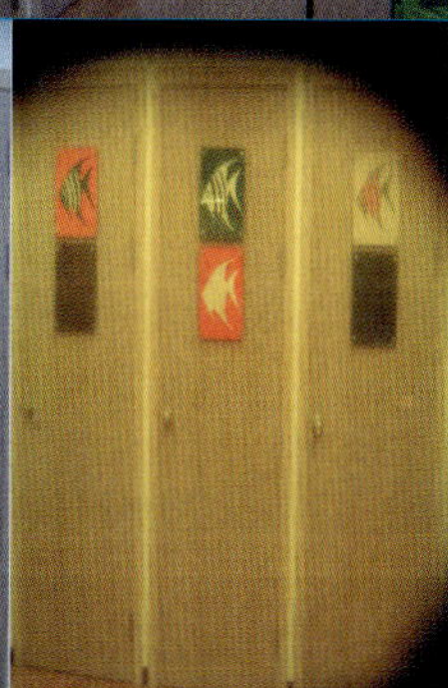	체험자들이 그림의 정확한 형태를 파악할 수 있는지를 확인한다. 이때 체험자 몇 명에게 그림의 형태와 색을 잘 구별하는지 질문하여 반응을 살피는 것이 좋다. 진행자는 이 체험을 통해 생활 속에서 접하는 많은 시각적인 신호들 즉, 신호등이나 위험안내표지판 등이 시각적인 신호만으로는 부족하고 기타 촉각, 청각 등의 신호를 함께 주어야 한다는 내용을 전달해야 한다.
시각체험2 (백내장 체험)	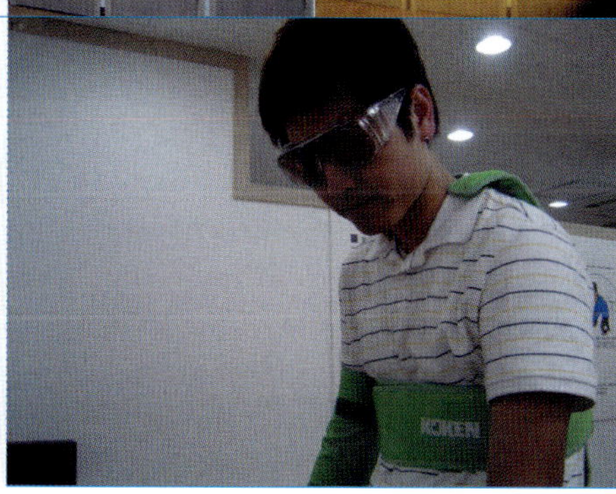	한정된 시간 내에 체험을 진행하기 위해서는 체험자 개개인에게 체험시간을 할애하기 힘들게 된다. 백내장체험 역시 1~2명이 대표로 쓰고 그 느낌을 다른 체험자들에게 말하는 형식으로 체험이 이루어 지는 게 좋다. 그동안 다른 체험자들은 여유시간에 촉각, 근력체험등을 하도록 유도한다.

구 분	사 진	진행요령
		백내장 안경만으로는 한꺼번에 많은 체험자들을 체험시킬 수 없기 때문에 원래 정상적인 시력으로 보여지는 크레파스와 백내장일 경우 보여질 수 있는 크레파스 컬러를 비교설명하면서 어르신들의 시각적 어려움으로 인한 생활 속의 불편함(외출을 잘 못하신다거나, 사물을 뚜렷하게 구분하지 못하시는 등..)을 적용시켜 주어야 한다.
청각체험	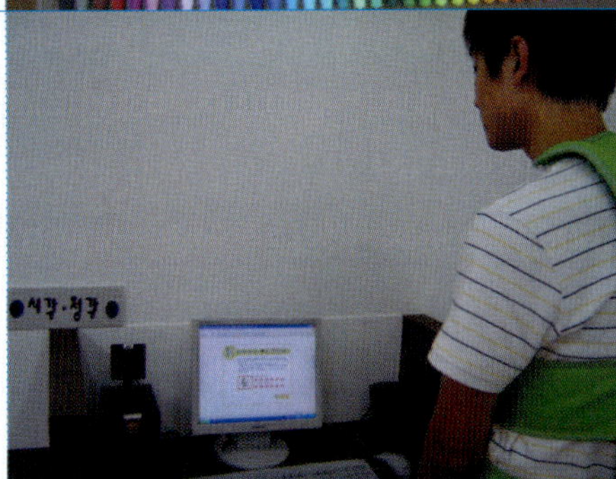	예를 들어 기차의 기적소리를 정상청력을 가진 사람과 노인성 난청을 가진 사람을 비교했을때 어떻게 나는지를 확연히 알수 있게 해준다. 이때 많은 체험자가 한꺼번에 체험을 하려면 헤드폰 보다는 스피커를 활용하는 것이 좋다.
청각관련 설명판		체험과 더불어 설명판을 활용하여 알게 된 내용을 다시 한 번 요약하여 주고 체험자들이 실생활과 연결하여 생각할 수 있도록 어르신과의 대화법이라던지 어르신과 함께 생활할 때의 청각적인 배려 등을 설명하여 주는 것이 좋다.
촉각체험		우선 촉각체험, 손가락운동성체험, 근력체험은 체험방법을 한꺼번에 설명한 다음 체험자들이 돌아가며 각각의 체험을 번갈아 할 수 있도록 하는 것이 효율적이다. 촉각체험을 시행할 때에는 체험자로 하여금 촉각판을 보지 못하도록 하고 분리된 촉각판 하나를 들어 충분히 촉각을 느낄 수 있도록 한 뒤 고정된 촉각판에서 똑같은 촉각을 찾도록 하면 된다.

구 분	사 진	진행요령
손가락 관절 노화 체험		간단한 조작용품으로 리스트럭터를 낀 손의 운동성 저하를 경험하기 위한 체험이다. 양손을 번갈아 가며 체험하도록 하여 체험자 자신의 손과 장갑등을 낀 손과 조작된 노인의 손을 비교하여 체험하도록 하는 것이 중요하다. 이 체험을 통해 노인이 사용하는 전자제품 등의 조작버튼이나 리모컨버튼의 크기가 적당해야 하고 조작이 간단해야 함을 알도록 하는 것이 좋다.
근력체험 (PET병을 이용한 체험)	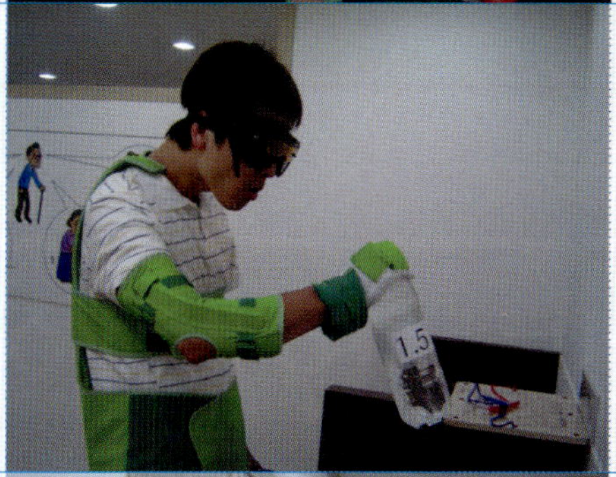	아령은 무게와 근력의 비교를 위한 체험이었다면 PET병을 이용한 체험은 좀 더 생활 속에 적용된 근력체험이라고 할 수 있겠다. 체험자들에게 노인을 배려해야 한다는 내용을 직접 전달하기보다 이렇게 생활에서 쉽게 접할 수 있는 상황을 제시하면서 체험자들이 스스로 배려에 대한 의견을 제시할 수 있도록 유도하는 것이 중요하다.
문고리 체험	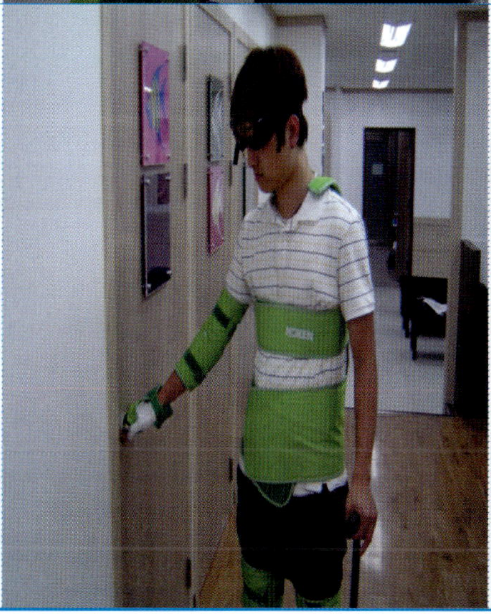	촉각,근력 등의 체험을 끝낸 체험자들을 다시 정렬하여 시각판 앞으로 세우고 시각판이 설치되어 있는 세 가지 문의 문고리(원형,타원형,레버형)를 체험하여 비교해 보도록 한다. 진행자는 문고리에 대한 설명을 하기보다 체험방법만을 간단히 제시한 후 체험이 먼저 이루어지도록 하는 것이 좋다. 방법을 제시할 때에는 체험장비를 착용한 손으로 세 가지의 문고리를 열도록 하되 각각의 문고리를 잡았을 때의 느낌과 문을 열기까지의 들어가는 힘 등을 비교해 보도록 한다. 체험이 끝난 후에 진행자가 직접 각각의 문고리를 열며 장, 단점을 비교하여 주는 것이 좋다.

② 생활공간체험

구 분	사 진	진행요령
현관체험		생활공간의 가장 처음으로 현관체험이 이루어지게 된다. 현관에서 일어나는 상황, 예를 들어 신발끈이 많은 신발을 신는다거나 앵글부츠나 롱 부츠를 벗는 등의 상황을 설정하여 주고 가상으로 체험해 보도록 한다. 이 체험을 통해 자연스럽게 현관에 필요한 핸드레일과 벤치의 기능을 이해하도록 하며 이를 설명할 때 한옥집의 마루를 연상시키면 도움이 된다.
부엌체험1 (가스레인지를 이용한 체험)		체험자 중 한명을 휠체어에 태워 가스레인지를 비롯한 가열대를 체험해 보도록 하고 나머지 체험자들은 체험을 지켜보며 발생되는 상황을 점검하도록 한다. 가열판이 4개이며, 레버를 잡고 돌려야지만 점화가 되는 일반적인 가스레인지를 체험하면서 그것의 불편함과 위험함을 알도록 하고 개선방향을 체험자들에게 질문하는 형식으로 진행하는 것이 좋다. 환풍기 역시 기존의 작동버튼이 작고 많은 것을 설치하여 평소 체험자들이 느끼지 못한 불편함을 이해하도록 하고 이 역시 개선방향을 질문해 본다.
부엌체험1-1 (전기레인지를 이용한 체험)	 	앞서 체험한 일반적인 가스레인지의 불편함과 위험함을 충분히 인식시킨 뒤 개선된 상태 즉, 유니버설 디자인을 적용한 가열대로 휠체어를 이동시킨다.(생활공간체험이 진행되는 동안 휠체어를 탄 체험자를 중심으로 다른 체험자들의 동선을 설정하여 준다) 체험자들이 가스레인지와 유니버설 디자인의 전기레인지, 버튼이 작고 많은 환풍기와 서랍식의 환풍기 등을 직접 비교하여 장, 단점을 발견하도록 한다. 이때 유니버설 디자인에 대한 간단한 설명과 함께 노인에게 편한 것이 모든 세대가 편하게 사용 할 수 있는 것임을 강조하여 노인만을 위한 특별한 배려가 아닌 모든 세대가 함께 편안한 생활을 영위할 수 있는 장치임을 강조한다.

구 분	사 진	진행요령
부엌체험 2 (찬장을 이용한 체험)		휠체어 탄 체험자를 제외하고 체험자 중 한 사람을 선택하여 일반 찬장과 수동식 리프트가 장착된 유니버설 디자인의 찬장을 체험하도록 한다. 체험후 느낌을 공유하여 다른 체험자들의 간접체험을 공유 하도록 한다.
부엌체험 3 (식사보조용품 체험)	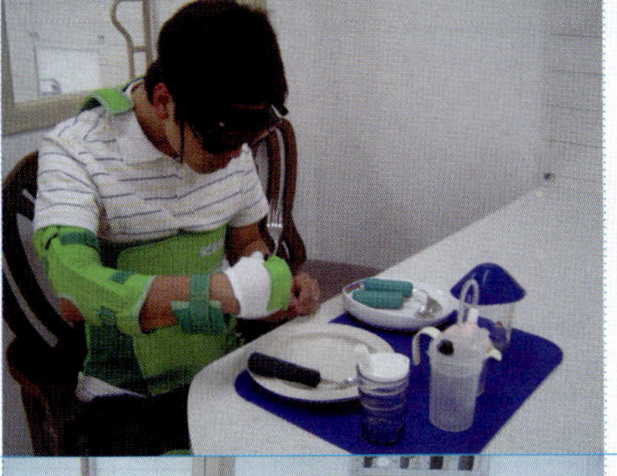	노인용 식사보조용품을 식탁위에 비치하여 두고 체험자들이 직접 사용해 보고 장, 단점을 발견하도록 한다. 진행자는 모든 용품의 기능을 하나하나 설명하기 보다 체험자들이 용도와 기능을 생각하도록 질문을 던지고 충분한 답변이 나오지 않았을 경우에만 보충 설명을 한다.
부엌체험 4 (의자체험)	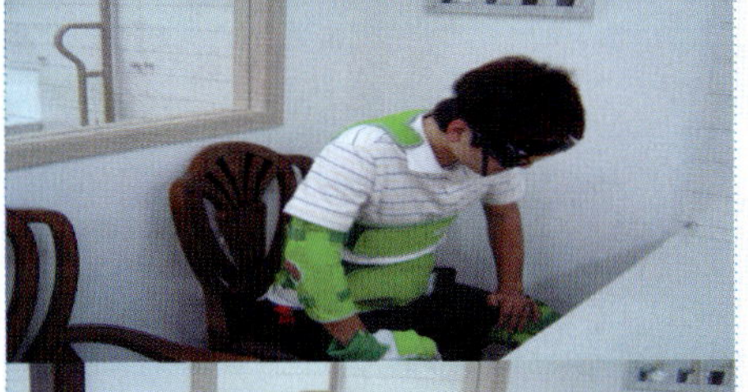 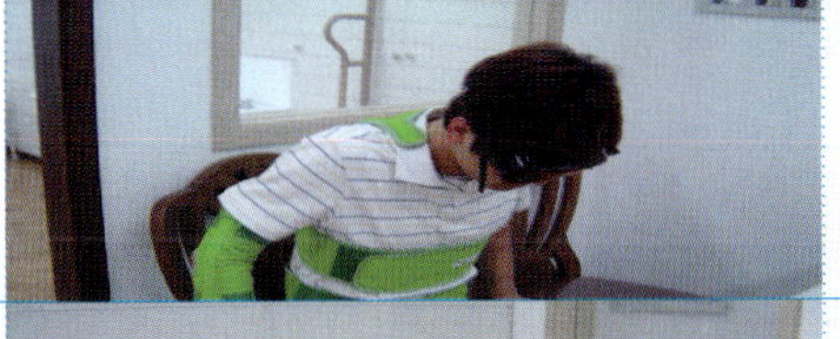	체험자들을 식탁 주위로 둘러서도록 하고 두 명을 설치된 식탁의자에 앉도록 한다. 의자는 디자인은 같되 하나는 팔걸이가 있고 다른 하나는 팔걸이가 없는 의자를 설치한다. 팔걸이 있는것이 디자인 면이나 기능으로 볼때 노인에게 더 편리함을 일깨워 준다. 식탁체험을 위해 의자에 앉았던 두 체험자를 일어나도록하고 모든 체험자에게 어떤 의자가 편할 것 같은지를 체험 전에 묻고 직접 비교 체험해 본 후의 의견을 비교해 보는 방식으로 체험이 이루어지도록 한다.
화장실체험		화장실에서 노인들이 겪을 수 있는 상황을 재연하고 이를 보완해 줄 수 있는 고정식, 접이식 핸드레일의 기능을 설명하여 준다. 이때는 진행자가 시연을 해도 되고 체험자로 하여금 직접 비교체험을 해보도록 하여도 된다.

구 분	사 진	진행요령
세면대체험		고정식과 높이조절식의 두개의 세면대를 비교하여 설명하여 주고 높이조절식 세면대는 전동식과 수압방식이 있으며 두 방법의 장단점을 설명하여 주면 좋다.
욕실체험 1 (욕조체험)		먼저 전신을 스스로 움직일 수 있는 노인의 경우로 한 명의 체험자를 선택하여 핸드레일의 도움 없이 욕조에 혼자 들어가도록 지시하여 보고 느낌을 공유하도록 지시한다. 이 체험을 통해 욕실 핸드레일의 기능 및 필요성을 체험자들이 자연스럽게 인지하도록 한다.
	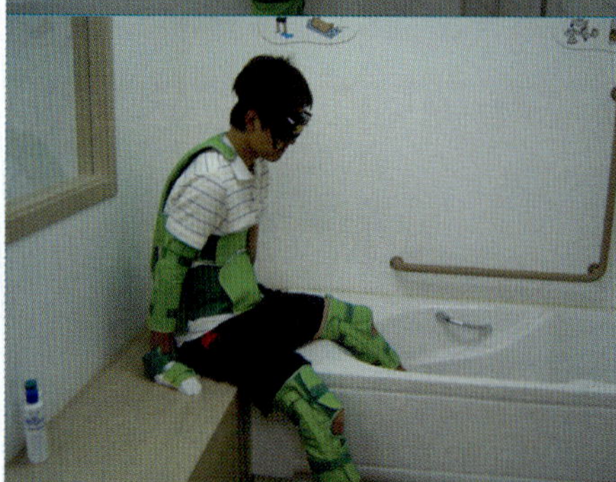	휠체어에 앉아있는 체험자를 가리키며 하반신이 힘들어진 노인은 욕조와 동일한 높이로 설정된 벤치가 필요함을 설명한다. 이때 노인을 케어하는데 있어 모든 필요를 타인에 의해서 충족받기 보다는 스스로 할 수 있는 부분에 대한 성취감을 배려해 주어야 한다는 것을 설명하면 좋다.
욕실체험2 (욕실용품체험)	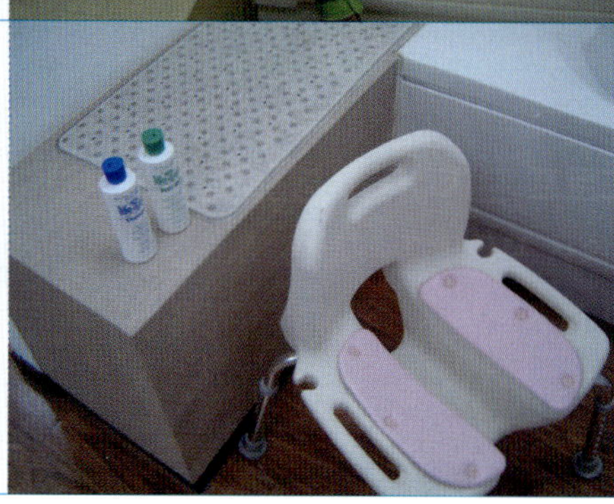	욕실에 비치해 두면 좋은 용품들을 소개하고 체험자들로 하여금 노인들을 배려한 용품의 필요성을 인식하도록 한다.

구 분	사 진	진행요령
침실체험 (침대 및 침실 용품 체험)	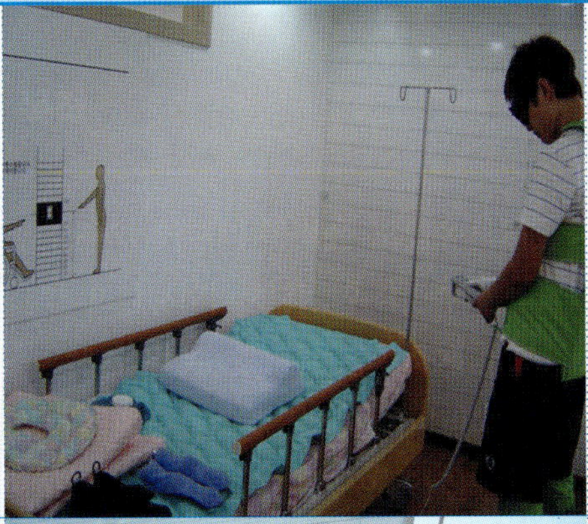	전동침대, 욕창방지 매트 등을 소개하며 침실에서 유용하게 활용 할 수 있는 제품들을 소개한다. 생활공간체험은 설명위주로 이루어지기 쉽기 때문에 용품을 설명할 때 질문을 던진다거나 가벼운 상품을 걸고 즉석 퀴즈를 해보는 것도 좋은 방법이다 체험시간이 40분 이상 진행되었을 경우 체험자들이 지칠 경우가 대부분이므로 진행자는 체험자들의 상태를 살펴 침대 위나 문턱에 앉혀 적당히 휴식을 취할 수 있도록 한다.
침실체험 (콘센트 체험)		세 가지 높이의 콘센트를 휠체어 탄 체험자에게 체험해 보도록 하고 콘센트의 높이가 노인들에게 미치는 영향을 다른 체험자들과 함께 얘기할 수 있도록 유도한다.

③ 보행체험

구 분	사 진	진행요령
슬로프 체험		경사로의 밑변과 높이의 비율이 8:1과 10:1의 경사로를 비교하여 설명하고 건축 현행법상의 경사로가 12:1로 변경되었지만 실제로 그렇게 적용되어 있는가를 체험자들에게 질문해 보는 것도 좋다.

구 분	사 진	진행요령
	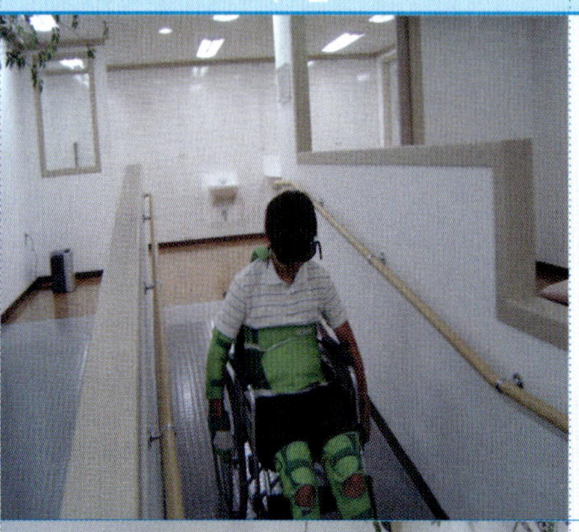	휠체어를 타고 슬로프를 내려가는 체험은 자칫 사고를 유발할 수 있는 요소들이 많기 때문에 체험전 충분한 안전교육이 필요하다. 휠체어 핸들 조작법, 슬로프를 내려갈 때 속도 조절법 등을 자세히 설명하여 체험자들이 충분히 숙지한 후에 체험을 실시하는 것이 좋다 슬로프 체험이 끝난 뒤에는 보는 것과 해보는 것 차이의 느낌을 체험자들과 나누고 일반인들을 포함한 노인이나 장애인들을 배려한 기준이 필요함을 체험자들이 인식하도록 돕는다.
계단체험		계단 모형의 양쪽 계단이 폭, 높이, 경사각이 다르므로 비교체험할 것을 체험자들에게 전달하고 많은 인원이 체험을 할 경우 부딪히거나 함께 넘어지는 경우가 발생할 수 있으므로 체험자들을 일렬로 세우고 좌측통행을 하여 두 가지 계단을 다 오르고 내리고 할 수 있도록 한다. 체험 후에는 체험자들에게 느낌을 묻고 규격에 맞지 않는 계단의 높이와 넓이에 우리가 얼마나 익숙해져있는지와 장애인, 노약자들에게 얼마나 불편한 사회인지를 깨달을수 있도록 한다.
	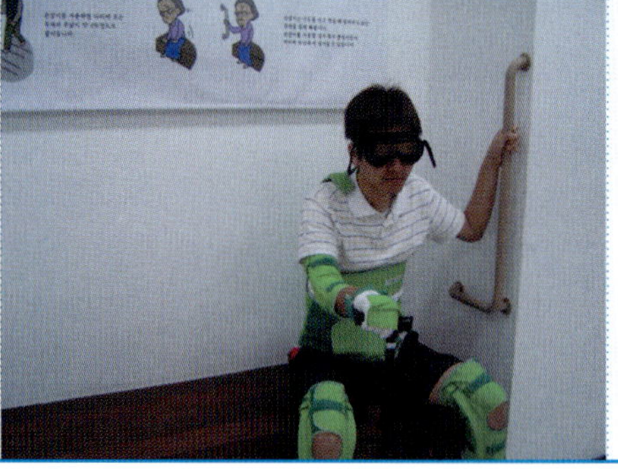	계단 체험이 끝나면 체험자들에게 핸드레일이나 계단의 적당한 경사각과 폭, 높이에 대해 간단히 설명하고 실생활에서 노인들이 느낄 수 있는 불편함과 어려움에 적용시켜 베리어프리(barrier free) 개념과 안전을 위한 실버존(silver zone)의 의미를 설명해 준다.

④ '노인과 소년' 함께 읽기

사 진	진행요령
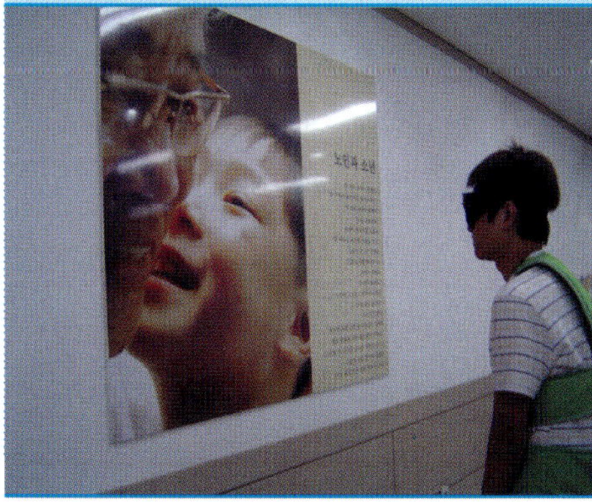	체험 정규과정에는 포함되어 있지는 않지만 체험을 마친 체험자들과 함께 '노인과 소년' 같은 짧은 대화 글을 읽으면서 '생애체험'의 의미에 대해 생각해 볼 수 있는 시간을 갖는 것도 좋다. 반드시 '노인과 소년'이라는 글을 인용할 필요는 없고 체험공간의 구성에 맞추어 또 진행자의 재량에 따라 체험의 의도에 맞는 글을 선택하여 마음의 공감을 나누면 교육의 효과가 고조된다.

10) 시설물의 사후관리

(1) 체험복 관리

① 체험복 정리요령

- 체험 후 팔 보호대, 다리보호대, 모래주머니 등은 벨크로 부분이 나오지 않도록 붙여 올바르게 정리하며 안경과 귀마개 등은 따로 보관하여 둔다.
- 접이형 지팡이는 마디를 당겨 접은 후 고정시켜 지팡이 가방에 넣는다.
- 등보호대는 벨크로(찍찍이) 끼리 서로 엉겨 붙지 않도록 하고 둥근 등 부분이 위쪽으로 가게 하여 가장 마지막에 넣는다.
- 정리시 보호대의 지지대가 파손이나 심하게 변형된 것이 있으면 즉시 교체한다. 방치할 경우 보호대의 천을 상하게 하여 고가의 보호대를 교체해야 하는 손실을 가져온다.

② 체험복 관리시 유의사항

- 여름철의 경우 체험복을 정리한 후 탈취제를 뿌리고 약 5~10분 정도 환기시킨 뒤에 가방에 넣어 정리한다(잦은 세탁을 할 수 없기 때문에 체험 후 바로 조치를 취하는 것이 더 좋다.)

- 땀이나 이물질로 오염된 체험복은 지지대(팔, 다리보호대)나 금속골격(등보호대)등을 분리해 낸 후 중성세제로 가볍게 세탁하여 건조시킨다.
- 체험복을 수납장에 보관할 때에는 절대 쌓아 두지 않는다. 등보호대가 가장 마지막에 정리되므로 그 위에 체험복 세트를 쌓을 경우 체험복의 변형을 가져온다.
- 귀마개, 장갑, 플라스틱 지지대와 같은 소모품은 보유수량을 항상 확인하고 미리 준비하여 둔다. 특히 수입 제품의 체험복을 사용하는 경우 소모품의 구입기간이 15~30일 이상 걸리므로 유의하여야 한다.

(2) 시설물의 점검

- 체험 전 · 후로 하여 시설물의 점검이 이루어져야 한다. 기관별로 공간구성이 다를 테지만 각 공간별로 체험에 적합한 상태로 되어 있는지 확인하는 과정이 필요하다. 특히 생활체험공간에는 많은 체험용품들이 구비되어 있는 경우가 많기 때문에 훼손되었거나 누락된 것이 없도록 확인해야 한다. 또 보행체험시 사용되는 휠체어의 상태도 점검은 필수적이다. 바퀴의 바람이 빠져있는 경우 체험시 위험요소로 작용될 수 있기 때문이다. 적어도 1년에 2~3회 정도는 전문가에 의한 시설점검이 필수적이며 보수 및 보충에 관한 예산의 확보가 필요하다.

3. 프로그램 이용 평가

1) 노인에 대한 교육을 통한 태도 및 지식 변화

노인에 대한 이해와 태도변화를 위해 노화에 대해 직 · 간접적인 경험과 교육은 매우 필수적이라 하겠다. 기존의 선행연구들을 보면 노화와 노인 관련 수업이나 프로그램을 통해 노인에 대한 태도가 긍정적으로 바뀌었음이 밝혀져 왔다. 이러한 연구들은 노인과의 접촉을 경험하거나 이와 관련한 강의를 받는 것과 노인이 되었을 때 신체적인 변화를 직접적인 체험을 통해 이루어졌다. 이영숙 · 박경란(2002)의 연구에서 노년학 수업을 수강하는 대학생 62명을 대상으로 강의와 함께 노인과 함께하는 경험(노인시설 방문, 초빙강좌, 비디오 시청, 노인과의 면접)을 실시한 결과 수강 전보다 수강 후 노인에 대한 태도가 더 긍정적인 태도를 보인 것으로 나타났다. 특히 강인(2004)의 연구에서 일반 성인 38명을 대상으로 노인유사체험을 한 후 노인에 대한 태도변화와 체험자 자신의 노후에 대한 생각에 대한 연구를 진행하였는데, 그 결과 노인에 대한 공감적 태도, 노인을 위한 구체적인 자신의 행동적인 측면이 긍정적으로 변화하였다. 그리고 노인을 둘러싼 환경의 문제점을 인식하고 이에 대한 문제점과 환경개선의 필요성을 인식을 갖게 되었다. 또한 자신의 노후에 대해 새로운 인식을 같게 되었고, 포괄적으로 긍정적인 태도를 보여주고 있다. 이와 같이 노화에 대한 실제적인 체험을 통해 체험자들은 노인의 신체적 활동을 보다 직접적으로 경험하게 됨으로써 노인의 활동이나 생활의 불편함을 이해하고 노인에 대한 태도가 긍정적으로 변화함을 알 수 있다.

따라서 노인 관련 교육과 노인에 대한 지식 및 태도와의 관계에 대한 연구에서 노인관련 수업이나 프로그램이 노인에 대한 태도 및 인식에 긍정적인 영향을 미치는 것으로 보고되고 있다. 외국에서의 연구결과를 고찰하면 Anderson-Hanley (1999)은 노인과 함께하는 경험적 활동이 노인에 대한 이해와 인식을 높이는데 작용하였고, 학생 자신의 노화에 대해서도 태도의 변화를 변화시키는 것으로 보고하였다. Karmer(1998)는 경험적 학습프로그램의 체험 후, 노인에 대한 부정적 인식이 감소되고 긍정적으로 변화한다고 하였

다. Schwalbach 와 Kiernan(2002)은 초등학교 4학년을 대상으로 노화경험 프로그램을 실시하였다. 즉, 노화에 따른 시력, 청력, 촉각의 감퇴를 직접 경험하게 하였고, 그 후 태도변화를 측정하였다. 연구결과 노인에 대한 태도는 크게 긍정적으로 변화하였고, 공감적인 이해도 증가하였다고 보고하고 있다.

우리나라의 경우, 이영숙 · 박경란(2002)의 연구에서는 노년학 수업을 수강하는 대학생을 대상으로 강의와 함께 노인과 함께하는 경험을 갖게 했다. 연구 결과, 교육과정을 거친 후 노인의 자립성에 대한 태도에서 가장 큰 변화가 나타났으며, 노인을 의존적으로 보는 태도가 감소하였다. 또한 유능성에 대한 태도에 있어서도 긍정적으로 변화한다고 하였다. 연구 결과로서, 노인의 신체적 노화를 인식하는 공감적 태도와 노인에 대한 자신의 행동적 측면에 대한 태도가 긍정적으로 변화한다고 하였다. 또한 노인에 대한 이해를 바탕으로 환경적인 문제점과 개선의 필요성의 인식을 보였고, 자기 자신의 노후에 대한 인식의 변화를 겪으며 전체적으로 긍정적인 방향으로 태도가 변화하였음을 보여주었다. 서혜경 · 이윤희(2005)는 일반 대학생 91명을 대상으로 노인 유사체험 전 · 후 노인에 대한 태도 변화와 자신의 노후에 대한 생각에 대해 조사하였다. 체험후의 노인에 대한 이해뿐만 아니라 체험자 스스로 미래 노후에 대해 계획하고, 노인들을 위한 주변환경에 관심도가 높아졌음을 알 수 있었다.

2) 생애체험실 이용 후 노인 · 노화에 대한 인식 및 태도 변화(사례)

[OO시립양로원의 종사자 11명]

체험 전	체험 후
• 불쌍하시다. • 아이 같으시다. • 나도 언젠가는 늙겠구나. • 약해 보이신다.	• 이해할 수 있다. 왜 그리 아프다, 힘들다 했는지 • 어르신 입장에 서서 다시 한 번 생각하게 되었다. • 어르신이 왜 느리신지 이해하게 되었다. • 앞으로 목소리 톤이 한톤 낮아질 듯 싶다. • 내가 더 나이 먹기 전에 이런 시설이 많아졌으면 좋겠다. • 좀 더 청결 등에 신경 써야겠다. • 내가 할머니라 생각하니 마음이 아프다. • 마음의 문을 열고 대해야겠다. • 노인이라는 이유로 충분히 할 수 있는데도 바라시는 어르신이 많으신 듯하다. • 잔존의 능력을 키워드려야겠다. • 관심과 사랑이 중요한 것 같다. • 우리에게는 사소한 것이 어르신에게는 사소한 것이 아닌 것 같다.

[노인복지론 수강생 5명, 사회복지학과 1학년 3명]

체험 전	체험 후
• 쪼글쪼글한 피부와 지팡이를 지고 힘이 없으시다. • 약해보이고 외로워 보이신다. • 안타깝다. • 항상 아프시다. • 힘이 없으시다. • 경제적인 어려움을 갖고 계시다.	• 앞으로 길에 지나가시는 어르신들을 도와드려야겠다. • 현 생활에 감사하고 어르신들을 공경해야겠다. • 지팡이가 왜 있을까 했는데 왜 그렇게 되는지 조금은 알게 됐다. • 살을 빼야겠다. 살이 찌면 남이 날 도와줄 때 얼마나 힘들까 싶다. • 왜 그 분들이 그런 행동을 하셨는가 이해가 된다. • 어르신들에 대한 양보의 당위성을 느꼈다. • 부모님 생각이 난다. • 어르신들 뵈면 체험했던 것이 생각나서 도와드릴 듯 싶다.

[OO청소년센터 OO여중 봉사반 6명]

체험 전	체험 후
• 정이 많으시다. • 힘이 없으시다.	• 좀 느리게 걸으시고 못 알아보시는 것을 무시하면 안 될 듯 싶다. • 어르신들이 왜 그러셨는지 이해가 된다. • 너무나도 불편했다. • 어르신들을 보면 도와드려야겠다는 생각이 든다. • 힘든 체험을 한 만큼 어르신들을 도와드려야겠다. • 어르신이 뭐 들고 계시면 들어드리고, 안마도 해드려야겠다. • 어르신에 대해서 나쁘게 생각했던 것이 후회 되었다.

[심리학과 학생 10명]

체험 전	체험 후
• 말이 안 통한다. • 답답하다.	• 가장 힘든 것은 계단 체험이었다. • 앞으로 운동을 계속해서 건강관리 해야겠다. • 앉았다 일어날 때 하는 것조차 힘이 들었다. • 지금부터 운동하고 노후관리를 철저히 해야겠다. • 듣는 것이 울려서 들리고, 안 보였다. 버스 탈 때 할머니들이 번호 물어보는 것이 이해 안 됐었는데 그러한 이유에서였구나 싶다. • 서있기만 해도 힘들다. • 이런 체험시설이 많이 보편화 되었으면 좋겠다. • 실버용품들이 더 다양해지고 많은 어르신들이 사용할 수 있도록 가격이 싸졌으면 좋겠다. • 성인심리학에 더 관심을 갖게 되었던 것 같다.

[oo대학 간호학과 교수 5명]

체험 전	체험 후
• 연약하다 • 의존적이다 • 사회적으로 소외되어 있다	• 관절이 너무 아프고, 정말 이렇게까지 노화될까 싶었다. 특히 시야부분에서 그렇게 느꼈다. • 휠체어 경사도 체험의 느낌이 다른 것보다 크게 느껴졌다. • 노인체험을 생애체험으로 하여 오히려 노인이라 말하는 것보다 생애라 말한 것이 이질감도 안 들고 좋은 것 같다. • 부모님 생각에 눈물이 날 뻔 했는데, 일어날 때 소리를 내는 것이 자동으로 나오고 그것이 고통을 경감시키는 것 같았다. • "아이고, 아이고, 힘들다."하실 때 듣기 싫고 과장하신다고 생각했었는데 체험을 하다 보니 내 입에서 그런 소리가 저절로 나왔다. • 유난히 눈이 힘들었다. 심지어 옆에 사람이 안 보이니 너무 불안 했다. • 안경 끼고 나니 옆에 사람이 있는지 보려면 고개를 옆으로 돌려야 해서 피곤했다.

[그 외 타 학과 수강생 9명]

체험 전	체험 후
• 힘이 없으시고, 공경의 대상이다. • 안됐고 마음이 아프다. 잘 사시는 어르신은 젊었을 때 노후준비 잘 해 놓으신 듯 하다. • 사회복지 쪽에서 고령화 노인에 대한 준비가 필요할듯싶다. • 노인은 보호해야 할 대상이다. • 한 평생 살아오시면서 가치관이 있으시고, 연륜이 있으시니까 어르신들을 멀리하지 말고 배울 점이 많으니 함께 생활했으면 좋겠다. • 어르신들과 살아본 적이 없어서 개인적으로 어르신들을 좋아하는데 어르신이라고 무시하고 피하기보다 우리가 먼저 어르신에게 어떻게 다가가느냐가 중요한 것 같다. • 공경해야 할 사람이다.	• 힘들었다. • 할머니에게 전화하면 안 들려서 답답했었다. 왜 그렇게 안 들리시는지 이해 못했었는데 귀마개 껴보니 정말 안 들려서 이해를 하게 됐다. • 버스에서 양보하기 귀찮았던 적 있는데 체험을 해보니 정말 앉고 싶은 마음이 들었다. 젊은 사람의 이해가 필요할 것 같다. • 체험 전과 후에 어르신에 대한 생각이 많이 변했다. • 지하철의 노약자석이 왜 있는지 이해가 됐다. • 초고령화 사회 진입하기 전까지 이런 체험이 보급되어서 준비가 되었으면 좋겠다. • 아프신 할아버지가 계시는데 많이 도와드려야겠다. • 체험 내내 힘들고 답답했다. • 서있는 자체도 힘든데 계단 오르기는 더 힘들었다. 짐들고 계단 오르는 할머니가 도움을 안 청하기에 힘들지 않은가보다 했는데 그게 아님을 알게 됐다. • 도와드려야 할 어르신 그냥 지나쳤었는데 이제는 도와드려야겠다.

3) 노인생애체험 후 환경개선의식 측정

이윤희 · 서혜경(2005)의 환경개선의식 측정도구를 사용하여 86명의 체험자들의 전반적인 환경개선의식을 실시하였다. 체험자들이 환경에 대한 선문적인 지식이 없기 때문에 체험 전 조사에 어려움이 있어 체험 후 조사만 실시되었다. 노인유사체험중의 하나인 휠체어 체험 후 사용자를 위해 필요하다고 느끼는 항목과 노인의 생활환경체험 후 노인을 위한 주거환경 개선을 위해 도입해야 할 항목, 손잡이(핸드레일)체험 후 손잡이 설치가 필요하다고 느끼는 항목에 대해 조사하였다.

분류	빈도(명)	백분율(%)
감성 및 근력체험	12	14.0
생활공간 체험	57	66.3
보행 체험	17	19.8
소계	86	100.0

〈표Ⅶ-5〉
체험 중 가장 인상 깊었던 체험 공간

노인 생애체험센터를 통해 처음 접해본 노인을 위한 환경 관련 기구 및 제품에 대한 응답으로는 〈그림Ⅶ-4〉과 같이 '계단 핸드레일'에 가장 많은 선택을 하였다. 50명이상의 학생이 '노인을 위한 욕실용품', '샤워용 의자', '촉각 인지프로그램', '시각디스플레이', ' 높이에 따른 콘센트 사용', '싱크대 높이 및 하부오픈', '세면대 높낮이 조절'에 관한 항목 순서로 응답하였다. 이를 통해 노인을 위한 환경 세팅에 대한 정보의 필요성을 알 수 있다.

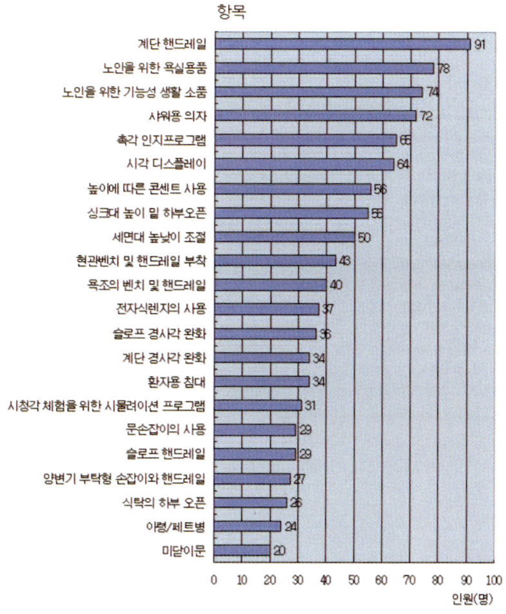

〈그림Ⅶ-4〉
노인을 위한 환경 세팅에 대한 인식도 (n=86)

휠체어 체험 후 휠체어 사용자를 위해 필요하다고 느끼는 정도를 각 항목별로 응답하는 질문에서는 대부분의 항목에서 40%이상 매우 필요하다고 대답하였다. 그 중 휠체어사용자에게는 전자식렌지의 사용이 62%로 가장 많은 필요성을 보인 것으로 나타났다〈그림Ⅶ-5〉.

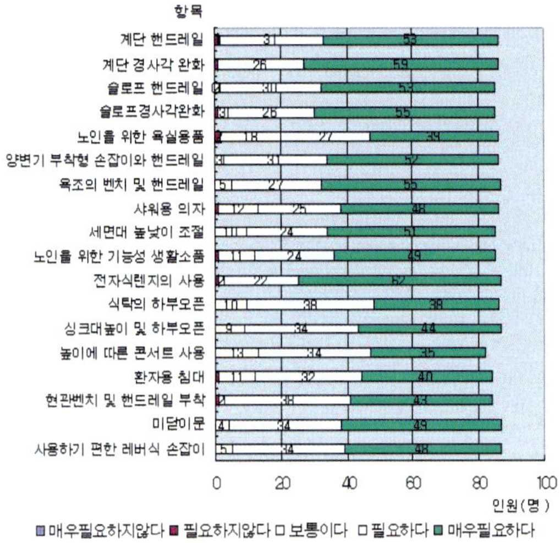

〈그림Ⅶ-5〉
휠체어 사용을 위해
필요한 항목(n=91)

주택 제반 특성을 체험한 후 노인이 되었을 때 주거환경을 개선하기 위해 주택 내에 도입하고 싶은 정도를 각 항목에 표시한 결과 모든 항목에서 40%이상 매우 필요하다고 대답 하였으며, '슬로프 경사각 완화', '전자식렌지의 사용', '미닫이문'에 대한 항목이 60%이상의 높은 필요성을 보였다〈그림Ⅶ-6〉.

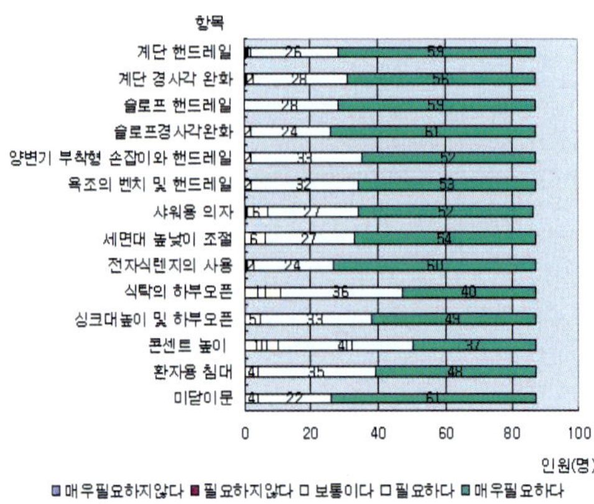

〈그림Ⅶ-6〉
주거환경개선을 위해
필요한 항목(n=86)

손잡이(핸드레일) 체험 후 노인들을 위해 손잡이(핸드레일)설치가 필요하다고 느끼는 정도를 각 항목에 표시한 결과 5가지 항목 모두가 40%이상의 매우 높은 필요성을 보였으며, 그 중 '욕조 벤치 및 핸드레일' 에 대한 항목이 59%로 가장 높은 필요성을 나타냈다〈그림Ⅶ-7〉

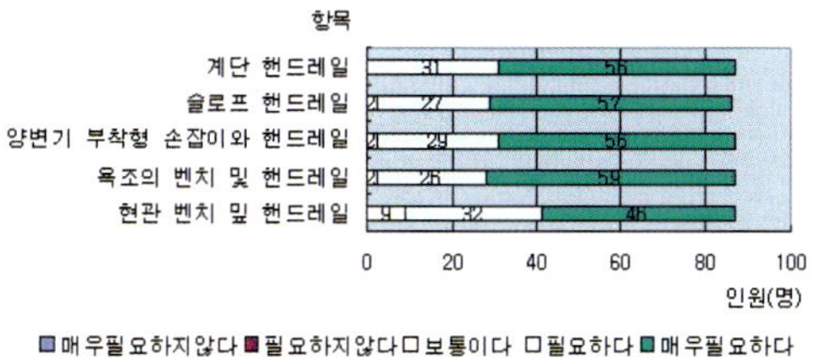

〈그림Ⅶ-7〉
손잡이(핸드레일) 설치의 필요정도 (n=91)

체험 후 생활공간체험이 다른 감성 및 근력, 보행체험보다 인상이 가장 깊었던 공간으로 조사되었다. 따라서 공간의 형태가 실제 생활공간과 유사한 곳에서 체험교육의 효과가 높게 나타났다.

환경개선의식 에서는 '계단 핸드레일' 이 한 번도 경험해보지 못했던 항목으로 조사되었다. 그 밖의 전자식렌지의 필요성, 미닫이문, 슬로프 경사각 완화, 욕조의 핸드레일 설치 등에 높은 관심도를 보였다. 이는 노인을 위한 환경 개선의식이 체험 교육을 통해 효과가 높음을 알 수 있다. 따라서 앞으로 이러한 체험 공간의 보급을 확산하는 데 있어 환경적인 세팅이 체험에 매우 효과적이며 이를 통해 노인의 삶의 질을 높여주는 환경 개선에 큰 역할을 담당할 것으로 보인다.

노인생애체험의 특성상 동시에 많은 체험자가 참여할 수 없고 대상자 수가 적고 체험시간도 오래 소요되기 때문에 전문지식이 거의 없는 환경개선의식 부분은 체험 후에만 진행되었던 한계를 갖고 있다. 체험교육이 노인에 대한 긍정적 태도 변화에 의미 있는 효과가 있음이 파악되었고 특히 생활환경과 비슷한 공간 형태가 교육의 효과가 높다는 결과를 얻을 수 있었다.

4. 프로그램 유형

프로그램 시간, 대상, 유형에 따라 다음과 같이 대상에 따라 다양한 프로그램을 개발할 수 있다.

1) 프로그램 A (3시간)

- 노인에 대한 태도조사(사전) : 20분
- 생애체험 사전교육 : 30분
    - 고령사회의 이해
    - 생애체험의 이해와 체험을 위한 준비교육
- 생애체험(80세 어르신의 세상 만나기) : 1시간
    - 체험 장비를 착용한 실내 일상생활 체험 및 과제수행
    - 체험 장비를 착용한 캠퍼스/지역사회 체험
- 노인에 대한 태도조사(사후)및 평가 : 20분
- 나눔 및 마무리 : 50분
    - 마음을 여는 대화 (어르신과 대화하기)

2) 프로그램 B (6시간)

- 프로그램 A : 3시간
- 집단 활동 : 2시간50분
    - 세대공감 관련광고 모으기
    - 세대공감 관련광고의 장단점 토론하기
    - 세대공감 공익광고 만들기
    - 세대공감 콜라주 만들기
    - 역할극
- 프로그램평가 : 10분

3) 프로그램 C (1박 2일)

- 프로그램 B : 6시간
- 노인대상 현장 봉사활동 (교육포함)
  - 자원봉사의 이해(2시간)
  - 노인케어의 노하우(2시간)
  - 아침(세안 및 식사수발 : 2시간
- 활동에 대한 점검 및 토의 : 1시간
  - 사진으로 돌아보는 우리의 활동
  - 전체 나눔
- 프로그램 평가 : 20분

4) 프로그램D (2박 3일)

- 프로그램 C(1박2일)
- 현장견학(이용, 주거, 재가, 여가 복지시설 견학)
- 역할극
- 비디오 감상 및 마인드 맵
  - 노후에 대처하는 우리의 자세 – 조별 마인드 맵 작성
- 집단 활동 시연 및 전시회

5) 프로그램 E

- 이동 방문프로그램
  - 생애체험실 방문이 어려운 경우 원하는 장소에 직접 체험 장비를 갖고 방문하여 체험할 수 있도록 하는 프로그램
    (프로그램 구성은 기본 프로그램으로 하되 조정될 수 있습니다.)

한림대학교 노인생애체험 학습센터

체험 대상에 따른 노인생애 체험 프로그램 사례

chapter 04

사실, 내안에는 모든 나이가 다 있네, 난 3살이기도 하고, 5살이기도 하고 37살이기도 하고 50살이기도 해, 그 세월들을 다 거쳐 왔으니까 그때가 어떤지 알지. 어린애가 되는 것이 적절할 때는 어린애인 게 즐거워. 또 현명한 노인이 되는 것이 적절할 때는 현명한 어른인것이 기쁘네. 지금 이 나이에 이르기까지 모든 나이가 다 내안에 있어, 이해가 되나? 이런데 자네가 있는 그 자리가 어떻게 부러울 수 있겠나, 내가 다 거쳐 온 시절인데.

미치 엘봄 (Mitch Albom) 지음/공경희 옮김(1997), 「모리(Morrie)와 함께한 화요일」 중에서

오늘날의 교실은 전례 없는 장수를 누리게 될 학생들로 가득 차 있다. 이들은 80세 90세 혹은 그 이상을 살아갈 것이다. 이 고령인구는 우리 사회의 모든 측면에 영향을 미친다. 젊은 세대들은 자신들에게 온 "장수"라는 기회를 얼마나 잘 이용할 준비가 되어있는가? 자기가 사는 지역의 고령화에 대한 도전을 어떻게 다룰 것인가? 답변은 우리가 어떻게 고령화에 대한 교육의 욕구에 대응하는가에 달려있다.

이를 위해서는 학생들이 노인과 고령화에 대한 긍정적 태도를 개발하는 것이 중요하다. 노인들과 잦은 상호작용은 학생들이 나이 들고 성장해감에 따라 달라지는 역할을 잘 이해할 수 있게 해준다. 노인들과 자주 만나게 되면, 아이들이 나이 들고 성장하면서 달라지는 역할에 대해 잘 이해하게 된다.

바쁘게 움직이는 사회에서 세대 간 자주 만나기란 어려울 것이다. 노인세대와 젊은 세대는 가족들이 직업을 갖게 되면서 분리된다. 노인 세대는 은퇴하여 다른 지역으로 옮겨갈 것이다. 대부분의 젊은 세대는 노인 세대와 만날 기회를 빼앗기거나, 노인세대의 경험을 통해 얻을 수 있는 이익을 상실하게 된다.

노년의 역할 모델은 학생이 그들의 지역사회에 위대한 공헌자가 되도록 도와준다. 학생은 노인의 가치가 드러나도록 고안된 프로그램을 통해 책임 있는 시민으로 성장하게 된다. 신체적으로 가족들과 떨어져있는 노인들은 그들을 필요로 하는 아이들과 함께하는 자원봉사자로 활동하면서 그 지역사회에 공헌할 수 있는 기회를 가질 수 있다.

교사들은 노인과 학생이 학습활동을 함께 할 기회를 줌으로써 노화라는 주제를 자연스럽게 접하게 할 수 있다. 또한 세대통합 교육을 촉진시킴으로써 학교는 지역사회의 욕구에 부응하게 되고 교실강의를 강화시킬 수 있다.

1. 미국의 유치원 · 초등학생 대상 프로그램
: 어르신 친구 프로젝트[1)]

본 프로그램은 학교와 지역사회가 함께 이끌어 내어 젊은 세대와 노인세대가 서로 배울 수 있도록 고안되었다. 이는 어린 학생들(유치원에서 초등3학년)에 맞추어 있으며 그 내용은 고학년에게도 쉽게 적용될 수 있도록 구성되어 있다.

초등학생들은 과학과 관련된 다양한 개인적 · 사회적 도전에 대해 기본적인 이해를 제공해줄 수 있는 다차원적인 경험을 해야 한다. 건강, 인구, 자원, 환경에 대한 중심 이념은 학생들에게 시민으로서의 이해와 활동을 위한 기초를 제공한다.

이는 초등학생들에게 노년의 이해를 위한 것으로 노화의 과정에 대한 정보를 제공하고, 노인들의 경험을 들려준다. 각 활동과 절차는 학생들이 65세 이상이 되는 지역사회의 노인들과 만나는 세대 간 프로젝트를 완성하기 위해 만들어졌다.

1) 프로젝트의 목적

① 유전된 것과 학습된 것을 구별할 수 있을 것이며 "청년"과 "노인"이라는 용어의 상대성을 이해한다.
② 모든 연령에서 사람들이 개별성과 다양성을 가지고 있음을 인식한다.

1) (http://www.fi.edu/guide/knox/index.html)
Pattie Knox의 Grandbuddies(어르신친구): An Intergenerational Project at The Franklin Institute Science Museum

chapter 04

③ 노화나 노인에 대한 태도를 깨닫게 된다.
④ 사람들이 나이 들어가면서 일어나는 신체적 변화와 노화의 과정에 대하여 배운다.
⑤ 신체적 · 감각적 기능의 변화를 어떻게 견디고 있는지 이해한다.
⑥ 노화와 노인들에 대한 진실을 알게 된다.
⑦ 노인의 역할에 감사한다.
⑧ 장수를 감퇴하는 후반부의 삶으로서가 아니라 지속적으로 성장하고 발달하는 기회로서 인식하게 된다.
⑨ 지역사회에서 세대 간의 관계를 증진시킬 것이다.

2) 프로젝트 준비사항

(1) 학생들이 준비해야 할 내용

① 저마다의 특징에 대해 이야기 나누기
② 나는 달라요, 하지만 또 같기도 해요
③ 노인은 몇 살인가요
④ 학생 사전 조사 – "노인에 대해 내가 생각하고 있는 것"
⑤ 학생을 위한 오리엔테이션 참가

(2) 교사가 준비해야 할 내용

① 프로젝트 총괄 계획
② 프로젝트 참가자 조사를 위한 제안
③ 참여자를 위한 오리엔테이션

3) 프로젝트 구성

(1) 첫 모임

① 모임1 체크리스트 정리하기
② 제 나이 때 어떠셨어요?
③ 눈이 흐릿흐릿해요(노화체험 1)
④ 잘 안 들려요(노화체험 2)
⑤ 손가락이 내 말을 안 들어요(노화체험 3)
⑥ 이건 무슨 색일까요(노화체험 4)
⑦ 다리가 뻣뻣해요(노화체험 5)

(2) 두 번째 모임

① 모임2 체크리스트 정리하기
② 노화관련 이슈 인터뷰하기

(3) 세 번째 모임

① 모임3 체크리스트 정리하기
② 적극적 노년에 대한 인터뷰하기
③ 할아버지할머니 친구의 핸드 프린트 만들기
④ 꼬마 친구의 핸드 프린트 만들기

(4) 마지막 모임

① 모임4 체크리스트 정리하기
② 밴다이어 그램[2] : 우리는 여러 가지로 닮았어요.
③ 할머니 · 할아버지 친구가 그리는 꼬마 친구의 초상화

2) 벤다이어 그램은 1880년 벤에 의해 소개되었으며, 집합을 그림으로 나타낸 것으로 집합사이의 관계를 도식화 하는 도구로서 개발되었다.

(5) 방명록 만들기

① 구체적 내용을 위한 제안

(6) 평가

① 학생참가자 사후조사 : 노인에 대해 나는 어떻게 생각하는가
② 노인참가자 사후조사 : 손자녀세대에 대해 나는 어떻게 생각하는가

4) '어르신 친구 프로젝트' 를 위한 노인생애체험 프로그램

이 프로젝트의 주요 목표 가운데 하나는 노화는 신체의 모든 부분에 영향을 미친다는 것을 학생들이 이해하도록 한다는 것이다. 어린아이들은 주름진 피부와 흰색 머리칼 같은 것을 확실한 노화의 증거라고 생각한다. 다른 변화들 이를테면 머리가 빠진다거나, 시력이 변하고, 만지고, 맛보고, 냄새 맡는 기능들도 변한다는 것은 잘 알아채지 못한다. 이러한 변화들은 약통을 여는데, 계단을 오르내리고, 신문을 읽는 방식에 영향을 줄 수 있다.

학생들과 어르신 친구 사이에 두 번째 모임에 앞서, 토의를 이끄는 교사는 나이가 들어감에 따라 일어날 수 있는 신체적 변화에 초점을 맞춘다. 학생들은 일상생활에서 나타날 수 있는 이러한 신체적 변화에 영향을 받는 여러 가지 것들을 경험할 기회를 갖게 된다.

활동센터는 학교 주변에 배치되어 있고 학부모 자원봉사자들이 학생들이 센터를 돌 때 도와줄 수 있도록 선발되었다. 체험활동은 노인이 일상생활에서 직면하는 신체적 어려움들을 체험해보도록 고안되었다. 각 센터에는 필요한 도구들과 함께 체험 수행을 위한 교육용 용지가 있다.

"내 무릎은 그저 움직이고 싶어 하질 않는단다. 네 맘을 다 안단다. 너희 선생님은 분명 우리 노인네의 고통에 대해 설명하는 법을 잘 알고 계신가보구나" (헬렌 카일, 꼬마 친구에게 노인 친구가 보낸 이메일).

무릎은 민첩성과 유연성 상실을 체험하는 차원에서 **"다리가 뻣뻣해요"** 활동을 위해 압박붕대로 감는다. 학생들은 계단을 오르내리는 일이 어렵고도 고통스럽다는 것을 알게 된다.

학생들은 "손가락이 말을 안 들어요"섹션에 방문했을 때는 신발 끈 묶기, 카드 섞기, 동전 집기와 같은 간단한 일이 정말로 어렵다는 것을 알게 된다.

촉감, 촉각의 어려움을 체험하기 위해 투명 테이프를 손가락 관절 부위에 감았다. 테이프를 감은 손에 장갑까지 끼게 되면, 상황은 더 어려워진다.

"무슨 색일까요" 섹션에서 학생들은 시력 상실을 체험하기 위해 노란색 렌즈로 안경을 만든다. 색들이 혼합되어 있는 통에서 파란색과 초록색의 캔디나 크레용을 집어 들어본다.

헤드폰은 부분적인 청력상실을 느껴볼 수 있게 한다. "잘 안 들려요"활동에서는 학생들이 헤드폰을 끼고 파트너에게 책을 읽어주고 철자 테스트를 한다.

몇몇 학생들은 책을 읽는 사람의 얼굴을 볼 수 있을 때 좀 더 쉽게 들린다는 것을 알아내기도 한다.

많은 노인들이 초점을 맞추는데 어려움을 경험한다. **"눈이 흐릿해요"** 섹션에서는 초점이 흐린 시력을 체험하기 위해 렌즈에 바셀린을 바른 안경을 낀다. 학생들은 안경을 낀 채로 책 1페이지를 읽고 자석글자판을 ABC 순서대로 배열한다.

늦은 오후까지 학생들은 그랜드 버디(어르신 친구: grand buddy)가 일상생활에서 만나는 어려움이 무엇이고, 어떤 것을 느끼는지를 다양하게 배우게 된다. 교사들은 각 활동센터(섹션)에 한명 이상의 자원봉사자를 배치하여 좀 더 가치 있는 교훈을 줄 수 있도록 한다!

"그랜드버디(어르신 친구)를 생각하니 슬퍼져요. 손가락이 다쳤을 때 테이프를 붙였다가 떼면 되지만, 할아버지 할머니의 관절염은 떼버릴 수가 없잖아요" 꼬마친구, Maria Jose

chapter 04

(1) 개요

몸의 모든 부분은 노화에 영향을 받는다. 어린 아동들은 주름진 피부, 회색 머리와 같은 명확한 표시를 인지한다. 알아차릴 수 없는 다른 변화는 청력의 상실, 시력의 변화와 만지고, 맛을 보고, 냄새 맡는 능력에서 변화를 포함한다. 이 변화들은 노인들이 약병을 열고, 계단을 오르내리고 신문을 읽는 방법에 영향을 미친다. 다음 체험의 목표는 학생들이 어떻게 이러한 육체적인 변화가 일상생활에 영향을 미치는 지를 경험하게 하는 것이다.

(2) 목적

① 학생들은 사람들이 늙어가면서 일어나는 노화과정과 육체적인 변화에 대해서 더 배우게 될 것이다. 육체적 · 감각적인 변화가 노인들의 삶에 어떻게 영향을 미치는지 이해할 수 있을 것이다.

② 활동 목록

"눈이 흐릿해요"	초점을 맞추기 위한 시각적 어려움 체험을 위한 활동
"잘 안 들려요?"	부분적 청력상실을 체험하는 활동
"손가락이 말을 잘 안 들어요"	감각과 촉각에 어려움을 체험하는 활동
"무슨 색 일까요?"	유색 구별가능, 상실체험
"다리가 뻣뻣해요"	기민성과 유연성의 상실 체험을 위한 활동

③ 추가 아이디어

- 노인 파트너와 다음 스케줄 섹션에서 시각에 대한 체험에서 학생의 참여를 비디오테이프 녹화한다.
- 청각문제, 시각문제, 일상 업무와 관계된 운동의 문제를 가진 노인들이 쉽게 행할 수 있는 것을 위한 아이디어 리스트와 요약정리를 하게 한다.
- 학생들이 그/그녀가 경험한 활동들 중 한개를 쓰도록 한다(어떻게 느꼈는지, 당신이 실패했을 때가 있었는지, 그때 무슨 일이 일어났는지).

(3) 노화 체험1. "눈이 흐릿해요"[2)]

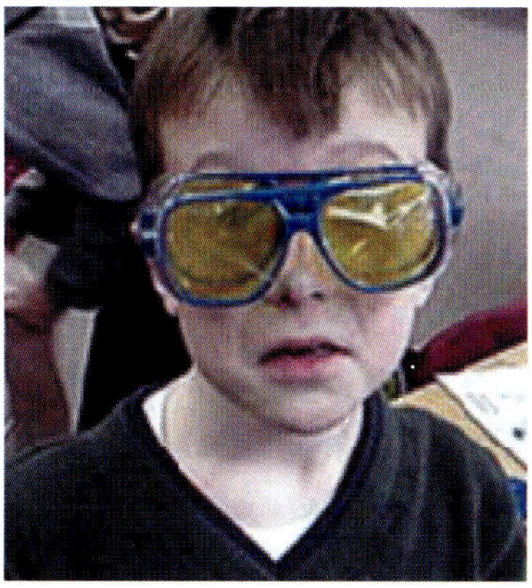

학생들은 초점을 맞추고 보는 것에 대한 어려움을 체험하는 활동에 참여하면서 시각에서 노화와 관련된 변화가 일상생활에 미치는 영향을 이해할 수 있을 것이다.

① 배경지식

많은 노인들은 가까운 거리의 물체에 초점을 맞추는 능력의 상실을 경험한다. 이 변화는 보통 중년에서 시작된다. 삶에서 나중에 일어날지 모르는 다른 시각적인 변화는 밝은 빛에 대한 눈부심이 증가한다. 대조에 의한 시각의 어두움, 가까운 것에서 멀리 초점을 이동시키는데 더 많은 시간이 필요하고, 말초시각 또는 시력상실의 다른 형태가 감소한다. 이러한 변화들에 대응하는 많은 방법이 있지만, 노인들은 시각과 관련된 변화 때문에 일상생활에서의 어려움을 경험하기 쉽다.

② 준비재료

- 센터에 활동을 지원하기 위해 성인자원봉사자가 센터에 배치된다. 그리고 학생들에게 활동을 설명한다.
- 플라스틱 보안경 – (몇몇 쌍의) 바셀린으로 코팅된 렌즈
- 다양한 컬러의 플라스틱 마그네틱 종이
- 몇 권의 아동 도서 또는 교과서
- "눈이 흐릿해요"활동 센터 양식

③ 추가 아이디어

- 다음과 같은 다양한 다른 장애를 알기 위해 유리를 가지고 활동을 한다.
  1) 황반변성체험 : 렌즈 주변을 깨끗하게 하고 그 가운데에만 점모양의 라벨을 붙인다.

---

3) 출처 : http://www.fi.edu/guide/knox/simcenters.html

2) 녹내장 체험 : 테이프로 렌즈를 붙인다. 둘레 1/2인치만을 남기고 각 렌즈를 테이프와 휄트천으로 감싼 다음, 시야 주변부가 가려지도록 유리의 양옆을 덮는다

- 학생들에게 시력문제를 가진 노인이 더 쉽게 안전하고 편안하도록 어떻게 만드는 가에 대한 생각을 정리하고 요약하게 한다.
- 학생에게 그들이 경험한 활동에 대해 기록케 한다(안경을 착용하고 어떻게 느꼈는지, 실패했었는지, 잘 할 수 없었던 것은 무엇이었는지).

④ 활동1

"흐린 안경"을 착용하고 있는 동안 책을 읽는 시도를 하도록 학생에게 말한다.

⑤ 활동2

"흐린 안경"을 착용하고 있는 동안 자석 문자를 ABC 순서대로 놓는 것을 시도하도록 말한다.

⑥ 추가적 재료

- 긍정적인 노화과정 프로젝트
- 교육 자료
- 도전과 변화 : 시각과 청각을 절충한다.

(4) 노화 체험2. "잘 안 들려요"[3)]

① 개요

학생은 청각의 상실을 체험하는 활동에 참여하면서 일상생활 활동에서 청각상실이 미치는 영향에 대해 이해도를 높인다(K-3학년에게 적합).

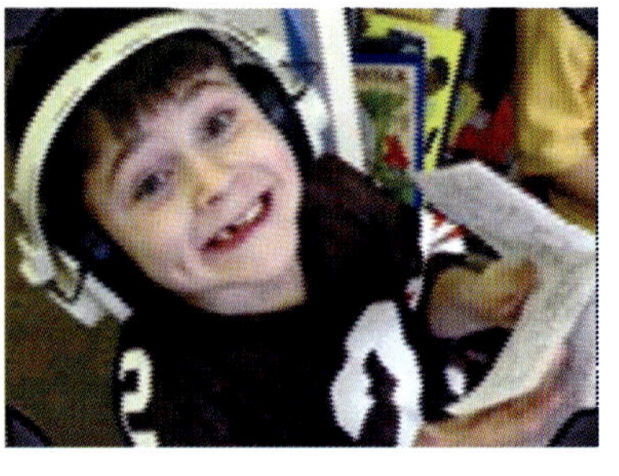

4) 출처 : http://www.fi.edu/guide/knox/simcenters.html

② 배경 지식

노인의 1/3이상이 높은 영역과 낮은 음을 듣는 능력이 줄어든다. 이 때문에 음성 메시지를 이해하고 자음을 구별하는 것을 어렵게 만든다. 구두로 표현된 것들이 모두 잘못 해석될지도 모른다. 청각 장애를 가진 사람에게 크게 말하는 것은 도움이 되지 않는다. 배려는 주위 소음을 줄이고 입모양을 읽을 수 있도록 우리의 얼굴을 듣는 사람의 시야에 명확하게 하는 것을 확실히 해야만 한다. 만약 듣는 사람이 당신이 무엇을 말하는지 이해하지 못하는것 같으면 문장을 반복한다.

③ 준비재료

- 센터에 활동을 지원하기 위해 성인 자원봉사자가 학생에게 행동을 설명한다.
- 소리를 막는 몇쌍의 헤드폰
- 철자 리스트, 종이, 연필
- 몇 권의 아동 책 혹은 교과서

④ 활동1

성인자원봉사자는 테스트 동안에는 학생들을 소집단으로 나누어 테스트에 참여한 팀에게 좀 더 주의를 기울이고, 테스트에 참여하지 않은 아이들은 입모양 읽기를 못하게 시선을 돌리도록 유도한다.

⑤ 활동2

학생이 둘 다 헤드폰을 끼고 있는 동안 서로에게 읽기를 번갈아 해보도록 한다.

⑥ 추가 아이디어

학생들이 청력에 문제를 가지고 있는 노인을 더 쉽게 이해하기 위해 행해야 할 것들에 대한 생각을 리스트하게하고 자유로운 토론으로 창조적인 아이디어를 끌어내는 일을 한다.

(5) 노화 체험 3 "손가락이 말을 안 들어요"[4)]

① 개요

학생들은 촉각과 민첩함에 어려움이 따르는 행동에 참여하면서 노화에 따른 변화가 일상생활 활동에 어떠한 영향을 미치는지에 대한 이해를 도울 것이다.

② 준비재료

- 성인자원봉사자들은 센터에 배치되도록 지원되고 학생들에게는 행동을 설명한다.
- 여러 개의 투명한 의학용 테이프
- 4~5켤레의 두꺼운 장갑
- 입구가 넓은 항아리에 있는 동전
- 끈 달린 두 켤레의 테니스 운동화

③ 행동 소개

많은 노인들이 관절염 질환으로 인해 촉감을 느끼는데 어려움을 경험하고 있는 것을 학생들에게 설명한다. 그들에게 그들의 손가락을 테이프와 장갑으로 무디게 한 다음 물건을 집도록 하고 이로 인한 어려움을 이해하도록 한다.

④ 활동1

학생들에게 손가락 관절에 테이프를 붙이거나 장갑을 끼고, 구부린 상태에서 테니스 신발의 끈을 묶어 보도록 한다.

⑤ 활동2

학생들에게 손가락 관절에 테이프로 붙이거나 장갑을 끼고 항아리에서 동전을 꺼내도록 한다.

5) 출처 : http://www.fi.edu/guide/knox/simcenters.html

⑥ 활동3

학생들에게 손가락 관절을 테이프로 붙이거나 장갑을 끼고 카드를 섞어보도록 한다.

(6) 노화 체험4 "무슨 색일까요?"[5)]

① 개요

학생들은 감소된 색 시력을 체험하는 행동에 참여하면서 시야와 관련해서 노화와 관련된 변화가 일상생활 활동에 어떠한 영향을 미치는지에 대한 이해를 발전시킬 수 있도록 한다.

② 배경지식

많은 노인들은 가까운 거리의 물체에 초점을 맞추는 능력의 상실을 경험한다. 이 변화는 보통 중년에서 시작된다. 삶에서 나중에 일어날지 모르는 시각적인 변화는 밝은 빛과 눈부심에 대한 민감성이 높아져서 발생한다. 대조에 의한 시각의 어두움, 가까운 것에서 멀리 초점을 이동시키는데 더 많은 시간이 필요하고, 말초시각 또는 시력상실의 다른 형태가 감소한다. 이러한 변화들에 대응하는 많은 방법이 있지만, 노인들은 시각과 관련된 변화 때문에 일상생활에서 약간의 어려움을 경험하기 쉽다.

③ 준비재료

- 학생들에게 활동을 설명한다.
- 플라스틱 보안경 - 노란색 셀로판으로 싸인 렌즈 혹은 노란색 렌즈가 끼워진 파란색 차단 선글라스(여러 벌)
- "파란색 차단제" 선글라스
- 색에 녹색이나 파랑이 약간 포함되어 있는 다양한 색의 사탕 그릇
- 파란색과 녹색이 약간 들어가 있는 다양한 크레용

6) 출처 : http://www.fi.edu/guide/knox/simcenters.html

④ **활동1**

안경을 착용하고 있는 동안 그릇에 있는 파란색과 녹색 사탕을 찾도록 학생들에게 지시한다.

⑤ **활동2**

안경을 착용하는 동안 파란색과 녹색 크레용을 집어내는 시도를 하도록 학생들에게 지시한다.

(7) 노화 체험5. "다리가 뻣뻣해요"[6)]

① **개요**

학생들은 민첩성과 유연성의 손실을 경험하는 체험에 참여하면서 노화에 따른 변화가 일상생활 활동에 어떠한 영향을 미치는지에 대한 이해를 도모한다.

② **준비재료**

- 성인 자원봉사자는 센터에 배치하도록 지원하며 학생들에게 활동을 설명한다.
- 압박 붕대 몇 개
- 손잡이를 가진 계단에 접근
- "다리가 뻣뻣해요" 활동 센터 문서.

③ **활동소개**

많은 노인들이 운동성과 유연성에 어려움을 경험한다는 것을 학생들에게 설명한다.

그들은 무릎 관절에 고무 밴드를 하고 그들이 움직이거나 구부리는데 어려움이 생길 수 있다는 것을 알 수 있다. 감소된 기동성과 유연성의 느낌을 체

7) 출처 : http://www.fi.edu/guide/knox/simcenters.html

험하기 위해 아동들 무릎 각각에 고무 밴드를 묶는다.

각각의 학생은 그 다음의 행동에 참여하게 될 것이다.

- 활동1

  학생들은 무릎 관절에 밴드를 묶은 채 계단을 오르내리게 될 것이다. 행동을 감독하기 위해 성인도우미를 배치하고 손잡이를 잡는 것에 대한 명확한 지침을 주도록 한다.

- 활동2

  학생들은 무릎 관절에 밴드를 묶은 채 구부려 그들의 발끝을 만져본다. 이때 안전에 유의하도록 한다.

5) 어르신 친구들의 학교방문기

충분히 계획을 세우고 준비를 한 후에 드디어 그날이 왔다! 학생들은 그랜드버디(grandbuddies: 어르신 친구)를 만나려는 생각에 좀처럼 자제하기가 어렵다. 교사들은 아이들과 함께 인터뷰 과정과 더불어 바람직한 태도를 점검하고, 학생들은 각자 필기도구, 연필, 첫 모임 체크리스트와 "할머니 할아버지가 우리 나이였을 때"라는 인터뷰 질문지를 준비했다.

곧 어르신 친구들이 교실을 통해 홀을 거쳐 들어왔고 이들 중 몇몇은 초등학교에 온 것이 '참 오랜만이구나' 하고 소리쳤다. 교실에서 학생들이 환영인사를 하고 난 후, 교사는 서로에게 각자의 파트너를 소개시켜주었다. 모두 서로의 이름을 잊어버리지 않도록 이름표를 작성하여 셔츠에 붙였다.

체크리스트에 따라서 학생들은 방문객에게 교실 주변을 보여주었다. 어르신 친구들은 책상, 컴퓨터 센터와 그 밖의 것들을 볼 수 있었다. 이들 대부분은 자신이 어렸을 때에 비하면 '교실이 정말 많이 변했다' 고 하였다. 다음 순서는 학교를 둘러보는 것이었다. 이들 새로운 친구들은 서로 손을 잡고 체육관, 식당, 도서관, 운동장을 둘러봤다.

교실에 다시 돌아와서 각 파트너끼리 첫 번째 인터뷰를 하였다. 교사는 어

르신 친구가 어린아이였을때 좋아했던 것에 대해 질문하는게 학생들에게 도움이 될 것이며, 학생들은 그들이 갖고 있는 노트에 파트너가 한 이야기(인터뷰 용지 1 참고)를 받아 적어야 한다고 설명하였다. 아이들은 어르신 친구 파트너가 어렸을 때 '캔디가 없어 자주 먹지 못하였다' 거나 '비디오게임이 없었다' 는 이야기를 듣고 정말 놀랐다!

드디어 사진 촬영시간! 각 학생들은 자신의 어르신 친구와 함께 포즈를 취했다. 가족과 친구들에게 얼마나 즐거웠는지 볼 수 있도록 사진을 학급 웹사이트에 전시할 것이다. 프로젝트가 끝날 때 자신의 어르신 친구를 위해 방명록을 만들 때 이 사진들이 사용될 것이다.

어르신 친구들도 모임 사이에 이메일 메시지를 써서 서로에 대해 더 많이 배울 수 있었다. 교사는 모임 전에 각 부모님들께 집 이메일 주소를 확인하여 어르신 친구가 집에 가져갈 수 있도록 종이쪽지 위에 적어두었다. (이메일이 없는 아동은 학급 메일을 줌). 어르신 친구는 이미 모임 전에 자신의 이메일을 교사에게 주었고 학부모들은 이미 그 주소를 가지고 있었다.

어르신 친구는 일 학년들 만큼이나 '쿠키를 좋아하신다' 우리는 학교 요리사인 Takacs(타카스) 부인에게 부탁하여 맛있는 요리와 함께 모임을 끝냈다. 교사는 모든 어르신 친구에게 타카스 부인의 요리법을 보내주겠다고 약속하였다. 기다리는 시간이 지루하겠지만 학생들은 훌륭한 태도를 보여주었고, 방문객을 잘 맞이하였다.

작별인사를 할 시간이 되었다. 오후가 정말 빨리 왔다. 학생들은 어르신 친구가 사는 곳을 보기위해 코플랜드 옥스(Copeland Oaks)로 야유회를 가겠다고 하자 모두 다음 모임을 기대하였다.

6) 학생들의 실버타운 방문기

학생들은 어르신 친구가 사는 곳을 보고 싶어 했다. 두 번째 모임은 코플랜드 옥스 실버타운에서 열렸는데, 이곳은 우리의 새로운 친구들이 가정을 이루고 사는 은퇴자마을이다. 우리는 두 번째 만남의 체크리스트와 인터뷰 질문지를 가지고 갔다. 야유회는 언제나 즐겁다. 그러나 이번에는 특별히 더 즐겁다. 교사는 인터뷰의 질문을 다시 한 번 검토하고 학생들에게 학교 밖에서도 학교의 규칙이 적용된다는 것을 상기시켰다. 모두 버스에 오르자마자 흥분이 되어 환호성을 지르고, 여행은 시작되었다.

코플랜드 옥스에 도착하자 어르신 친구 몇 분이 우리를 기다리며 환하게 맞아주셨다. 다른 분들은 문 안에서 기다리고 계셨고 학생들이 건물로 들어오자 모두 짝을 지어 위로 올라갔다.

우리 모두는 큰 회의실에 모여 앉았고, 교사가 어르신 친구에게 학생들이 참여했던 노인체험 활동 비디오를 보여주는 것으로 모임이 시작되었다. 그리고는 모두 파트너와 짝을 이뤄 앉은 후 두 번째 인터뷰를 실시하였다.

노인체험을 하면서 학생들은 어르신 친구가 매일 마주치는 신체적 도전에 대한 많은 질문을 가지게 되었으며 두 번째 인터뷰는 자연 그러한 질문에 초점이 맞추어졌다. 「노화의 문제」 인터뷰에서는 "안경을 쓰시나요?", "이동하는데 도움이 되는 어떤 것을 이용하시나요?", "운동으로 무엇을 하시나요?"와 같은 질문을 하였다. 학생들은 과제의 일환으로 어르신 친구에게 책을 읽어 주었다.

실버타운 여행도, 우리의 어르신 친구가 사는 지역을 둘러보는 것도 끝났다. 우리의 새로운 친구들중 일부 노인들은 빌라에 살고 일부는 아파트에 산다고 설명 해주었다. 우리는 신체적인 어려움을 가진 몇몇 거주 노인들이 자신을 좀 더 잘 돌봐줄 수 있는 특별한 아파트에 산다는 것도 알았다. 우리의 어르신 친구는 예배당, 미장원, 가게 등 같은 곳을 깨끗하게 관리하고 있었다. 우리는 그런 모든 것을 보고 싶었으며 또한 모두 탐험할 수 있었다.

많은 노인들이 작은 인쇄물을 보는데 어려워지는 시각적 변화를 경험하였다. 도서관에서 우리는 큰 활자로 인쇄된 책과 신문이나 잡지를 좀 더 잘 읽을 수 있도록 프린트된 자료를 확대시켜주는 기계도 보았다. 코플랜드 옥스 실버타운에는 정말로 탐구할 것이 많았다! 학생들은 버스에 오를 시간이 되

자 아쉬운듯 보였다. 학생들 대부분이 보고 싶은 것을 충분히 보지 못했다고 말했다.

7) 어르신 친구들의 그린타운 초등학교 방문기

세 번째 모임 때 어르신 친구들은 다시 그린타운초등학교 교실로 돌아왔다. 이들 가운데 몇몇은 꼬마친구들을 만나기 위해 왔다는 것에 무척 자랑스러워했다! 아이들은 세 번째 인터뷰 용지를 가지고 노화에 대한 긍정적이고 적극적인 측면에 대해 배울 준비가 되어 있었다. 우리는 세 번째 체크리스트를 가지고 각 이벤트의 과정을 준비하였다.

세 번째 모임이 되니까 파트너들은 서로 편안해진 관계를 보이기 시작했다. 교사들이 더 이상 직접적인 교통정리를 할 필요가 없었다. 학생들은 민첩하게 어르신 친구의 손을 잡고 노화의 긍정적인 측면에 대해 인터뷰를 시작했으며 노인들은 즐거운 마음으로 이들의 읽기 연습을 들어주었다.

계획된 활동 가운데 하나가 학생들이 직접 준비하는 방명록에 핸드 프린팅을 남기는 것이었다. 학생들은 어르신 친구가 매우 즐거운 삶을 이끌어 가고 있다는 것을 발견하였다. 이들 대부분은 여행을 하고 자신이 좀 더 젊었을 때 즐기던 취미생활을 하는데 더 많은 시간을 보내고 있었다. 어르신 친구 한분은 베틀을 가지고 와서 어떻게 짜는지 가르쳐주셨다. 어떤 분들은 컴퓨터나 인터넷처럼 새로운 것을 배우는 것도 좋아하신다고 하였다.

프로젝트를 하기에 앞서 일부 학생들은 노인들은 아프기 때문에 운동을 하지 않을 것이라고 생각했었다. 대부분의 어르신 친구들은 발의 털을 만질 수 있을 만큼 유연하진 않았지만, 활력 넘치는 춤 솜씨로 학생들을 놀라게 하였다! 너무나 즐거워서 우리는 노래를 두 번이나 불렀다. 활동을 마친 후 우리는 음료수나 과자 같은 것을 먹으면서 즐거운 마음으로 교실로 돌아왔다.

8) 실버타운의 회의실에서 축하파티

마지막 만남은 코플랜드 옥스 실버타운의 다른 건물에서 열렸다. 학생들은 이곳에 풀장이 있다고 하여 무척이나 가보고 싶어 하였다. 그러나 수영을 할 수 없다는 이야기를 듣고는 무척 실망하였다! 우리는 어르신 친구들에게 선물로 드릴 방명록을 가지고 왔다.

어르신 친구 모두 학생들이 오기를 기다리고 있었다. 학생들은 버스에서 쏟아져 나와 곧바로 어르신 친구들에게로 달려가서는 떠들고 껴안고 하였다. 모두 코플랜드 옥스의 거주자들이 학생들을 위해 준비한 축하 파티가 열리는 회의실로 모였다.

너나할 것 없이 소리쳤다. 아이스크림이 있었다. 어르신 친구들은 맛있고, 풍부한 초콜릿 아이스크림을 모두에게 나누어 주셨다. 아이들은 너무나 기뻐하였으며 교사들도 우리가 함께한다는 것을 알아채고는 기뻐하였다. 어르신 친구들은 꼬마들에게 풀장과 호수를 보여주었다. 아이들은 여전히 큰 수영장에 뛰어들고 싶어 했으나 코플랜드 옥스에 집을 마련한 기러기 떼들을 보고 호수를 산책하는데 그쳤다.

일을 마저 치르기 위해 다시 회의실로 돌아왔다. 학생들과 어르신 친구들은 그들이 어떻게 비슷하고 또한 다른지 보여주는 벤다이어 그램을 작성하였다. 어르신 친구들은 방명록에 꼬마 친구들의 초상화를 그려달라고 했을 때 그들의 숨겨진 재능을 보여주셨다(학생들은 이전에 미리 어르신 친구의 그림을 완성시켜왔다)

어르신 친구들은 방명록(Memory Book)을 무척 좋아하였으며 그것을 만들어낸 꼬마 작가를 자랑스러워하였다. 아이들도 자신에 대해 자랑스러워 하였다.

어느덧 버스에 올라 학교로 돌아갈 시간이 왔다. 모두 이번이 함께 하는 마지막 시간이라는 것을 알고 슬퍼하였으나 교사가 어르신 친구들 모두가 학생들의 봄 연주회를 위한 특별공연에 초대되었다는 이야기를 알리자 환한 얼굴

이 되었다. 또한 우리 학교의 요리사 타카스 여사가 그들이 원할 때는 언제든 점심식사를 하러 오셔도 된다는 초대의 말씀을 전하자 모두 얼굴에 미소가 번졌다. 우리는 서로 얼싸안고 눈물도 흘렸으며, 이 특별한 만남을 기억하기 위해 사진도 찍었다.

9) 사례 평가

어르신 친구 프로그램을 평가하기 위해 몇 가지 방법을 사용하였다. 학생들은 "노인에 대해 내가 생각하고 있는 것"이라는 내용의 질문지를 프로젝트 사전 사후로 작성하였다. 참여 노인들은 프로그램을 종결하면서 "어르신 친구 프로젝트 평가 양식"을 작성하였다. 교사들은 프로젝트의 목적과 목표가 달성되었는지를 사정하기 위하여 서류 작업과 토의 시간을 가졌다. 다음은 평가 과정에 대한 세부 결과표이다.

(1) 아동 평가

"노인에 대해 내가 생각하고 있는 것" 질문지를 프로그램 사전 사후로 작성하였다.

① 모든 노인은 똑같다.
② 노인은 언제나 아프다.
③ 노인은 아이들을 좋아한다.
④ 노인은 까다롭다.
⑤ 노인은 다치기 쉽기 때문에 운동을 하지 않을 것이다.
⑥노인은 컴퓨터 같은 새로운 것을 배우길 좋아 한다.
⑦노인은 잠이 많다.
⑧노인은 모두 할머니이며 할아버지이다.
⑨노인은 여전히 직장에서 일한다.
⑩노인은 말하기 어려워한다.

(2) 노인참여자 평가

어르신 친구 프로그램을 종결하면서 노인 참여자들은 "어르신 친구 프로그램 평가 양식"을 작성하였다. 22개의 질문지가 배포, 회수되었다. 다음은 주요 평가 내용이다.

질문1) 귀하는 이번 프로그램이 참여할 만한 가치가 있다고 생각하십니까? 그렇다면 이유는? 아니라면 이유는?

: 전체적으로 21명의 참여자들은 이 프로그램이 의미 있었다고 하였으며 한 명만 "재미는 있었으나" 교육적 가치가 있었는지는 의문이라고 하였다.

응답사례로는

① 이 프로그램은 상당히 의미 있었다고 본다. 세대가 같이 했던 활동들은 서로를 이해할 수 있는 기회를 주었다. 아동들도 어른들이 가진 욕구를 알아야 한다.
어른들은 또한 삶이란 무엇이며 또 어떠할 수 있는지에 대한 이해의 폭을 넓혀줄 수 있어야 한다. 더 나은 세상을 위한 일이라면 무엇이든 가치 있다.

② 이번 기회를 통해 내 손자들 – 비록 멀리 떨어져있지만 – 을 더 잘 이해할 수 있었다.

③ 아이들에게 상당히 가치 있는 프로그램이었다. 다행히 아이들은 노인들이 비록 몸이 전 같지 못하지만 마음과 정신만은 변하지 않는다는 것을 알게 되었다.

④ 확실히 좋은 기회였다. 아이들은 적어도 은퇴마을이 "노인 마을"이 아니라는 것은 알게 되었으니까.

⑤ 아이들과 만날 기회가 별로 없었던 사람들도 있었는데, 이렇게 만날 기회를 주어 고맙다

⑥ 아이들도 노인들도 서로의 삶을 이해할 수 있는 기회를 가진 것 같다.

질문2) 귀하의 꼬마 친구와 만날 시간이 충분했었습니까?

14명의 응답자는 충분한 기회를 가졌다고 보고했다.

질문3) 어떤 활동이 가장 좋았었습니까?

: 9명은 아동과 함께 학교 및 은퇴촌을 둘러본 것, 9명은 인터뷰, 6명은 함께 노래와 춤추기, 4명은 메모리 북 공유한 것, 3명은 대화 나누기, 2명은 아이 책읽기 들어주기, 2명은 사진 나누기, 2명은 하나만 택하기 어려움, 모든 활동이 똑같이 좋았음, 1명은 다과 나누기

질문4) 프로그램의 길이는 짧았습니까? 길었습니까? 적당하였습니까?

: 14명은 적당, 다른 응답에는 4주가 적당. 급하게 서두르지 않도록 30분의 여유만 더 주어진다면, 한 6주 정도 좀 더 길어졌으면 좋겠다, 4번이 적당한 것 같다. 한 세션이 한 시간 30분 정도로 연장된다면.. 할아버지 할머니는 대개 한 시간 안에 그렇게 많은 일을 하진 않는다. 딱 좋다. 그렇지만 한 달에 한번 정도 학교 방문의 날이 있어도 좋겠다. 한 시간은 너무 빠르다. 그래도 학교와 버스 시간표를 잘 맞추었다. 하지만 학교에 갔을 때 섹션이 좀 더 길었으면 좋겠다, 2주 이상은 더 길어지면 좋겠다, 2배 이상 길어져도 좋겠다.

질문5) 프로그램이 잘 운영되었다고 생각합니까?

: 22명 모두 프로그램이 잘 운영되었다고 응답

질문6) 귀하는 앞으로 이메일을 통해 꼬마 친구들과 관계를 계속 해나갈 것이라 생각합니까?

: 18명은 앞으로도 이메일을 통해 계속 관계를 유지하고 싶다고 응답 다른 대답에는, 집에 이메일이 없어서 학교에 자주 보낼 수는 없을 것이다. 아이의 집이나 학교로 짧은 편지를 보내겠다, 두 꼬마 숙녀가 내가 생각하는 것만큼 이메일에 관심이 있는 것 같지는 않았다. 아이들이 원하면 계속 연락을 하고 싶지만 내 생각에 그 활동은 "어르신 친구"와 하고 싶은 일의 목록에 높은 순위를 차지하

진 않을 것 같다. 그러고 싶지만, 할 수 있을지 모르겠다. 아이들이 정말로 이메일을 나한테 보내고 싶은지 잘 모르겠다.

질문7) 6월에 있게 된 그린타운 초등학교 방문이 날에 참석하고 싶습니까?

: 21명의 참여자가 "그렇다", 1명은 "아님"

질문8) 프로그램이 개선되기 위해서 어떠한 변화가 필요하겠습니까?

: 9명은 현재 프로그램으로 충분, 8명은 더 많은 노인을 모집하여 노인과 아동이 1:1 만남을 가졌으면 좋겠다. 3명은 이 프로그램은 좀 더 고학년 아동을 위한 것이다. 그 외에, 다른 응답으로는 묵상의 시간처럼 아이들에게 책을 읽어주고, 그들과 함께 하는 10분이라는 시간을 가질 수 있어 참 즐거웠다.

아이들이 좀 더 큰소리로 이야기하면, 알아듣기가 더 좋겠다.

아이들이 프로젝트에서 무엇을 하고 있는지 이해하지 못한 것 같다. 평가는 아이들에게 달려있다, 노인들을 만난 느낌을 아이들에게 물어보라. 교육의 측면에서 보면 나는 아이들에게 아무 도움도 되지 못한 것 같다, 노인들이 어렸을 때에 대한 질문을 좀 더 했으면 좋겠다.

이러한 질문을 통해 노인과 아이들 사이의 상호작용이 더 활발해질 것이다.

질문9) 다음 프로그램이 또 운영되면, 참여하시겠습니까?

: 19명은 그렇다, 1명은 아니다, 2명은 모르겠다.

2. 미국의 대학생 대상 프로그램[8]
: 노인체험실습사례

대학생들은 종종 노년이 되면서 발생하는 정상적인 감각의 상실과 변화에 대해 이해하기 어려워한다. 이러한 문제를 극복하기 위해 학생들이 학습하면서 적극적 참여자로 활동할 수 있는 노인체험 프로그램이 개발되었다. 학생들은 노화과정과 관련되어 있는 일반적인 감각 상실과 다양한 통증 및 고통을 먼저 체험하도록 되어있다.

노인체험실습은 학생들이 기능 상실을 경험하는데 초점을 둠으로써 신체적 노화의 영향을 개별화할 수 있다. 이를 통해 건강하고 젊은 학생들이 기능장애의 의미에 대해 교과서에서 배우는 것 보다 훨씬 효과적인 학습을 하게 될 것이다.

1) 교육목표

- 일상생활에서 발생할 수 있는 감각 작동기능의 노화와 관련된 변화의 영향에 대하여 올바른 인식 함양
- 지역사회에 거주하기 위해 기본적으로 필요한 신체적 요구에 대한 지식 증진
- 기능이 상실되고 독립성이 손상될 때 나타나는 느낌에 대한 민감성 강화

8) http://crab.rutgers.edu/~deppen/teach.htm
장애와 관련된 노화 : 노인체험실습
Monika Deppen Wood, Ma(럿거스 대학-Camden)

2) 필요한 재료

- 면으로 된 솜뭉치
- 귀마개
- 탄력붕대
- 유리 혹은 플라스틱 보안경
- 해바라기 씨나 완두콩 쪼개진 것
- 바셀린
- 투명 테잎
- 빨대(1/2)

3) 과정

우선 참가자들을 2개의 집단으로 나눈다.

(1) 가상 장애체험

① 집단 성원 중에 2-3명이 노화에 따라 발생할 수 있는 감각 및 동작의 변화를 체험하기 위해 지원한다.
② 참여자들은 청각, 이동 장애나 여러가지 장애유형을 복합적으로 선택할 수 있다.
③ 학생들은 장애가 된 상태에서 모든 과제를 수행해야 하며 이러한 실습이 완료되기 전까지는 체험 장비를 제거해서는 안 된다.
④ 각 집단에서 장애를 가지지 않은 한 명의 참여자가 있을 것이다. 이 사람은 실내 외에서 다른 성원들의 안전유지에 대한 책임이 있다.

A.시각

① 연령에 따른 시각의 변화는 보통 중년기에 시작되며, 70-80대에는 오히려 안정적으로 유지 되는 경향이 있다.
② 70세 이상 중 95%정도는 시력 감퇴를 경험한다.

③ 노인들을 위해서 조도는 높이고, 눈부심은 줄이고, 크고 명확한 시각적 이미지를 사용하고, 앞뒤로 명암 대비가 큰 물건을 이용하여 수많은 환경의 변화를 보충하려고 하지만(Ellis,1991), 여전히 일상생활의 과제를 수행하는 데는 개인의 건강상태에 따라 어려움을 경험하기도 한다.

시각적 장애를 체험하기 위해서 다음과 같이 실습한다.

① 시야를 제한하거나 흐릿하게 하는 안경을 쓰고,
② 백내장 체험을 위해 바셀린크림을 렌즈에 바르며,
③ 녹내장에 의한 시각 상실을 체험하기 위해 색종이와 투명테이프로 렌즈의 바깥 가장자리와 관자 놀이 부분을 씌운다.

B.청각

① 청력변화는 중년부터 시작된다.
② 청력변화는 강도가 낮고, 주파수가 높은 소리에 대한 청력이 줄어드는 것으로 나타나는데 노인의 1/3이상이 이로 인한 어려움을 경험하며 60-70대 이상까지 매우 점진적으로 진행된다.
③ 노인성 난청(Presbycusis) 혹은 고주파 청력소실의 경우 자음 구별과 언어적 메시지를 이해하기 어렵다. 그래서 "That' s the wrong way"는 "That' s the long way"로 해석될 수도 있다.
④ 의사소통을 개선하기 위해서 목소리를 높이는 것은 도움이 되지 않는다. 대신 낮은 음역의 목소리를 사용하고, 천천히 말하도록 한다. 청각장애인이 당신의 말을 이해하지 못할 때는 문장을 바꿔 말하라. 주변 소음을 피하고 듣는 사람에게 당신의 얼굴을 명확하게 보여주어야 한다(입술을 읽을 수 있도록).

청각 상실을 체험하기 위해서 다음과 같이 실습한다.

① 양쪽 귀에 귀마개나 솜뭉치를 말아 넣는다. 그런 다음 적은 소리에서 큰 소리로 낮은 톤 소리에서 높은 톤의 소리를 내며 반응을 살핀다.

C. 후각 및 미각

① 대부분의 노인들은 젊었을 때만큼 음식 맛을 잘 모르겠다고 불평한다.
② 음식을 먹음으로써 기쁨을 주는 능력은 상당부분 후각 기능에 의해서 전달된다.
③ 냄새를 감지하고 평가하는 능력은 나이가 들면서 감소한다.
연구자들은 65세-80세 사이의 노인 50%는 후각에 장애를 가지고 있다고 보고하고 있다(Doty & Snow, 1988).
④ 후각 기능이 감소하면 영양부실뿐 아니라 가스가 새거나 음식물이 썩는 등의 환경에서 유해물질로 인해 죽음에 이를 수도 있다.
⑤ 미각은 생애 후반부에 일어나는 작은 변화에 불과하다. 미각 중에서 단맛, 신맛, 쓴맛이 상대적으로 손상되지 않는 반면, 짠맛 감지 능력이 다소 감퇴되는 것으로 보인다.
⑥ 구강 질환, 취약한 구강위생, 약물복용으로 인해 미각이 바뀔 수 있음은 주목할 가치가 있다.

후각과 미각의 감퇴를 체험하기 위해 다음과 같이 실습한다.

① 면솜을 말아서 한 개의 콧구멍을 막은 다음 냄새를 맡도록 해본다. 바꿔서 해보기로 하고 양쪽 코를 다 막고 먹을 것의 냄새를 맡도록 해본다.

D. 이동성 체험

① 이동 능력은 심장, 호흡기계, 근력계의 시스템과 결합 기능에 달려있다.
② 이 세 부분의 체계에서 연령에 따른 변화는 문헌에 잘 나타나있다.
: 이동성과 다른 일상생활수행기능 (ADL)에 대한 위협은 관절염, 뇌졸중 혹은 폐질환에 의해 발생하기도 한다.

관절가동력, 균형, 호흡 기능장애 체험을 위해 다음과 같이 실습한다.

① 투명테이프를 이용하여 주로 쓰는 손의 엄지, 집게, 가운데 손가락 관절의 움직임을 제한한다(관절염체험).

② 콩 조각이나 해바라기 씨를 각자의 신발바닥에 넣어둔다(건막류(엄지발가락 안쪽의 염증). 티눈과 관련한 균형감 상실과 통증 체험
③ 압박붕대를 사용하여 무릎관절의 움직임을 제한한다(관절염에 의한 이동성 제한).
④ 계단을 오르는 동안 빨대를 가지고 호흡해 본다(호흡 장애)

E. 일어날 수 있는 위험 요소

① 보호자 역할을 맡기로 한 참여자는 "비장애"를 선택할 수 있다. 이들은,
② 실내외에서 본인이 속한 집단 성원들의 안전 유지에 책임이 있으며
③ 도움이 필요한 성원을 도와주어야 한다. 특히 계단에서는 주의해야 한다!
④ 그들의 손상과 관련해서 체험자들의 대응과 그들에 대한 다른 사람들의 반응을 관찰한다. 가상 "노인체험자"들의 반응을 살펴야 한다.

(2) 다음의 활동을 수행할 것

① 학생들은 가상 "노인체험자"와 "보호자"로 이루어진 2-3명 규모의 집단을 구성하여 교실을 떠나게 된다. "가상노인체험자"들이 약 30분 동안 새로운 기능 상태를 경험하게 될 것이다.
② 이들은 체험활동이 완료되기 전까지 체험 장비를 떼지 말아야 한다. "보호자" 역시 체험이 진행되는 내내 가상노인체험자의 곁에 머물러 있어야 한다.

추천활동은 다음과 같다.

① 캠퍼스, 실내외를 옮겨 다니기 - 계단, 복도, 엘리베이터, 경사로, 모퉁이 등을 통과
② 도서관에 가서 컴퓨터를 이용하여 책을 대출하기
③ 간식거리를 사서 먹고 마셔보기
④ 학생회관에 가서, 자동판매기를 이용해보고, 컴퓨터 게임하기
⑤ 전화 걸어보기
⑥ 화장실 이용하기

(3) 경험 공유하기

체험에 대하여 참여자들과 토의하는 시간을 갖는다. 진행자가 할 수 있는 질문:

① 외부에 나갔을 때 어떤 일이 있었는가?
② 어떠한 어려움을 경험했는가?
③ 이러한 경험을 통해 무엇을 느꼈는가?
④ 어떠한 변화를 관찰하였는가? - 보호자였던 자신은 어떠한 변화를 경험하였나? - 다른 참여자의 경우는?
⑤ 여러분에게 보인 다른 사람의 반응은?
⑥ 이러한 경험이 장애를 가진 노인들의 반응과 행동에 대한 생각을 체험할 수 있게 해주었는가?
⑦ 이러한 경험이 노인에 대한 당신의 느낌이나 태도에 대하여 변화의 기회를 주었는가?

특히 앞으로 일어날 수 있는 위험은 다음과 같다.

① 학생들은 일상적인 환경이었으면 문제없이 해냈을 활동인데 가상노인 체험을 위해 감각적 혹은 기능적 상실을 경험하기 때문에 약간 위험할 수도 있다.
② 시각 상실을 체험하는 안경을 쓰고 의자에 앉거나 계단을 내려가는 아주 단순한 활동조차도 위험할 수 있다. 실례로 학생 가운데 한명은 의자에 앉으려다 자리를 잘 못찾아 넘어졌다. 다행히 상처는 없었다.
③ 이러한 문제를 방지하기 위해 약간의 시간을 할애하여도 관련 사례를 들어주는 것이 도움이 될 것이다.
이런 경험을 대비하기위한 지침서를 읽는데 시간을 할애한다.
④ 안전문제를 강조하고, 각 집단별로 가상노인 체험자를 지정하고, 보호자 역할을 하는 사람은 노인체험자들이 계단, 복도, 교실, 캠퍼스 등을 다닐 때 도와주어야 한다. 보호자 역할을 할 봉사자가 충분치 않을 경우에는 학생들 중에서 그 역할을 맡기도록 한다.

3. 일본의 초등학생 대상 프로그램[8)]

1) 스쿨백 (school bag) 쓰쿠시군은 고령사회를 맞아하여 초등학교 1~6학년생을 대상으로, 노인의 역할을 자기가 직접 체험함으로써 노인을 이해하고, 그들과의 의사소통이나 관련되는 방법을 체험적으로 배우기 위한 교육재료 가방이다.

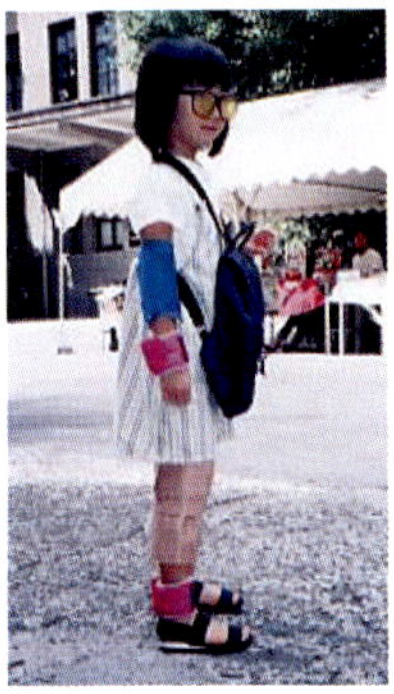

2) 노인체험을 통한 학습 목표로는

(1) 아이들이 노인의 기분을 이해하고, 대하는 방법이나 커뮤니케이션의 방법을 배운다.

(2) 노인이 사용하기 편리한 것 만들기와 아이디어에 대해서 배운다.

(3) 안전한 마을 만들기에 참여한다.

(4) 단차(보행에 불편한 시설) 등에 관해 배운다.

9) 출처 : http://www.wac.or.jp 장수사회문화협회일본 wonderful aging(WAC:Wonderful Aging Center) 기관과 아이오이 손해보험주식회사, 동경가스 주식회사 3개의 회사가 공동으로 개발한 고령자 유사체험 프로젝트의 애칭이다. 초등학생들을 위한 '우라시마타로우' 프로그램을 개발하였다. '우라시마타로우'란 일본의 전설 속의 인물로 거북이를 살려준 주인공이 상자를 절대 열지 말라는 약속을 어기고 여는 순간 노인이 되었다는 것, 애칭의 '우라시마타로우'는 우라시마타로우가 용궁에서 가져온 상자에서 유래하고 있다. 준비된 이 상자(가방)을 열고 용구를 장착하면 바로 고령자 (75세-80세)로 변신하기 때문에 붙여진 이름이다. 이 프로그램은 미국과 캐나다 등의 연구를 토대로 일본인의 체격과 일본식 문화의 생활양식을 염두에 두고 기획 개발된 것으로 일본에서는 최초로 독자적으로 작성되었다.

3) 유사체험세트내용

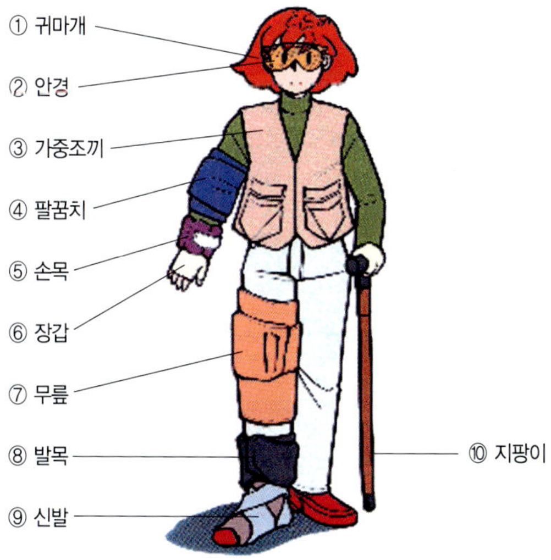

① 귀마개 : 노인성 난청의 특유의 고음역의 알아듣기 어려움을 체험한다. 제질은 발포 폴리머로 되어 있어 누구의 귀에도 맞아 손상되는 일은 없다(3,000~4,000Hz의 음역을 차단하고 500~1,000Hz의 음을 통과하기 쉽게 하는 것).

② 안경 : 백내장에 의한 색상 변화와 희미해져 보이는 상태 '가림에 의한 시야의 좁음이나 어슴푸레함을 체험한다.

③ 가중조끼 : 체험자의 체중에 대비시킨 추를 넣은 조끼를 입고, 노령에 수반하는 앞으로 꾸부림의 자세를 체험한다.

④ 팔꿈치 : 관절을 고정하고, 손목에 추를 붙이는 것으로, 근력의 쇠약에 의해서 일어나는 팔의 관절의 원만한 움직임을 체험한다.

⑤ 손목의 관절에 무게를 더하는 띠를 부가하여 동작이 완만하지 못하고 불편한 경험을 하게 한다.

⑥ 장갑 : 손가락의 촉각, 압각, 온도 등의 저하에 의해, 물건이 잡기 어렵고, 떨어뜨리기 쉬운 상태를 재현한다.

⑦ 무릎 : 발목에 추를 붙여 근력의 저하에 수반해 무릎관절이 움직이기 어

려워지는 상태를 체험한다.

⑧ 발목의 관절에 무게를 더하는 띠를 부가하여 동작이 완만하지 못하고 불편한 경험을 하게 한다.

⑨ 구두형 서포터 : 발목을 반고정하거나 발끝이 불편해서 궁뜨는 체험을 하게 한다.

⑩ 지팡이 : 사용해봄으로써 얼마나 불편한지 등을 체험한다.

4. 일본의 중학생 대상 프로그램
: 주변의 노인체험

노인은 사회나 가정에 공헌하여 온 사람이다. 소중한 가족으로서 학생들은 노인의 강하고 약한 양면성을 파악하고, 노인들에게 배우고 협력할 수 있는 것을 구체적으로 생각하고 실천한다.

1) 프로그램 후 평가

이전 수업에서 학생들은 조부모나 다른 노인의 공경에 대해서 서로 이야기 해왔다. 그러나 현재 조부모와 동거하고 있는 아이들은 의외로 많지 않고 한편 자기의 조부모는 아직 건강하기 때문에 잘 보살펴 드려야 한다는 생각을 갖는다거나, 따뜻한 마음으로 대해야 한다고 실감하는 데에는 어려움이 있는 듯하다.

이번 수업에서는 노인의 신체적인 허약함과 그로 인한 마음의 외로움 등 노인의 심신의 특징을 학습을 통해 학생들이 이해하고, 어떤 노인이라도 말을 걸어보고 싶은 생각이 마음속에서 저절로 우러나오도록 학생들에게 생각하는 시간이 되었으면 한다. 또한 ①의 주제문 '주변의 노인에 대하여 생각하기' 에서는 이 수업에서는 먼저 주변의 노인인구를 제시하고 전 수업을 상기하면서 노인에 대한 자기의 견해, 생각을 분명히 한다.

조부모는 매우 일반적으로 「자기 가족이다」(다수), 「인생의 경주자로서 존경해야 할 사람」(다수), 「특별히 신경 쓸 필요는 없다」(소수) 등등 여기에서는 지난 시간의 수업내용이 계속되고 있기 때문에 이른 단계에서 개개의 생각들이 표현될 것이다.

여기서 시점의 전환을 촉구하기 위하여 수업 전개시 '새롭게 아는 법을 추구하는 과정' 인 자기의 생각을 밝히는 과정에서 ②의 주제문 (어르신에 대한 생각을 정리하고 지금 자기가 할 수 있는 일(배움 · 원조)을 생각하여 실제로 행동할 계획을 세우자) 「내 마음에 떠오르는 것을 연출하자」를 내건다. 여기서는 드라마를 창조적으로 연출하는 것, 공감하는 관객과의 협동하는 모습이 보일 것이다. 그리고 나아가 노인의 건강, 경제, 정신면에 대한 아이들의 의견교류에서 모순, 대립도 생길 것이다.

이 과정에서 노인의 강하고, 약하고, 쓸쓸함 등을 포착하고, 또 젊은이에 기대를 걸고 있는 것을 생각할 때, 지금 여기서 해결해야 할 것은 무엇인가……. 거기에 부응하는 내용을 생각하자. 이와 같이 새로운 이해방법을 요구하는 「추구과제」가 아이들 자신에게서 나온다는 것을 여기에서는 기대할 수 있다.

더 나아가 이러한 학생들의 상황에 방향성을 부여하고 문제를 초점화 시키기 위하여, 수업전개의 '자기의 생각을 밝히는 과정' 에서 ③의 주제문 (드라마 「내 마음에 떠오르는 것을 연출하자」)「마음에 반짝이는 것이란 무엇을 가리키고 있는 것일까」라고 묻는다. 아이들은 이 해결을 통해서, 노인의 강함에 대한 존경과 약함에 대한 도움의 중요성, 우리들이 거는 기대에 대한 실천의 필요성을 새로운 이해방법으로서 깨닫게 될 것이다. 이 새로운 이해방법을 목표로 해서 실천에 결부시키기 위하여 ④의 주제문 (내 마음에 떠오르는 것이란 무엇을 가리켜서 한 말인가)은「노인에 대한 생각을 정리하고 지금 자기가 할 수 있는 일(협력 · 배움 · 원조)을 생각하여 실천계획을 세우자」를 내세우고, ①로 되돌아가 학습문제에 대한 자기의 생각을 명확히 이해시킨다.

<table>
<tr><th>분절</th><th>교사의 제시문</th><th>예상되는 아이들의 활동</th><th>유의점 · 기타</th></tr>
<tr><td>자기의 생각을 밝히는 과정</td><td>① 주변의 어르신에 대하여 생각하는 것을 발표하여 보자</td><td>• 외할머니는 일만 아는 사람이다.
할아버지는 게이트볼 선수다.
• 건강해서 분재의 손질을 하고 있다.
• 이제까지 가정을 위해 사회를 위해 도움을 준 사람이므로 잘 돌봐드리고 싶다.
• 병에 자주 걸리므로 가족들에게는 큰 부담이다.
• 어르신이라고 해서 너무 마음 쓸 필요는 없다고 생각한다.
• 가까운 곳에 혼자 사는 어르신도 있다.
• 오랫동안 노인 홈에 들어가 있는 상태이다.
• 별거하고 있어 어르신에 대한 것은 모른다.</td><td>• 지난 수업시간을 상기하는 가운데 이번 시간의 문제에 시점을 맞춰 간다.
• 조부모에 관한 학급의 실태조사를 제시한다.
• 각자의 노인에 대한 생각을 표현한다.
아주 일반적으로 가족이라는 생각(다수)
인생의 경주자로서 존경해야 함(다수)
몸이 허약해서 귀찮다.
특별히 구애되는 일은 없다.
함께 하는 시간이 없기 때문에 이미지를 가질 수 없고, 내면에 눈을 돌리는 일도 없고 마음의 쓸쓸함도 알지 못한다.(다수)</td></tr>
<tr><td>자기 나름의 개념 전형을 만드는 과정</td><td>② 어르신에 대한 생각을 정리하고 지금 자기가 할 수 있는 일(배움 · 원조)을 생각하여 실제로 행동할 계획을 세우자.</td><td>• 생일 축하에 머플러를 떠서 드리겠다.
• 할머니의 요리메뉴를 배우련다.
• 산책에 동행하자.
• 작은 것이라도 부탁 받은 것은 기분 좋게 대답하자.
• 될 수 있는 대로 말상대를 하자.</td><td>• 어르신에 대한 생각을 정리한다.
• 계획표를 작성해 스스로 협력할 것을 명확하게 파악한다.
• 실천에 대한 의욕을 발표한다.</td></tr>
<tr><td>새롭게 아는 법을 추구하는 과정</td><td>③ 드라마 「내 마음에 떠오르는 것을 연출하자」〈주제문〉</td><td>〈내 마음에 반짝이는 것〉
<table><tr><th colspan="4">약 점</th></tr><tr><td>조부</td><td rowspan="2">신체</td><td>• 귀가 멀다.
• 신문글씨가 잘 안보인다.
• 피로하기 쉽다.</td><td rowspan="2">마음의 쓸쓸함</td></tr><tr><td>조모</td><td>• 바늘에 실을 꿰지 못함.
• 손이 떨린다.
• 어깨가 걸린다.
허리가 아프다.</td></tr></table>
젊은이에게 ~ 부탁한다.</td><td>• 참관자도 연기자도 모두 드라마의 내용에 빠져들 수가 있었는가.
• 신체적 · 경제적 · 정신적인 시점에서 어르신의 강점, 약점을 포착할 수 있었는가.</td></tr>
</table>

분절	교사의 제시문	예상되는 아이들의 활동	유의점 · 기타
	④ 내 마음에 떠오르는 것 이란 무엇을 가리켜서 한 말인가.	강 점 무엇이든 되어서 편안하다. / 가족과 사이 좋게 하는 노력 / 물건이나 돈을 아껴 쓴다. • 한자를 가르쳐 준다. • 글씨를 잘쓴다. • 서예전에 우승함 • 손을 잡고 가르쳐 준다.(손의 온기) 힘낸다 편안하다 • 욕실옷을 만들어 준다. • 아주 어려운데… • 아주 힘드는데… (몹시 즐겁다) 젊은이의 기대 • 젊은 우리들에게 의지한다고 생각하고 있는 것 • 감사의 뜻을 전하려다가 아버지의 말에 놀란 장면 • 신체의 약함에서 오는 마음의 쓸쓸함 • 마음의 쓸쓸함에서 오는 가족에 대한 생각 • 자기의 조부모도 남의 집 어르신도 마음속은 같은 쓸쓸함을 가지고 있을 것이다. • 우리들도 착한 마음 동정심이 필요하다고 생각한다.	• 연금 · 저축의 의미를 익힌다. • 어르신의 강점 · 약점을 생각하는 가운데 추구과제(마음에 반짝이는 것은 어르신의 기대에 어떻게 대응하는가를 생각하는 것임)를 파악할 수 있다. • 아버지의 말이나 조부모의 「부탁한다」의 말이 과제해결의 실마리인 것을 발견하였는가. • 모순 · 대립이 생기는 가운데 자기의 생각을 발표할 수 있었는가.

2) 사업 추진을 위한 제안

구체적 교육내용으로서 현장의 교사는 다음 내용을 중시하고 있다.

(1) 노인의 인생의 무게를 알게 한다.

(2) 노인의 강점, 약점에 대해서 이해시킨다.

(3) 노인의 소원을 듣는다.

(4) 노인을 존중하고 위로할 수 있는 것들을 집약하면 가정 과목 교육의 입장에서

① 「학생들 쪽에서 어떠한 관계를 맺는 것이 좋은가」

② 「학생들 쪽에서 자신이 어떠한 생활을 하면 좋은가? 노인에게 배우는 자세」의 두 가지 점에서의 접근이 필요하다고 생각된다.

(5) 그리고 수업내용의 구성에 있어서는 학생들의 실태(발달단계)에 따른 내용이 중요하고 그 중에서도 가능한 한 유머라든가 밝은 느낌을 주는

요소가 포함되는 것이 바람직하다.

(6) 또 수업형태도 단순한 문답형식으로는 수업진전은 기대하기 어렵고, 교사 혹은 학생들 자신에 의한 시나리오를 이용해 드라마 형식의 수업이 강구된다면, 그 전개 방식에 따라 학생들은 참신한 감각으로 받아들여 보다 수준 높은 흥미 · 관심을 이끌어 내는 것을 기대할 수 있다.

(7) 실천계획에 따라서 보고회나 볼런티어 활동에 관계되는 것 등 자기 행동의 사실을 주시하고 발전시키는 교육을 추진하는 것이 중요하다 하겠다.

3) 중학생의 노인에 대한 교육에 있어서 육성하고 싶은 능력

능력과제	기본적 사항	능력수준
(A) 노인의 생활에 대한 이해	건강과 심신의 특징	• 체력을 필요로 하는 일이나 운동에서는 몹시 피로하기 쉽다는 것을 안다. • 무슨 일을 행할 때 젊은이에 비해 매우 노력이 필요하다는 것을 안다. • 능률적으로 행동하기 어려운 것을 안다. • 고혈압, 심장, 동맥경화 등 몸에 장해를 가진 사람이 있는 것을 안다. • 기력, 숨차기, 행동이 둔해지는 것 등을 발견한다. • 마음 한 구석에 쓸쓸함이 있는 것을 안다.
	쾌적한 피복생활의 상태	• 어떠한 신발이 적합한지 안다. • 일상복에 적합한 모양이나 재질을 안다.
	좋은 식생활의 상태	• 일반적인 기호를 안다. • 바람직한 식품을 안다. • 젊은이의 식사와 차이가 있다는 것을 안다. • 바람직한 식사가 된다.
	쾌적한 주거의 상태	• 좋아하는 장소나 방을 안다. • 난방이나 냉방의 온도조절이 된다. • 안전하고 쾌적한 환경이 어떠한 것인가를 안다.
	생활시간	• 하루를 어떻게 지내고 있는가를 대체로 안다. • 평소 집 안팎에서 어떠한 일을 하고 있는지 대체로 안다. • 생활시간을 알고 자기는 어떻게 관여하면 되는지를 안다.
	경제생활	• 물자를 아껴 쓰고, 저축하고 있는 의미를 안다. • 생활비의 출처를 안다.
	인간관계	• 가족이 화합하기 위하여 노력하고 있다는 것을 안다. • 어떠한 사람에게 의지하고 싶은가를 안다.

〈표 1〉
노인에 대한 교육에 있어서 육성하고 싶은 능력(중학교 단계)

능력과제	기본적 사항	능력수준
(B) 노인에 대한 돌봄	건강관리에 관한 돌봄	• 침구를 햇볕에 말리는 등의 돌봄. • 의복의 입고 벗는 일을 돌봄. • 가벼운 운동을 시키고 격려. • 위생에 유의시키고 손톱 깎기, 면도하기 등을 돌봄
	피복생활에 관한 돌봄	• 의복을 개거나 서랍을 정리. • 간단한 의복의 제작 또는 손질. • 세탁물 정리.
	식생활에 관한 돌봄	• 조리에 협력하거나 돌보아 준다. • 상차리기나 설거지 등을 한다.
	주생활에 관한 돌봄	• 쓰레기의 처리나 뜰의 손질을 한다. • 방의 청소를 한다. • 냉난방, 환기, 기타 방안의 환경을 정리한다.
	장보기에 관한 돌봄	장보기 리스트 적는 것을 돕는다.
(C) 동정	가족의 단란을 도모함	• 바둑이나, 자연이나 농사 일 등 여러 가지를 배우며 존귀함을 안다. • 간식을 챙기고 권한다.
	소원을 알고 위로함	• 이야기할 장소나 기회를 만들어 드린다. • 노래도 하고 세상사를 서로 이야기 한다.
(D) 볼런티어 활동	방문하거나 이야기하거나 협력한다.	• 노인 홈을 방문하여, 이야기, 노래 등을 하며 지낸다. • 취미나 기분을 이해하고, 권장하거나 협력하거나 한다.
	초대하거나 장려하는 기회를 가진다.	• 지역의 역사, 전통행사 등 이야기를 들을 기회를 가진다.
(E) 행정·사회문제	사회의 입장에서 원조하고 있는 실태를 안다	• 고령화 사회란 어떠한 사회를 말하는가 안다. • 복지란 어떠한 의미인가 안다. • 의료문제, 연금문제 등에 대해서 생각한다.
	자립을 돕는다	• 노인이 사는 지역의 행사에서 자진하여 참가하고 배운다.

5. 일본의 중 · 고등학생대상 프로그램
: 장애 노인체험

1) 「장애 노인체험 실습」

(1) 이 수업의 목표

우리 모두는 인격과 인권에 있어 완전히 평등한 존재이고, 심신의 「장애」란 서로가 도와줌으로써만 해결할 수 있는 우리 모두의 과제이다. 어느 개인이 가지고 있는 「장애」를 서로가, 지역이, 제도가, 설비 · 기술이 관여해서 자립유지를 위한 지원을 아끼지 않으면 「장애」라고 하는 것은 더 이상 「장애」가 아닌 것이다. 선별주의에 의한 인간관 · 사회관에서 「장애」는 차별의 한 수단이고, 궁극적인 해결책은 아니다.

(2) 수업전개

도입	- 심신장애인과 만난 일이 있는가를 묻는다(5분). • 어디서? 그 사람은 어떠한 모습이었는가? • 누군가 따르고 있었나? • 그 사람을 만났을 때 어떤 기분이었나? • 교사는 어떠한 대답이라도 평가하거나 코멘트 하지 않는다.
전개	- 심신장애란 어떠한 것인가를 설명한다(10분). • 심 · 정신지체인 • 심 · 신체장애인 • 장애의 원인 • 장애의 경중 - 심신장애에 대한 일본의 사회복지제도(10분). • 정신지체인 복지법 • 신체장애인 복지법 • 심신장애인 복지법 • 정상화(normalization) - WHO에 의한 장애의 정의(10분). • 기능 · 형태 장애

chapter 04

전개	• 능력 장애 • 사회적 불리 – WHO의 기본적 시점 「장애는 이해와 대책에 의해서 더 이상 장애가 될 수 없다.」
정리	「인간은 이미 장애를 가지고 있거나, 이제부터 장애를 갖게 되던지 등 어느 한 쪽이다」와 관련해서 설명을 한 후 기입용지에 소감을 쓰게 한다(10분).
준비물	– 자료「장애란 무엇인가(WHO의 정의)」,「심신장애인의 시설」등
참고문헌	■「개정사회복지사 양성강좌3 장애인 복지론」 중앙법규출판

(3) 수업기록

① 「장애란 무엇인가」에 대한 감상

"장애라고 하는 것에 대해서 처음으로 깊이 생각해 보았다. 지금까지는 휠체어에 대해 타고 있는 사람 정도의 느낌이었다. 여러 종류의 장애인이 있는데 내 주위에는 거의 없다. 다행이라고 하겠지만 무지라고 하는 생각도 들었다."

"장애인의 틀에 들어가지 않는 장애인도 있겠지 라고도 생각하였다."

"장애인 시설의 종류가 여러 가지 많이 있는 것은 그만큼 장애를 세분해서 생각하지 않으면 대응할 수 없기 때문일 것이다."

"사회적 불리가 장애가 된다는 것을 처음으로 알았다. 생각해 보면 그 장애가 도처에 있다고 생각했다. 그것이 완전히 없어질 때가 올 것인가? 국가나 시가 노력할 뿐 아니라 일반인의 협력이 제일 중요하다는 것을 알았다. 장애인에 접해본 일이 없는 사람으로서는 먼 존재로 인식도 희박하다. 장애인의 의지가 사람들에게 별로 전해지지 않는다. 장애인에 대한 인식이 확산되지 않으면 개혁은 진전되지 않는다."

"지금은 휠체어로 길을 달리고 있는 사람을 잘 볼 수 있지만 전에는 없었다고 들은 일이 있다. 그것은 휠체어가 없었기 때문이라고 생각하고 있었는데, 장애인이 거리에 나올 수 없었기 때문이라고 알았다. 지금은 좀 달라졌겠지만, 실지로 말하면 러시아워 때문에 귀찮을 것으로 생각한다. 전에는 경제력이 없으면 복지가 성립되지 않는 다는 것을 수업에서 들었는데, 러시아워는 모두가 열심히 일하고 있다는 것이 되므로 다시 생각해 볼 일이다."

"복지를 지원하는 경제력의 필요성은 절대적이다. 복지는 최후에는 모두가 필요로 하는 것이므로 각자가 서로 힘을 모아서 지원하는 것이 바람직하다. 경제를 일으켜 주는 사람에게 크게 감사하다."

5) 휠체어 사용방법 및 기능 · 조작

(1) 수업전개

도입	- 학교교정에 휠체어를 5명에 1대씩 준비하고 잠시 자유롭게 타게 한다(5분).
전개	- 집합시켜 휠체어에 대한 감상을 들으면서 다음 사항을 말한다(5분). • 휠체어는 속도를 내는 것이므로 위험하다. • 휠체어는 장애인의 발이므로 장난감 취급은 안했으면 한다. - 휠체어의 개조의 안내서"(휠체어 각부의 명칭 및 역할)을 설명한다(20분). • 휠체어를 학생과 직면해서 전체의 앞에서 보여주고 실행하면서 설명한다. • 학생에게 "안내서"를 건네주는 것은 설명 후가 좋다. - 그룹별로 계단의 연습을 한다(10분).
정리	- 휠체어를 정리한다(5분). • 접는 법을 가르친다.
준비물	■ 5명에 1대의 휠체어(점검하여 놓을 것) ■ 휠체어 개조의 안내서를 사람 수대로 분배.

(2) 수업기록

① 휠체어에 대한 느낌

- 달리고 있을 때 브레이크가 걸리지 않아서 위험하다.
- 처음으로 타서 재미있다.
- 앞의 발걸이가 망가져 있어서 걸릴 것 같았다.

② 설명하면서 반문

- 거리에서 휠체어 타고 있는 장애인이 있어서 "도와드릴까" 생각하고 말을 걸기로 하였다. 제가 도울일이 있을까요?
- 그랬더니 "좋습니다." 라고 말했다. 그때 어떻게 생각해야 되나요?
- "부탁합니다." 라고 말했다. 그때, 우리가 유의할 사항은 무엇일까요?
- 계단이 있는 곳에 오면 몇 사람이 필요할까요? 경험이 없는 사람에게 어디를 잡으라든가 어느 방향으로 가라고 일러줄수있나요?

(3) 휠체어의 입문

① 도우미의 마음가짐

「휠체어의 도우미」라고 하는 것은 결코 전문가만이 할 수 있는 것은 아니고 누구에게나 어느 정도는 되는 것이다. 그렇다고 해서 안이하게 「하면 된다.」고 한다면, 「고마운 걸림돌」이 될 수 있다. 이하에서 말하는 최저한의 에티켓은 지켰으면 한다.

휠체어 도우미의 에티켓

- 무엇을 하면 좋을지 우선 물어 봅시다.
  ~「휠체어」라고 해서 모두가 꼭 도움이 필요한 것은 아닙니다.
  상대의 기분을 잘 확인하고 나서…….
- 어떻게 도와주는 것이 좋을지. 본인의 의사를 존중해서....
  ~ 보기에는 다 같아도 그 종류는 10인 10색이다. 될 수 있으면 본인이 바라는 방법으로…….
- 모르는 것은 안한다. 무리를 하지 않는다.
  ~위험(부상)에 이어집니다. 안전을 제1로…….
- 주위사람에게 협력을 구합시다.
  ~ 그 경우 안전에 방법을 사전에 충분히 의논하고…….
- 「휠체어」의 사람과의 대화(회화)를 중요하게,
  ~일반 통행의 도우미가 되어서는 안 됩니다. 커뮤니테이션을 귀중하게…….
- 복장에 주의해서
  ~ 도우미를 할 때에는 가급적 가벼운 복장으로…….
  스커트, 액세서리(반지, 브로치), 하이힐은 피하고 손목시계도 풀어 놓는 것이 편리
- 도우미의 자세에도 주의
  무리한 자세는 요통의 근원이 됩니다.

(4) 휠체어 각부의 명칭

① rear wheel(레어 휠) = 뒷바퀴(대차륜)

② handrim(핸드림) = 사용자용 손잡이, 바퀴를 손잡고 돌린다.

③ caster(카스터) = 앞바퀴(보조바퀴), 충격에 약하므로 주의, 공기 주입

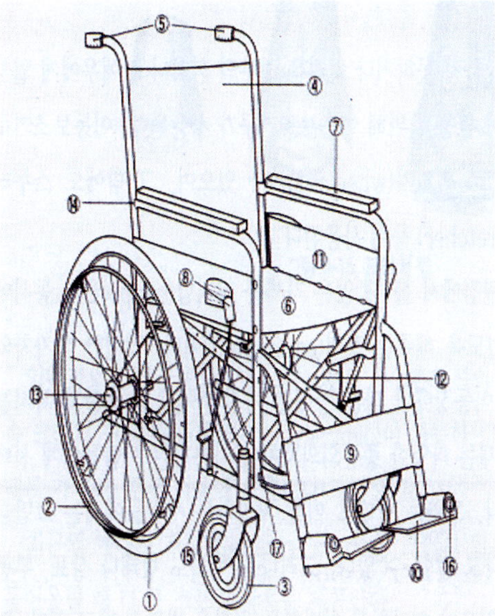

하는 것도 있다.

④ back rest(백 레스트) = 등받이

⑤ push handle(푸쉬 핸들) = 도우미용 핸들

⑥ seat(시트) = 좌석

⑦ arm rest(암 레스트) = 팔(팔꿈치)받침, 분리식도 있으므로 주의한다.

⑧ wheel lock(휠 락, 브레이크) = 휠 잠금장치, 정지 시에 굴러가지 않게 하는 것.

⑨ leg rest(레그 레스트) = 종아리가 뒤로 떨어지지 않도록 받쳐준다.

⑩ foot plate(풋 플래이트) = 발을 올려놓는 부분, 높이의 조절이 된다.

⑪ side guard(사이드 가드) = 시트 옆 천으로 허벅지를 보호한다.

⑫ cross frame(크로스 프레임) = 휠체어의 전체적인 축으로 ⑮베이스 프레임과 ⑭백프레임 등을 연결 · 고정하고 교차모양으로 지탱하는 역할을 하며 접었다 폈다 할 수 있다.

⑬ hub(허브) = ①뒷바퀴 와 ②핸드림의 연결부위

⑭ back frame(백 프레임) = ④등받이를 고정시키는 축으로 핸드림과 연결됨.

⑮ base frame(베이스 프레임) = ⑫크로스 프레임 아래의 쪽 축으로 ③보조바퀴와 ⑨레그 레스트, ⑩ 풋플래이트 와 ⑯ 연결장치를 연결 · 고정하고 지탱해 주며, 크로스 프레임과 같이 접었다 폈다 할 수 있다.

⑯ foot plate axis(풋 플래이트 엑시즈) = ⑩풋 플래이트와 ⑨레그 레스트와 연결시켜주며 레버처럼 ⑩풋 플래이트가 위로 아래로 높낮이를 조절할 수 있게 한다.

⑰ front frame(프론트 프레임) = ⑮베이스 프레임과 연결되어 ⑦암 레스트를 지탱해주는 축

(5) 휠체어 작동시 주의사항

① 브레이크(wheel lock)의 걸리는 상태는 어떤지요?
② 푸쉬 핸들의 핸드 그리프(손잡이 덮개)는 빠지지 않습니까?
③ 분리식 부분의 점검(백 레스트, 암 레스트, 풋 레스트)
④ 타이어의 공기가 빠져 있지 않습니까?

5) 휠체어로 교내에서 움직이는 체험

고령 장애인이 거리에 나올 수 있으려면 두 가지 면에서 수용준비가 필요하다. 즉 하드와 소프트다. 하드란 「거리조성」으로 노면−폭−단차−슬로프 등이며, 소프트란 「사람의 마음」으로 배려 · 관심 등이다. 요즘 주변의 역에 휠체어용 슬로프가 생겼다. 유아와 모친, 다리가 약해진 노인, 피로해서 귀가하는 샐러리맨이나 학생, 그리고 물론 휠체어를 사용하는 장애인 등 갖가지 사람들이 끊임없이 이용하고 있다. 동시대에 생명을 부여받아 태어난 사람끼리 같이 사는 '정상화' 라는 말에 어슴푸레한 기분이 될 수 있다. 그런데 지금 우리가 다니고 있는 학교는 어떠한가?

(1) 수업전개

도입	− 휠체어로 교내를 움직일 수 있는가를 모두가 체크해 보고 싶다고 한다. 그 방법의 대강을 전한다(5분). • 5명의 그룹을 만든다. • 그룹으로 교내를 생각해서 휠체어를 써서 문제가 될 만한 곳을 예상한다. • 그룹으로 실제로 체크해 본다.
전개	5인의 그룹을 만든다. 그룹에서 상의하고 예상을 세워서 기입용지에 기입한다(7분). 실제로 체크해 본다(25분).
정리	기입용지에 감상을 써서 제출하게 한다(5분).
준비물	■ 5인에 1대의 휠체어 ■ 기입용지

휠체어로 교내에서 움직일 수 있는가

교내에서 휠체어를 사용할 때의 문제점(예)

예 상	실제의 체크
도어의 단차	조금 들면 통할 수 있었다. 그러나 혼자서는 안 될지 모른다
화장실 입구의 단차	빠듯하다
교실에 들어갈 때의 단차	혼자서 절대로 안 된다
자동판매기의 버튼이 높다	문제없다
화장실 앞의 전화의 높이가 높다	문제없다
정문, 후문 근처의 단하	조금 들면 통과할 수 있었다. 그러나 혼자서는 안 될지도 모른다
보도의 다리, 교내의 계단	동행이 4-5명 있지 않으면 절대로 안 된다
단상에 올라갈 수 없다	계단도 좁고 절대로 안 된다
탁구가 안 된다	기술이 있으면 된다
도서관의 높은 자리에 있는 책	닿지 않는다.
테니스의 심판대	올라갈 수 없다
양호실	한 사람이 따르면 문제없다
입구가 좁다	빠듯하다
복도와 교실와의 사이의 단차	혼자서는 안 된다
정문의 경사가 급하다	일단 지쳤지만 올라갈 수 있었다

• 실제로 체크하고 나서의 감상
휠체어로는 여러 가지 큰 문제들이 있다는 것을 알았다. 그리고 타인의 도움 없이는 좀처럼 아무것도 할 수 없다는 것도 알았다. 다행히 즐거웠던 때도 있었다. 계단을 오르내릴 때는 너무 무거워서 여러 사람이 협동하지 않으면 어려웠다.

6) 휠체어로 거리에 나가는 체험

「1미터 높이의 세계」라는 말이 있다. 휠체어에 타고 거리에 나가면 보이는 풍경의 높이는 지상 1미터정도의 것이다. 문득 올려다보면 사람들의 어깨와 얼굴이 있고 그 저편에 빌딩과 하늘이 있다. "엿보이고 있다"는 생각이 들어 시선을 돌려서 또 1미터 높이의 세계를 본다. 보도의 요철이 차륜을 통해서 전달되어 온다. 고급 휠체어라면 다를 것인가? 등을 생각하면서 보조해주고 있는 학생에게 말을 건다.「걷고 있을 때에는 이 요철(울퉁불퉁)은 느끼지 않나요?」

(1) 수업전개

도입	– 휠체어 안내서를 준비 시키고 개조의 방법을 복습한다(5분).
전개	– 3인 그룹을 만들게 한다. • A. B. C(그룹) 를 정하고 10분 교대로 A–>B–>C(그룹) 순으로 하게 한다. • 뒤밀기는 B–>C–>A의 순으로 보조는 C–>A–>B(그룹)의 순으로 시킨다. – 출발시켜, 30분 만에 돌아오게 한다. • 12~13분 진전하고 반환점에 돌아오도록 한다. • 신호등과 다른 교통기관과 통행인에 주의하도록 한다. • 휠체어의 체험학습이므로 달리거나 해서 장난치지 않도록 한다.
정리	휠체어를 정리시키고 기입용지에 감상을 써서 다음날까지 제출하도록 숙제를 내 준다.
준비물	• 3인에 1대의 휠체어 • 휠체어 도우미의 안내서 • 지도(인근) • 감상기입용지

(2) 수업기록

휠체어로 거리에 나간 감상

① 몹시 어려웠고 똑바로 진전하지 못한다. 전신주에 걸리고 놓아둔 자전거는 최악이다. 조작하는 손이 아주 피로했다. 계단이나 단차는 휠체어로는 곤란하다.

② 내가 나아가면 사람들이 비켜주었다. 꼭 장애인일 때는 더 잘 비켜 주리라고 생각한다.

③ 무서워서 감히 혼자서 거리에 나갈 수 없을 것 같다.

④ 통행인에 보이는 것이 부끄러웠다. 익숙하지 않아서 그런지 장애인은 느끼지 않을 런지?
자연스럽게 어울리는 사회가 되었으면 좋겠다고 생각하였다.

7) 눈 안대를 하고 걷는 체험(Blind Work)

시각장애노인을 만날 때,「어깨를 빌려드릴까요?」라고 말을 건다.「예, 부탁합니다.」,「어디까지 가시지요?」,「오가사와라께서는 00까진데요」,「그러면 오가사와라씨를 개찰구까지 안내해드릴까요?」,「네, 부탁합니다.」그렇게 해서 잠시 동안의 동행이 시작된다. 거리에서 만나는 시각장애노인들이 안심하게 해드리려면 마음의 단련을 할 기회를 가져야 한다고 생각한다.

(1) 수업전개

도입	– 다음 사항을 위하여 체험학습을 해 보려고 한다(5분). • 시각장애인이 외출할 때 어떤 느낌 일까? • 도와드릴 때 어떠한 식으로 하면 안심해 주실 것인가?
전개	–「눈이 부자유한 사람에 관한」참고문헌을 읽어둔다(5분). 실제로 데모를 하여 본다(5분). • 두 사람이 앞에 나와서 시각장애인의 역할과 도우미의 역할을 정한다. • 전원이 2인조가 되어 교내를 걸어서 온다(20분). • 시각 장애인 역할을 하는 사람은 눈가리개를 한다. • 도우미는 철저한 안내를 한다. • 경로는 자유, 어디를 안내하고 있는가를 분명히 전한다. • 10분 되면 교대한다. • 20분 후에 이 실내로 되돌아온다.
정리	– 둘이서 회상하게 한다. 기입용지에 감상을 써서 제출하게 한다(5분).
준비물	• 자료「눈이 부자유한 사람에 대하여」 • 눈가리개 (아동마스크나 타월 같은 것)

(2) 수업기록

「눈 안대를 하고 걷는 체험(Blind Work)」을 하고난 감상

눈 안대를 하고 걷는 체험을 통해서, 거리에서 시각장애인에게 도움을 줄 수 있게 되었으면 좋겠는데, 도우미가 만족한 안내를 하는 것이 제일 어려운 것 같다. 일상체험에는 없는 것이므로, 모의 역할을 했을 때와 실제로 걷고 있을 때에 구체적이고 상세하게 지도할 필요가 있다.

"우측으로 돌아갑니다, 하고 분명하게 말해주세요."

"계단을 내려갑니다. 하고 분명히 말하고, 시각장애인의 위치와 행선지의 양쪽을 잘 보고 자기만 먼저 나가 버리지 않도록 하기."

"잠깐 멈춥니다. 하고 말하고 나서 멈추도록 하기. 멈추는 이유도 분명히 말하도록 하기. 이유를 알면 안심이 되기 때문이다."

8) 잘 안 보이는 노인들에 대한 경험

- 인사할 때는 보이는 사람 쪽에서 말을 걸어 준다. 이어서 악수를 한다. 그렇게 해서 상대는 당신의 키나 그 밖의 여러 가지를 관찰해서 친근감을 가진다.
- 눈이 부자연한 사람 중에는 정도에 따라 도움의 필요는 각각 다르다. 무엇이 필요한지 솔직하게 묻는 것이 필요하다.
- 거리의 모퉁이에서 하얀 지팡이를 든 사람이 서서 생각에 잠겨 있는 것은 방향을 잃어버렸을 때 취하는 자세이다. 방향이나 장소를 알려줄 때에는 좌. 우. 전. 후 라던가 몇 걸음 몇 미터의 곳이라고 정확하게 말해준다.
- 안내할 때는 하얀 지팡이의 반대편에 서서 팔을 벌리고 못 보는 사람의 반보 앞을 걸어간다. 하얀 지팡이는 못 보는 사람의 눈이므로 그것을 잡은 손을 잡거나 끌거나 밀거나 하는 것은 금물이다.
- 계단이나 엘리베이터에서는 올라가는지, 내려가는지를 분명히 설명할 필요가 있다.
- 차나 식사 때에는 처음 차려 놓은 식기 등의 위치와 내용을 작은 소리로 분명하게 설명해 준다. 물건의 위치는 시계바늘 위치로 말하면 쉽게 이해한다. 사람에 따라서는 손으로 더듬어서 확인시키는 일도 필요하다.

(1) 수업기록

① 「눈 안대를 하고 걷는 체험(Blind Work)」을 한고난 후의 감상

- 연못 주위를 돌았을 때, 장소를 전혀 모르게 된 것은 무서웠다. 복도 등 긴 장소는 거리감이 없어져서 무서웠다. 뒤에서 밀어주는 것은 좀 무섭고 달리게 되면 무서워서 못 달리게 한다. 앞에 서서 말을 걸어주었으면

좋겠다고 생각한다.

- 육교를 건널 때 계단을 오르는 것이 제일 두려웠다. 그 다음이 보통길이고 보통 길을 걷고 있으면 앞에서 무언가가 다가오는 것 같아서 두려웠다. 뒤에서 천천히 밀어주는 것은 훨씬 두려웠다. 나는 두 손을 앞에서 끌어 주는 것이 제일 안심이 되었다.

9) 손을 쓰지 않고 먹는 체험

팔을 굽혀서 음식을 입까지 나른다 — 거리로 치면 30cm 전후의 이 동작이 되는가, 그렇지 않은가에 생활은 전혀 달라져 버린다.

'손을 쓰지 않고 먹는다.' 라고 하는 것을 컵형의 인스턴트 라면으로 시험해 보았다. 라면과 나무젓가락과 끓는 물통을 식탁 위에 놓고 「물을 어떻게 해서 따르나요?」,「비닐 커버는 입으로 떼나요?」라고 처음부터 대소동이다.

혼자서 라면 먹기가 도저히 어려워 결국 2인 1조가 되어서 서로 도와주게 되었다. 「뜨거워!」, 「너무 빨라요.」, 「양이 많아요.」하는 등 호흡이 안 맞는다. 그래도 그런대로 먹을 수는 있었다. 여기서 서로 도움의 효과를 체험하였다. 절반 정도에서 스스로 먹을 수 있게 되었다. 「아~ 맛있어!」, 「울음이 나오려고 해요!」

(1) 수업전개

도입	- 장애체험의 조건을 전한다(10분). • 평소에 먹고 있는 학생들의 빵을 손을 안 쓰고 먹는 체험을 한다. • 두 손은 뒤로 돌려 깍지 낀다. • 그 외는 몸의 어느 부분이든 자유롭게 움직일 수 있다. • 빵이 식탁 아래로 떨어지면 아무도 주워주지 않는다. 손도 쓸 수 없다 • 빨리 먹기 경쟁은 아니다. • 「먹는다.」는 것은 어떠한 것인가. 거기에 대한 장애체험을 하고 생각해 보자는 것이다.

전개	- 실제로 먹어본다(20분). • 한 사람에 한 개, 식탁 중앙에 빵을 놓는다. • 양 손을 등 뒤로 깍지 끼게 한다. • 그 취지를 다시 한 번 전하고 먹기 시작한다.
정리	- 감상을 쓰게 한 후 청소를 시킨다(15분).
준비물	• 인원수 만큼의 빵 • 감상기입 용지

(2) 수업기록

“먼저 수족을 쓸 수 없다고 하는 장애는 단 하나의 빵을 먹는 데에도 노인 또는 장애인들은 보통 사람의 5~6배의 시간이 걸리고 빵과 함께 무엇을 마시고 싶다거나 만화를 보면서 먹는다는 등 보통사람이 할 수 있는 즐거움도 맛볼 수 없다. 하나의 빵을 음미한다는 것보다 그저 넘긴다고 하는 생각이 들었다. 이러한 장애를 가진 사람들은 단지 빵 하나를 먹는다고 하는 행위만으로도 남들처럼 즐길 수 없다고 하는 것은 참으로 유감스럽다고 생각한다. 장애를 가지고 있으면서 혼자서 먹는 기분은 우리들이 생각하는 이상으로 고통이 있다고 생각한다.”

“나는 이로 ‘빵’ 봉지를 조금씩 뜯어 봤지만 잘 뜯어지지 않고 턱이 지쳐서 녹초가 되었다. 입으로 물고 봉지를 흔들고 돌려봐도 얼굴을 때려서 아프다. 빵이 튀어 나갈까봐 지나치게 힘껏 할 수도 없다. 드디어 조금만 더 하면 꺼낼 수 있는 자리에서 봉지 속에 들어있는 빵을 먹기 시작했고 겨우 먹을 수 있었다. 평소는 두 손으로 봉지를 뜯어 쉽게 먹을 수 있는 데도 손을 못 쓰니 이렇게 고생하는구나. 장애인이 식사 때마다 이렇게 고생하는가 생각하니 큰 문제라고 여겨졌다. 안된다고 생각하고 도움이 필요하다고 생각했다.”

“평소라면 아무것도 아닌 일이 손을 못 쓴다는 이유로 이렇게 먹기 어렵다는 것을 잘 알았다. 라면 등 면류나 뜨거운 국물 등의 액체는 어떻게 해서 먹어야 되는지 의문이 들었다. 이것을 교훈삼아 이러한 몸으로 고생하는 사람에게는 도와드려야 하겠다고 생각한다.”

“모두들 되는데 나는 끝내 되지 않았다. 괴롭다. 수족이 부자유한 사람은 이렇게 고통 받고 있는가 하고 생각했다. 나라면 살아 갈 수 없겠다. 그러므로 수족이 부자유한 사람을 존중해야 된다고 생각했다."

"내가 생각한 것은 먹는다는 것보다도 먹기 위해 봉지를 뜯는 일이 어려움이었다. 보통 생각대로 물고 흔드는 것만으로 쉽게 뜯어지지 않는다. 온 힘을 다해서 겨우 먹을 수 있는 상태로 될 정도다. 노인 장애인은 아무도 없을 때에, 언제나 이렇게 고통을 겪고 있구나 하고 절실히 느꼈다. 혼자서 생활하고 있는 장애인은 특히 훌륭하다고 생각했다. 우리들은 이러한 불편한 일을 하지 않아도 되지만, 장애인을 위해서도 여러 가지 물건을 만들어 내야 되겠다."

10) 입으로 붓을 물고 그림을 그리는 체험

신체장애인의 회화작품이라고 하면, 학생들에게는 화필을 입에 물거나 발가락 사이에 끼우고 그려진 신체장애인의 그림엽서를 떠올리게 한다. 그리고 최근에는 호시노 도미히로씨의 작품이 잘 알려져 있다. 대부분의 학생은「정말일까?」하고 반신반의 하고 있지만 텔레비전의 위력은 대단한 것이어서 텔레비전이 방영한「꽃의 시인」을 보고 납득하였다.

그런데 우리에게도 될 수 있을까, 해보기로 하였다. 그 체험을 바탕으로 작품을 문화제에 전시하고 관객에게도 이 장애체험을 해서 보여 드리고자 하였다.

안산 제1대학 실버유사 체험센터

한 · 일 노인생애체험센터 구성 및 특징

chapter 05

나이 드는 것은 단순히 쇠락만은 아니네. 그것은 성장이야
그것은 꼭 죽게 되리라는 부정적인 사실 이상이야 그것은 죽게 될거라는것을 이해하고 그 때문에 더 좋은 삶을 살게 되는 긍정적인 면도 지니고 있다구---
불교도들이 하는 것처럼 하게, 매일 어깨위에 작은 새를 올려놓는 거야
그리고 새에게 오늘이 그날인가 ? 나는 준비가 되었는가? 나는 해야 할 일들을 다 제대로 하고 있나?
내가 원하는 그런 사람으로 살고 있나?
라고 묻지

미치 엘봄 (Mitch Albom) 지음/공경희 옮김(1997), 「모리(Morrie)와 함께한 화요일」 중에서

1. 한림대학교 고령사회센터 내 노인 생애체험학습센터[1)]

1) 디자인 컨셉

본 디자인의 메인 컨셉은 레오나르도 다빈치의 인체척도모델을 응용한 인체의 생체시계 모델을 기초로 하여 구성하였다. 공간개념을 크게 4가지의 공간 구성틀에 배치시키고 각 공간의 오른쪽에는 공간과 관련된 노화특성과 관련된 학문 연구 분야, 왼쪽에는 공간과 관련된 환경의 물리적 구성요소를 배치하였다. 생활공간 체험의 경우 주택과 같이 구성하고 이는 생활행태 특성을 파악하는 공간으로, 감성체험의 경우 생물학적 특성을 바탕으로 색채와 재료와 관련한 특성을, 근력체험의 경우 물리학적인 이론을 기초로 제품특성을 파악하는 공간으로 구성하였다. 그리고 보행체험의 경우 외부공간의 특성을 기초로 인체공학적인 기초적 자료를 근거로 구성하였다. 이는 궁극적으로 본 생애체험학습센터를 통해 노화와 관련된 환경특성, 관련 학문의 기초적 자료에 의한 물리적 환경요소의 연관성 있는 공간배치를 통해 체험교육의 효과를 극대화하기 위한 것이다.

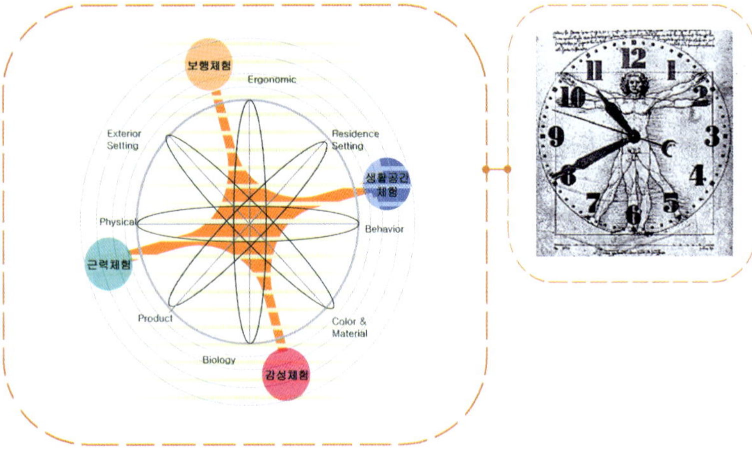

〈그림5-1〉 한림대학교 노인생애 체험학습센터의 개념도

1) 우리나라 최초의 상설 전시관으로 설립된 한림대학교의 노인생애체험학습센터는 빠른 속도로 고령화 사회가 진행되고 있는 현실에 대한 대책마련의 취지에서 젊은 세대에게 노인들을 이해시키고 세대 간의 교류를 증진시키기 위한 교육의 장으로서 지방대학의 특성화 방안의 일환으로 설립되었다. 한림대학교 고령사회센터의 부속실로서 본 노인생애체험학습센터는 일반인들이 교육을 통해 노인의 신체적 불편 및 어려움을 미리 체험함으로써 노인에 대한 이해의 폭을 넓히고 건강할 때에는 못 느꼈던 환경의 불편을 느끼고 이를 통해 노인을 위한 환경의 중요성과 개선점을 인식하게 한다.

2) 공간 구성과 체험 학습 체계

본 노인생애체험학습센터는 체험 전 · 후의 교육 및 사무 및 물품보관 등을 위한 교육 및 준비실, 제험공간인 감성 및 근력체험, 생활공간체험, 보행체험으로 구성되었다.

본 노인생애체험학습센터의 동선체계는 체험자 동선과 서비스 동선의 출입부분을 분리하고 체험공간에서의 동선은 원형으로 구성하여 체험 전 · 후의 교육이 한 공간에서 이루어 질 수 있도록 하였다. 이는 기본적인 건축평면 형태 상 출입구가 하나였던 것에 기인한 것이나 내부 공간계획에서, 체험의 순서에 의한 체계적인 구성을 하고 이를 라운드형의 동선체계로서 유도한 것은 각 공간이 유기적으로 연계되어 원활한 체험의 진행에도 매우 효과적임을 알 수 있다.

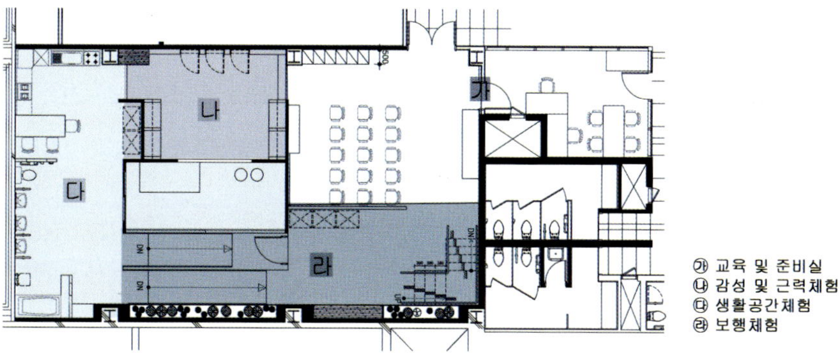

〈그림5-2〉
한림대학교 노인생애체험학습센터의 평면 구성 및 체험학습 동선

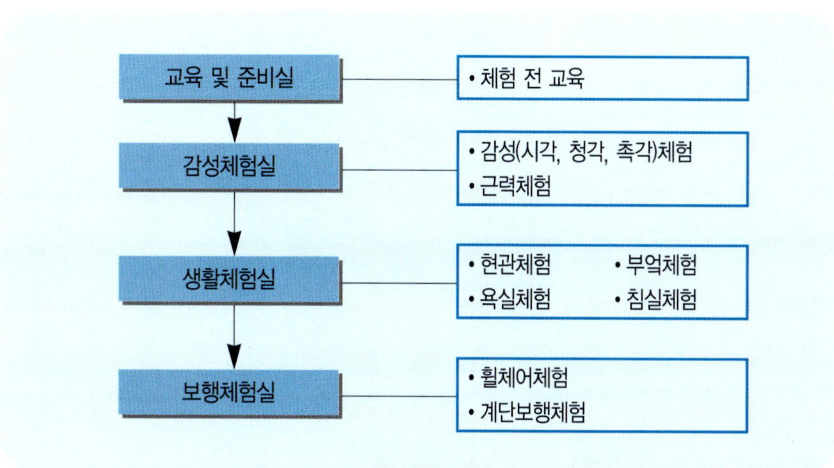

〈그림5-3〉
한림대 노인생애체험학습센터의 체험학습 체계

3) 공간 설계안(Space Planning)

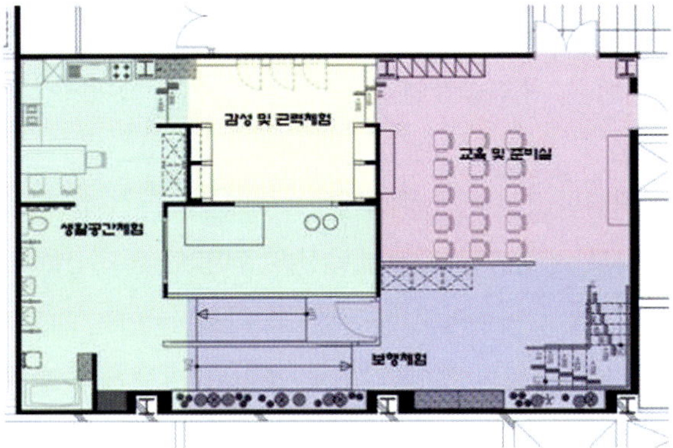

평면도

감성체험공간

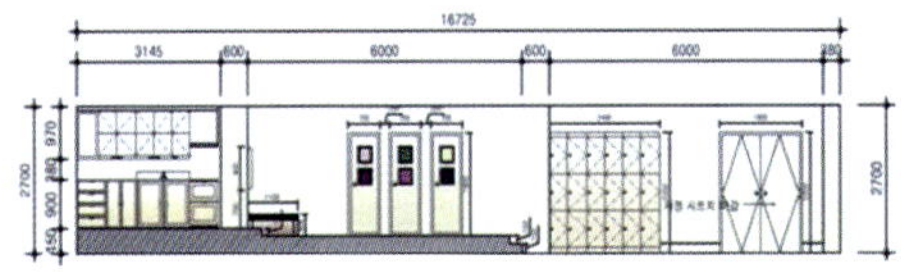

생활체험공간

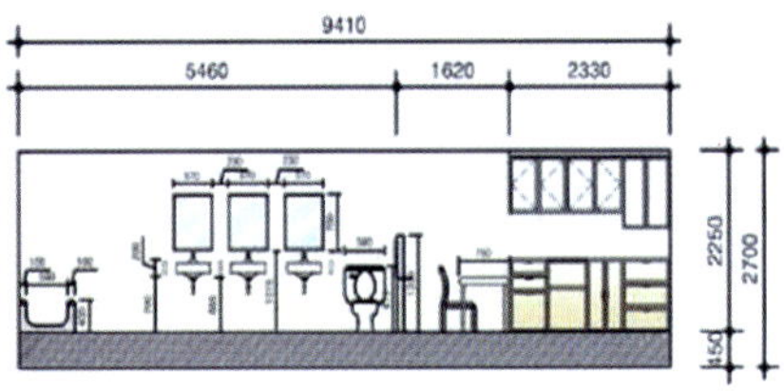

보행체험공간

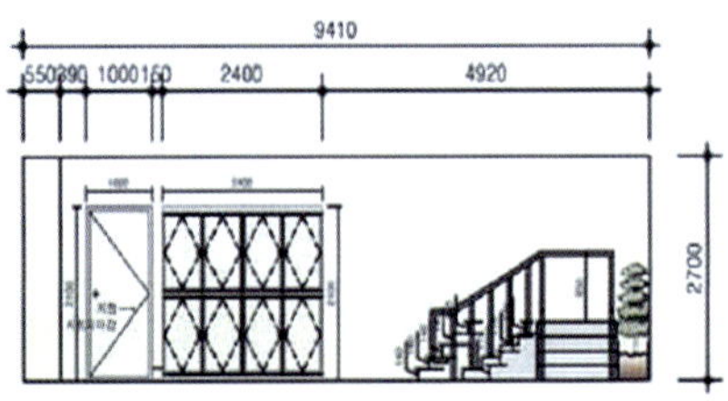

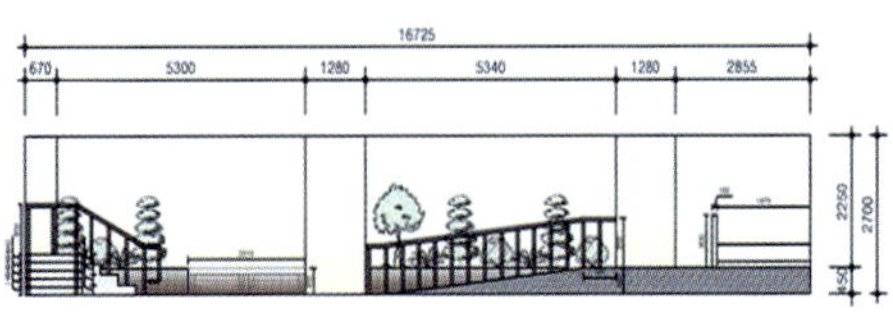

4) 사인 설계안(Sign Planning)

입구

· 체험실입구 Sign

· 스탠드형 Sign

교육 및 준비공간

· 교육 및 준비공간 Image Wall

감성체험공간

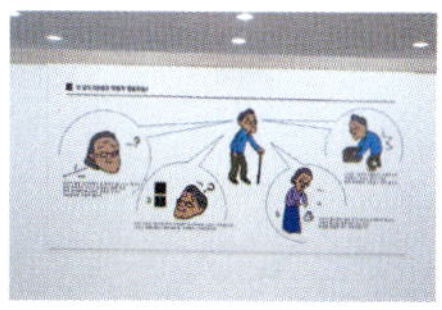

· 감성(시·청·촉각) 및 근력 체험 Sign

생활체험공간

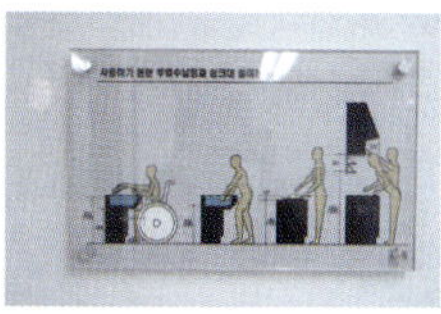

· 주방체험 Sign

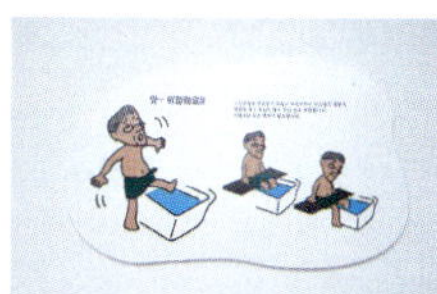

· 욕실체험 Sign

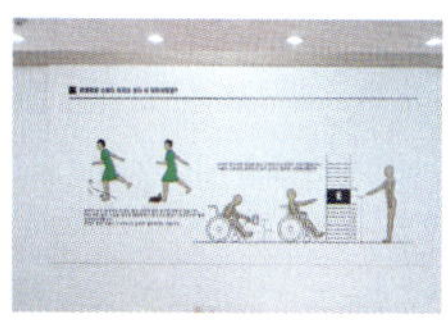

· 콘센트·스위치체험 Sign

보행체험공간

· 보행체험공간 Image Wall

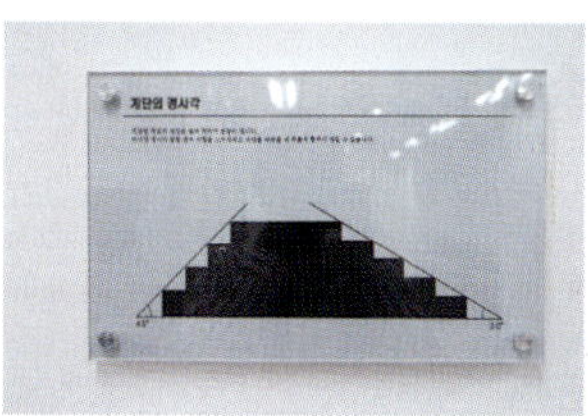

· 계단체험 Sign

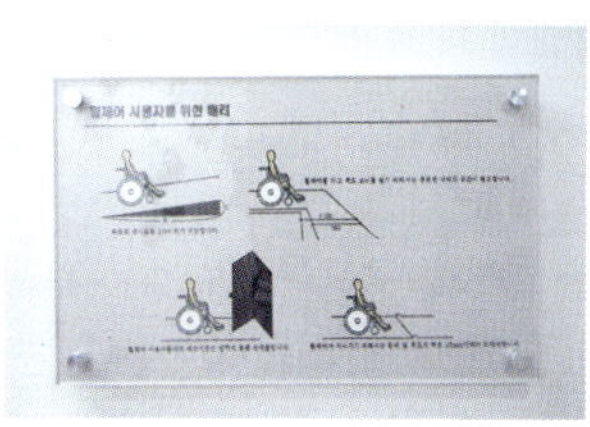

· 휠체어체험 Sign

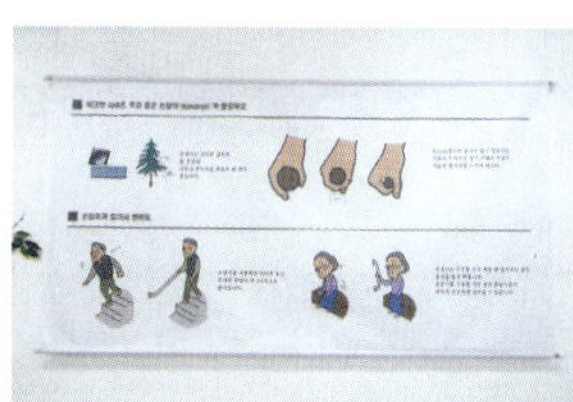

· 핸드레일(Handrail)체험 Sign

5) 공간 이미지(Space Image)

입구

교육 및 준비공간

교육 및 대기 준비실

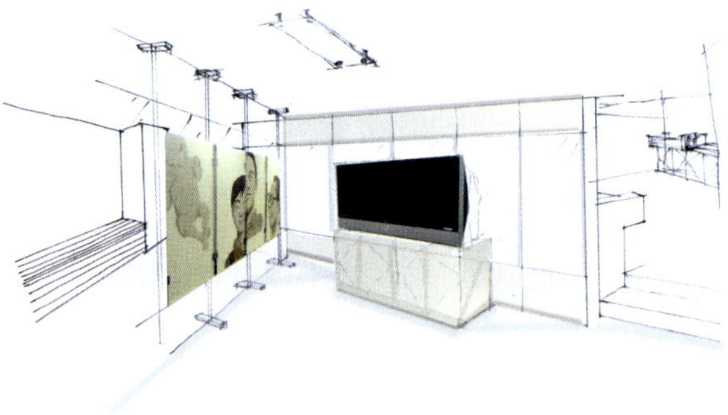

감성체험공간

감성(시각, 청각, 촉각)체험, 근력체험

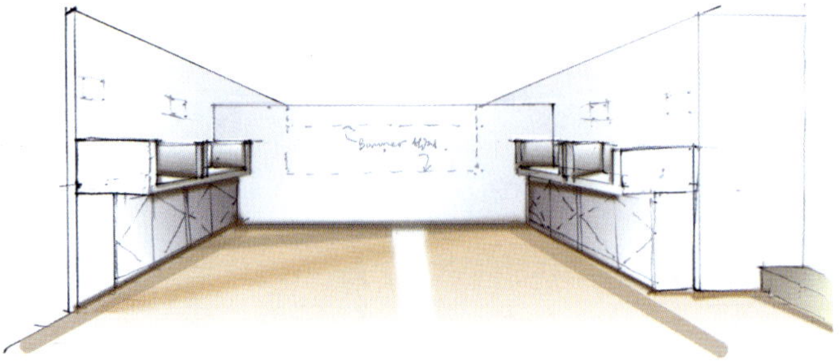

생활체험공간

· 부엌체험

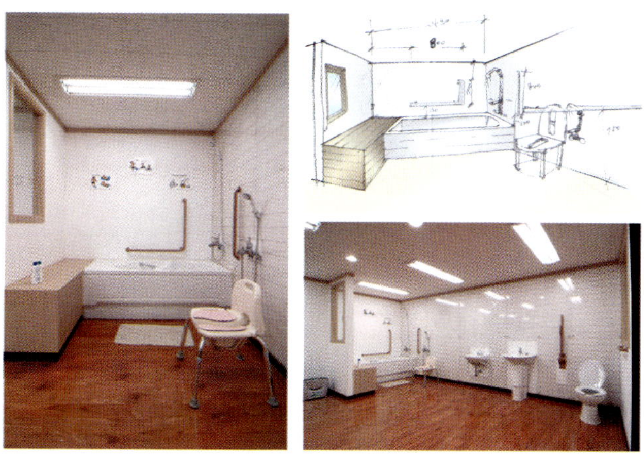

· 욕실체험

· 침실체험

보행체험공간

· 휠체어체험

· 계단보행체험

2. 안산1대학 실버유사 체험관

1) 디자인 컨셉

본 체험관의 메인 컨셉은 노인의 일상생활 수행능력을 측정하는 척도인 ADL (Activity of Daily Living)과 IADL (Instrumental Activity Daily Living)에 대한 내용을 바탕으로 구성되었다. 한국보건사회연구원의 노인생활실태조사(1998), 국민건강조사(1998)에서는 ADL은 목욕하기, 옷 갈아입기, 식사하기, 앉기(눕기), 걷기, 화장실 이용하기를 선정하고, IADL은 물건사기, 전화걸기, 버스(전철타기), 청소 등이 있다.

각 항목들 중 교통수단 이용과 재산관리 능력을 제외한 항목들을 공간 구성과 연계하고 전반적인 공간배치와 디자인 그리고 프로그램도 이러한 구성에 근거하여 하였다. 이는 일상생활 수행능력 조사 시 사용되는 도구지만 장애 정도를 판단하는 과학적인 근거가 되는 척도로서 실제 노인들이 느끼는 생활 속 장애를 체험하는 데 의의가 있다.

2) 공간 구성과 체험 학습 체계

본 실버유사 체험관은 체험관 진입부에 홍보 및 교육 자료를 전시하는 공간을 계획하고, 체험 전 · 후의 교육 및 물품보관 등을 위한 교육 및 준비실, 노인 관련 시설의 공간구성과 프로그램에 사용되는 기기들을 체험할 수 있도록 한 시설 실습실, 일반주택의 형태로 노인의 주거공간 내의 생활을 체험할 수 있는 생활체험실로 구성되었다.

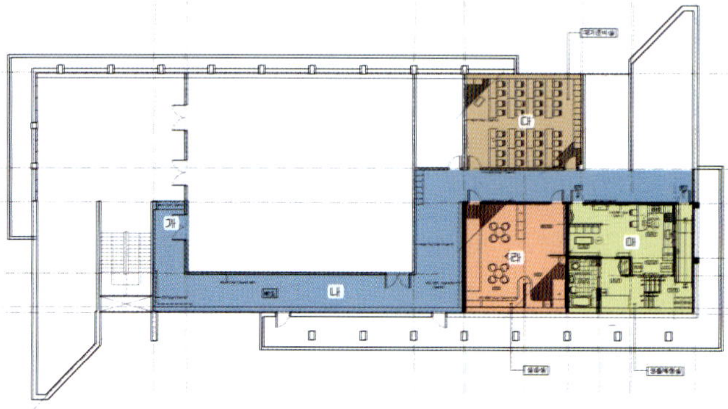

㉮ 주출입구
㉯ 홍보 및 교육자료 전시공간
㉰ 교육 및 준비실
㉱ 시설 실습실
㉲ 생활체험실

〈그림5-4〉
안산 1대학 실버유사 체험관의 평면구성

각 실은 복도를 통해 각각 입구와 출구가 있고, 생활체험실의 최대 체험 인원을 6-7명으로 한정하고 남은 체험대기자들은 대기시간에 시설실습실에서 교육을 받도록 하여 공간 사용의 효율성을 높이고 체험 전·후의 교육은 교육 및 준비실의 한 공간에서 이루어질 수 있도록 하였다. 특히 체험관의 입구에서 길게 있는 복도공간을 홍보와 교육자료 전시공간으로 활용하였다.

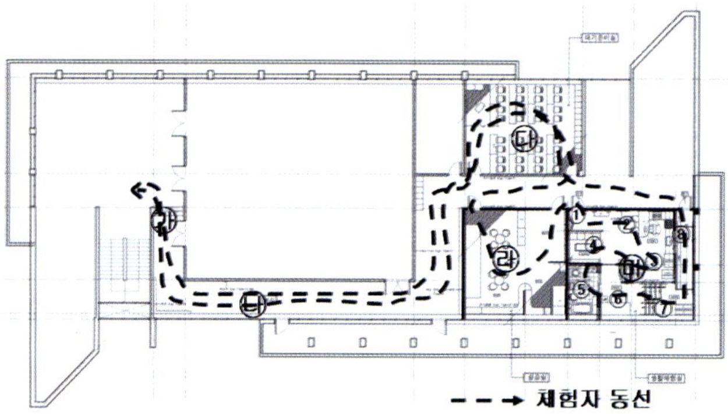

〈체험실의 공간구성〉
① 현관체험실
② 부엌체험실
③ 세탁체험실
④ 거실체험실
⑤ 욕실체험실
⑥ 심실체험실
⑥ 계단 및 슬로프체험실

〈그림5-5〉
안산 1대학 실버유사 체험관의 공간배치 및 체험학습 동선도

이는 기본적인 건축평면 형태에 기인한 것이나 내부 공간계획에서, 체험의 특성을 살리기 위해 체계적인 구성을 하고 이를 학습체계로서 유도한 것은 원활한 체험의 진행에도 매우 효과적임을 알 수 있다. 노인생애체험은 생활체험실에서 주로 이루어지며 이는 현관체험실, 부엌체험실, 세탁체험실, 거실체험실, 욕실체험실, 침실체험실 그리고 계단 및 슬로프 체험으로 구성하여 실제 주택과 같은 형태로 디자인을 하여 체험자들에게 친밀한 공간에서 일상생활수행능력에서 기인한 프로그램을 체험함으로써 학습의 효과를 높이려 하였다.

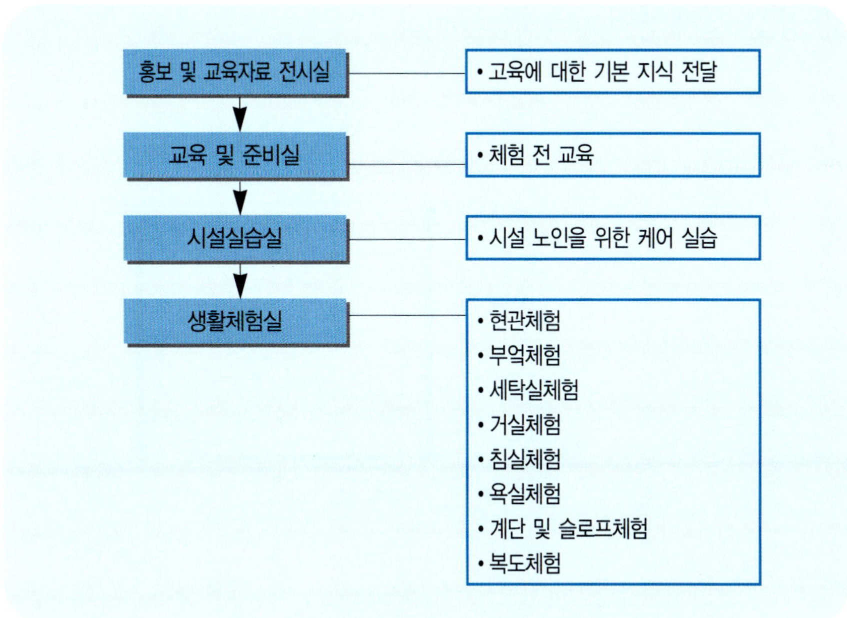

〈그림5-6〉
안산 1대학 실버유사체험관의 체험학습체계

3) 공간 설계안(Space Planning)

· 교육 및 준비공간 평면

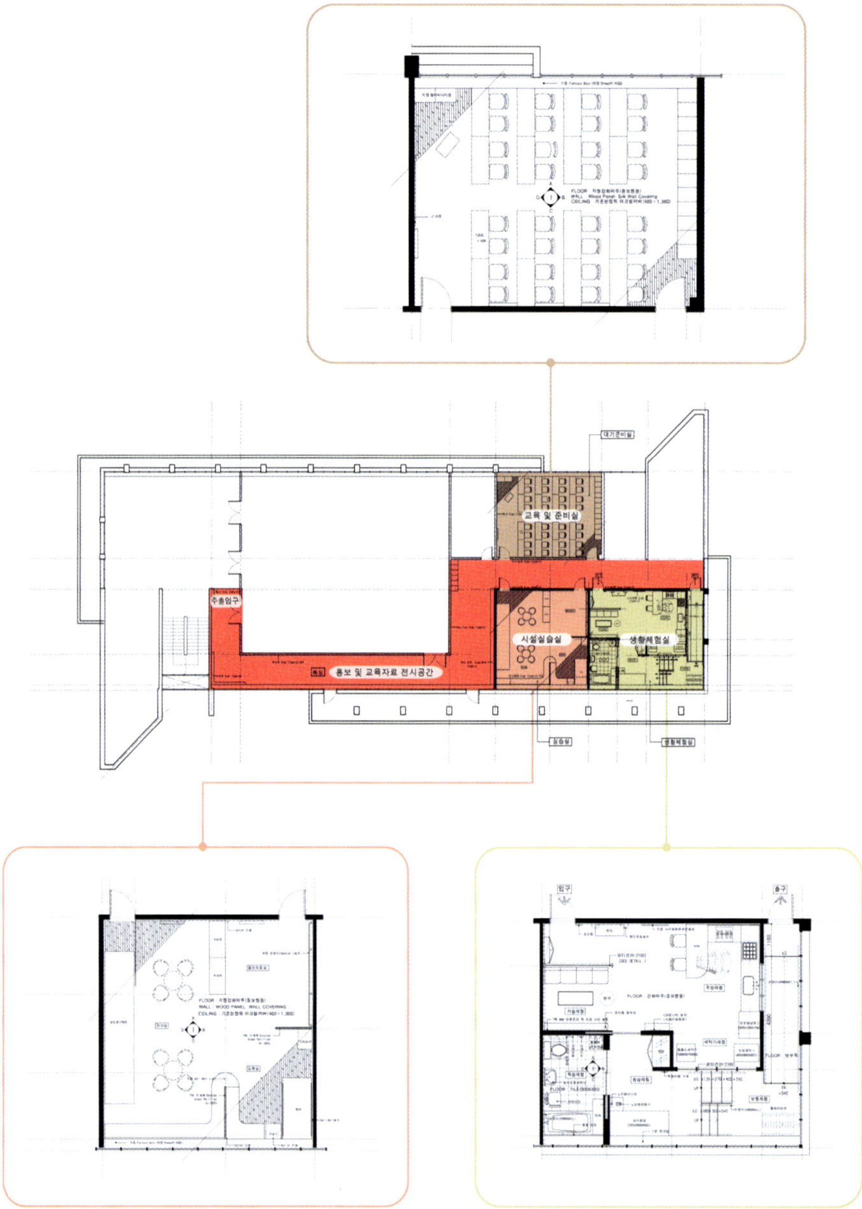

· 시설실습공간 평면

· 생활체험공간 평면

생활체험공간

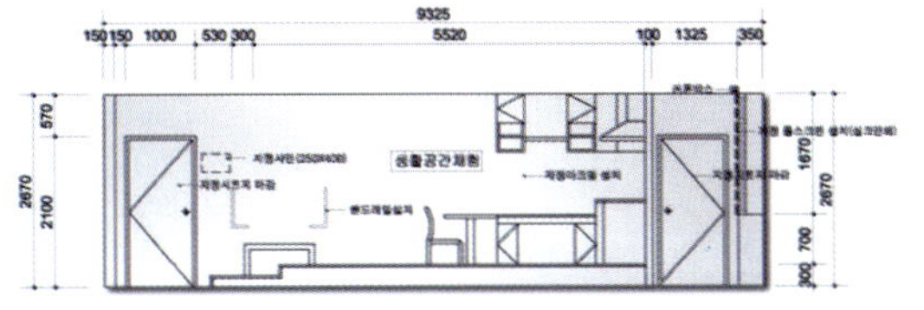

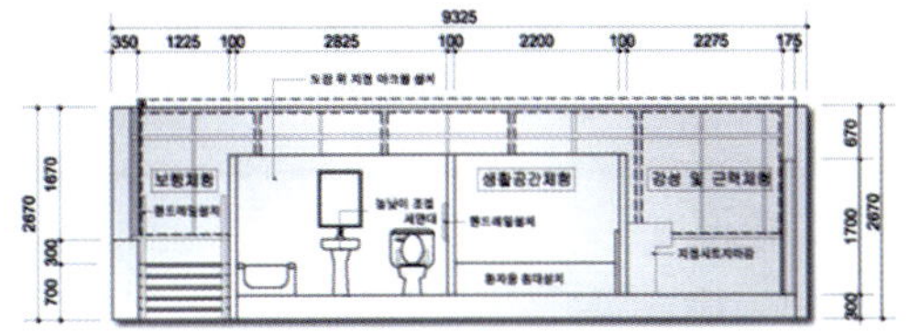

보행체험공간

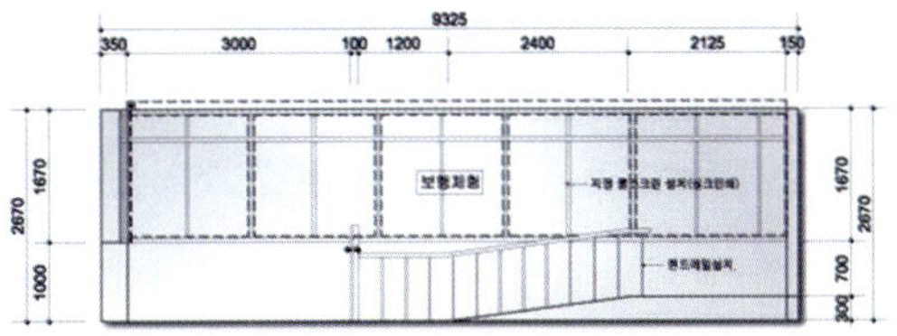

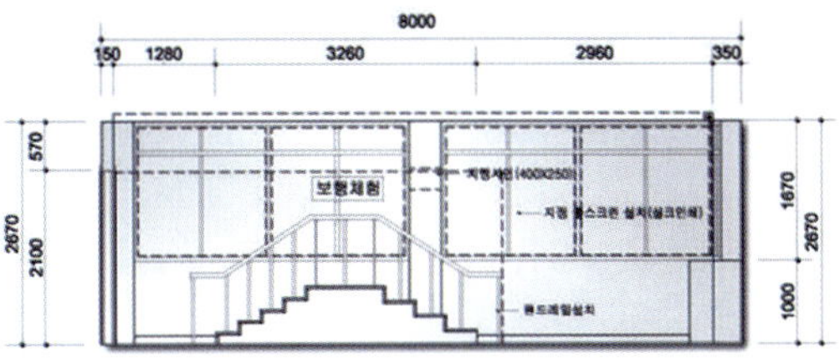

감성 및 근력체험공간

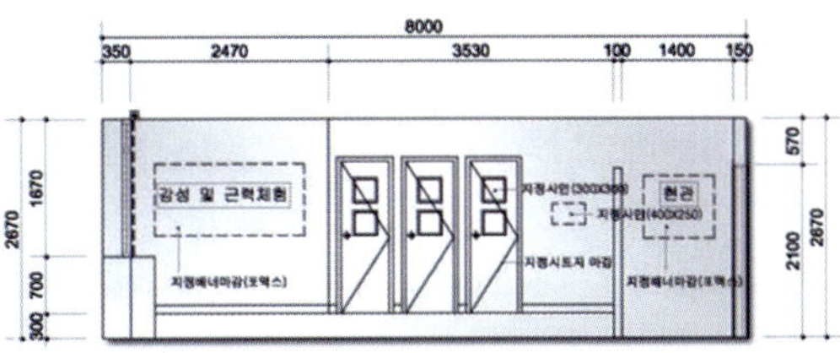

4) 사인 설계안(Sign Planning)

입구

· Main Sign

· 체험실입구 Sign

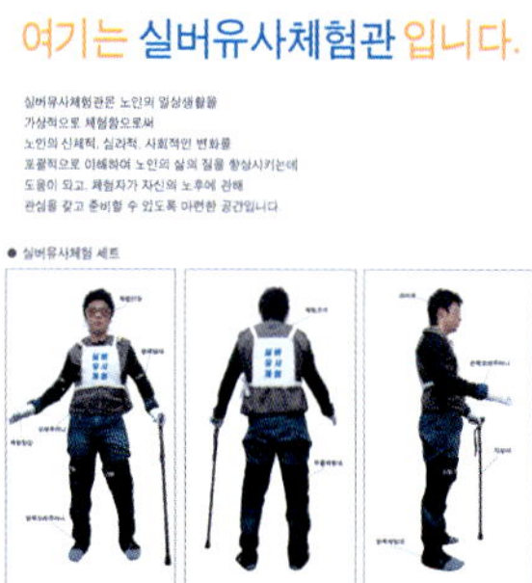

· 체험복이미지 Sign

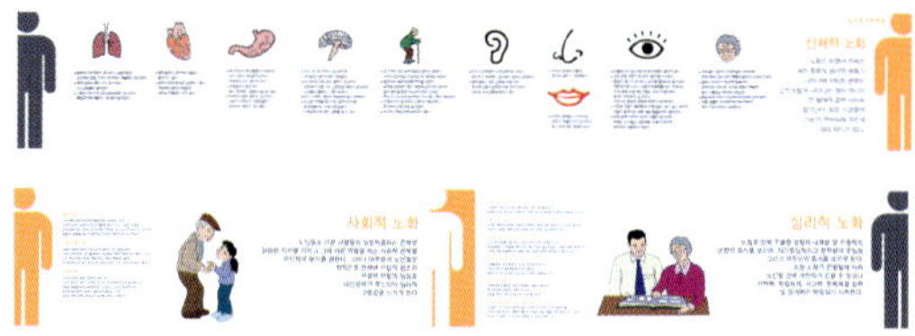

· 노화정보 Sign

· 에릭슨의 사회발달이론 Sign

Key Plan 및 외부 · 내부와 실별사인

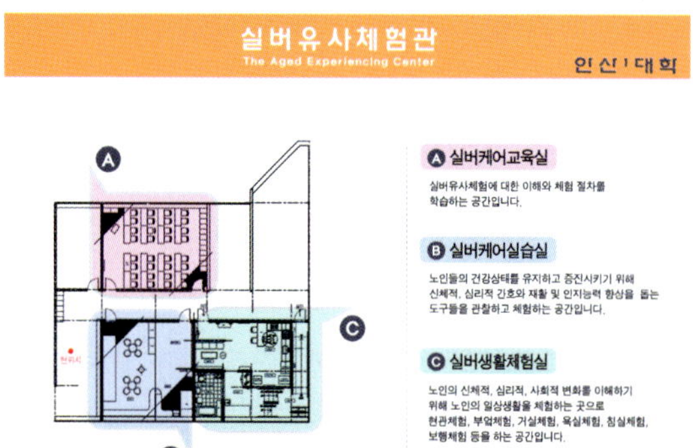

· Key Plan Sign

· 실별 Sign

· 외부·내부용 Sign

생활체험공간

· 현관체험 Sign

· 부엌체험 Sign

· 거실체험 Sign

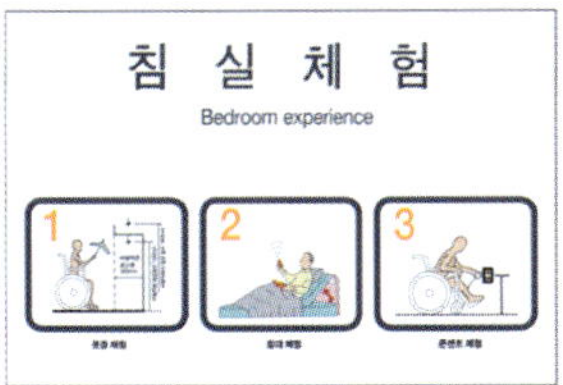

· 침실체험 Sign

· 욕실체험 Sign

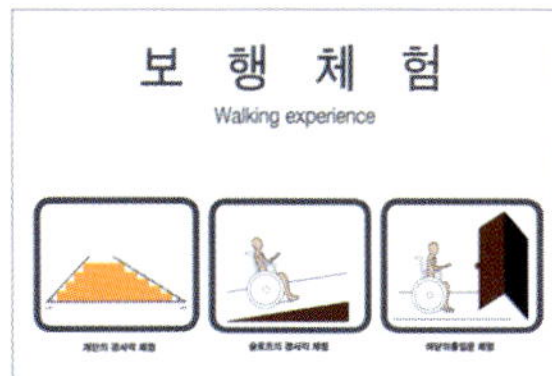

· 보행체험 Sign

· 욕실체험 치수선

· 시청각체험 Sign

사설실습공간

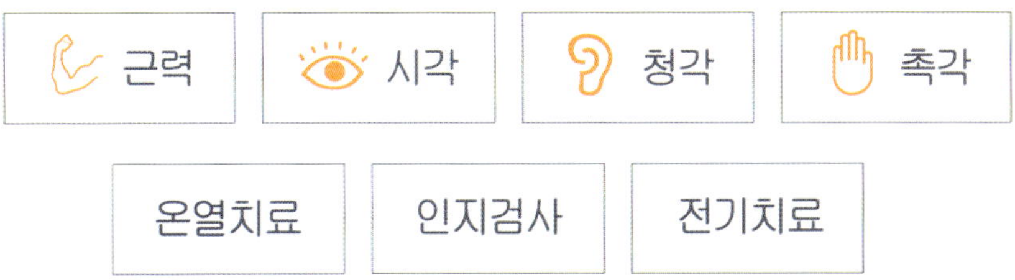

· 물품 Sign

5) 공간 이미지(Space Image)

진입로

교육 및 준비공간

사설실습공간

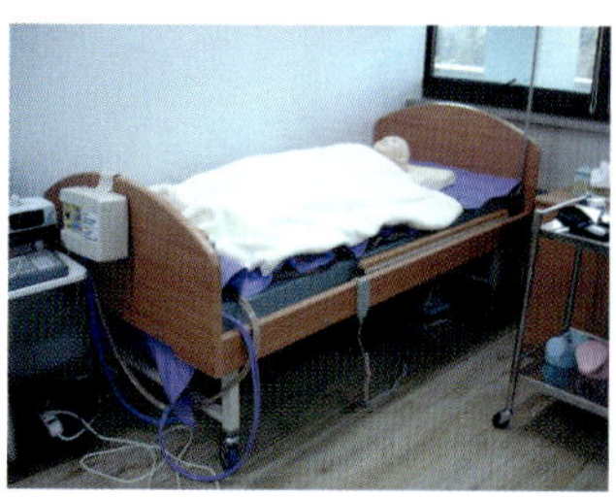

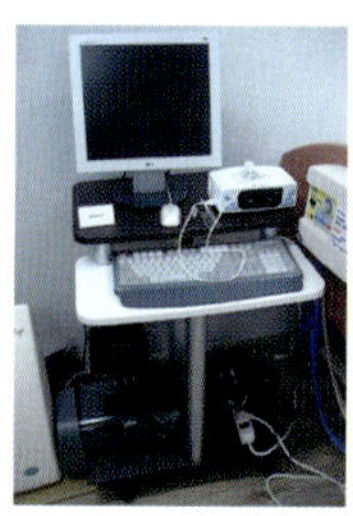

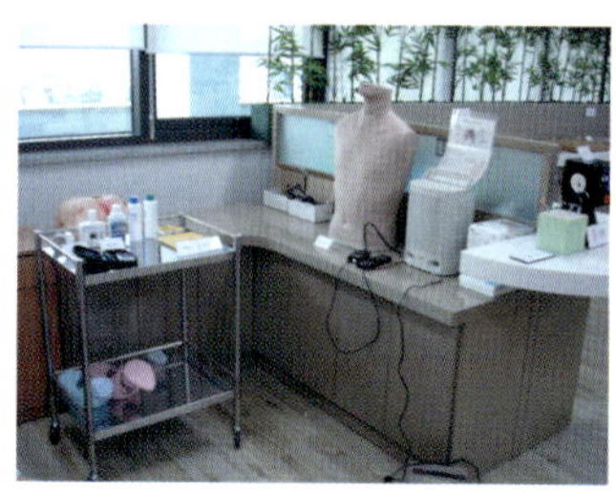

사설실습공간

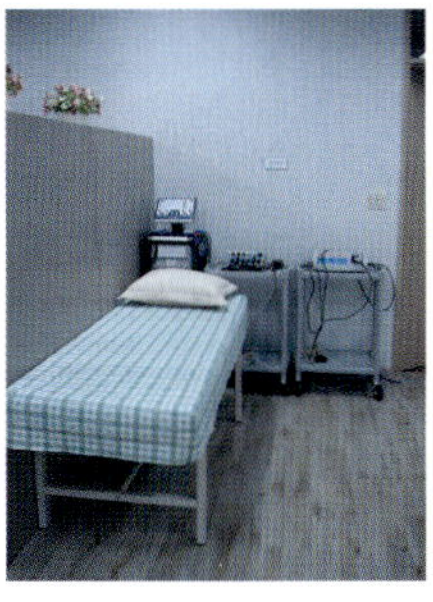
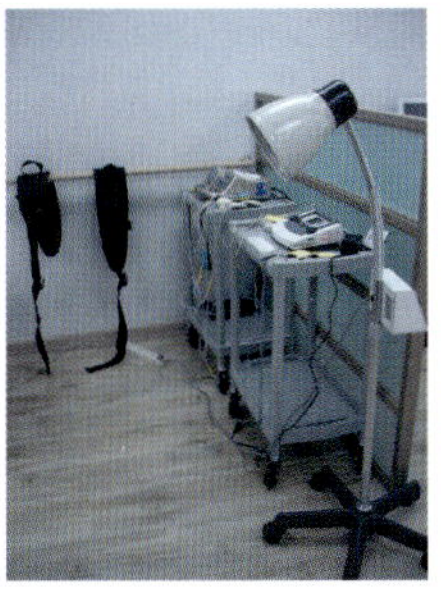
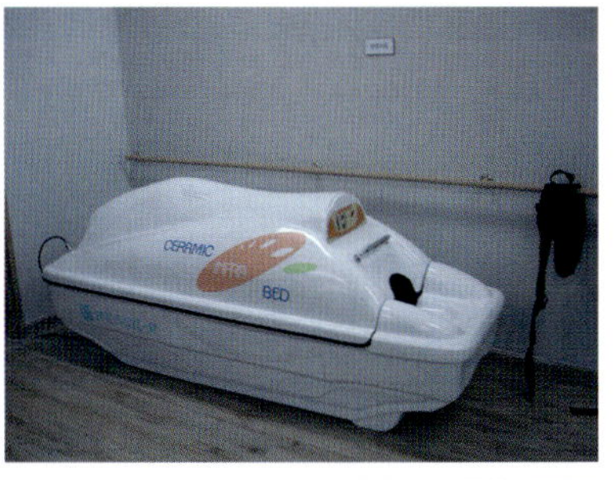
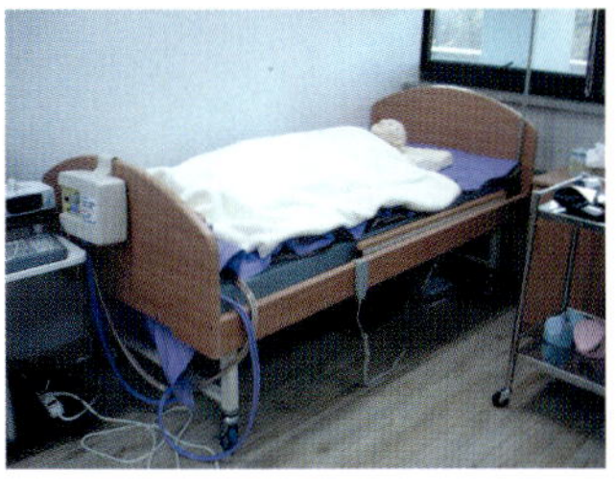
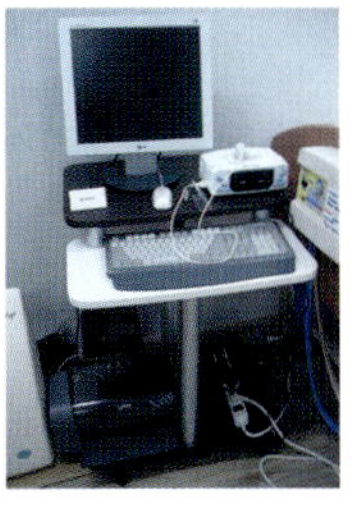
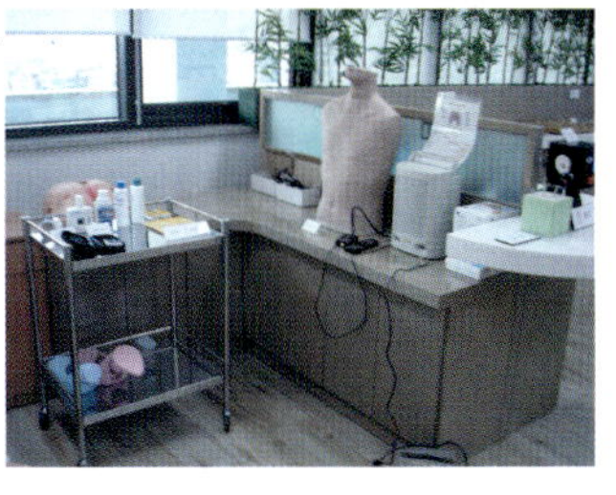

생활체험공간

· 현관체험

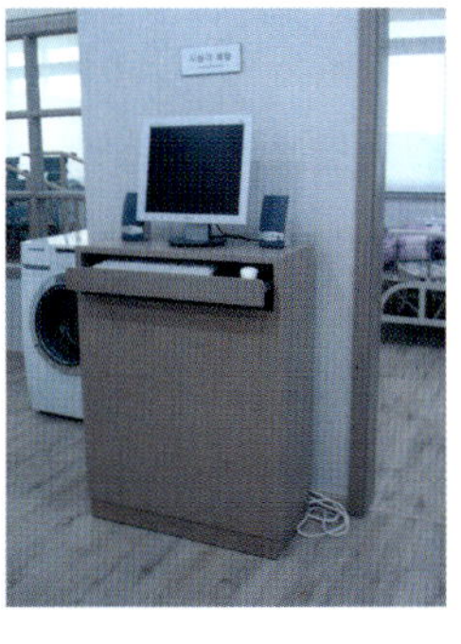

· 시청각체험

생활체험공간

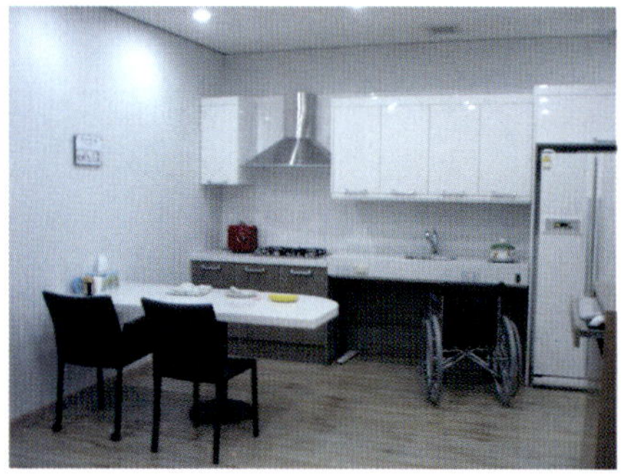

· 부엌체험

· 세탁실체험

· 거실체험

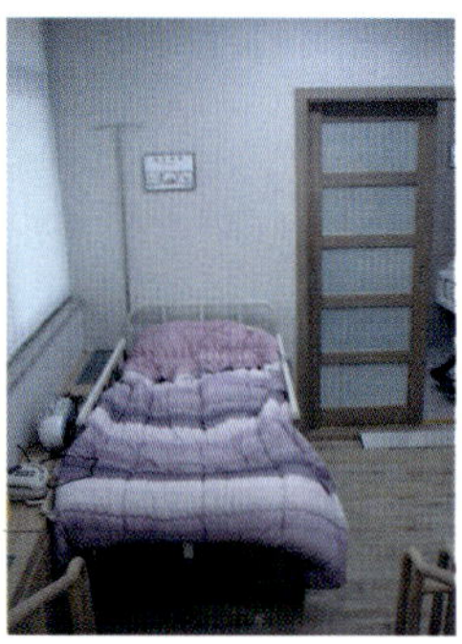

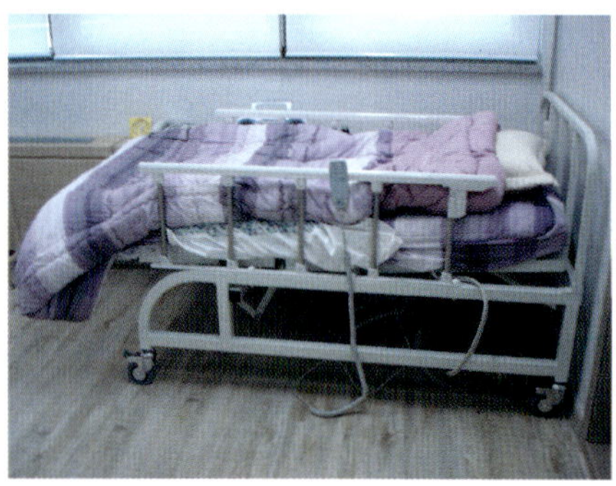

· 침실체험

· 옷장체험

생활체험공간

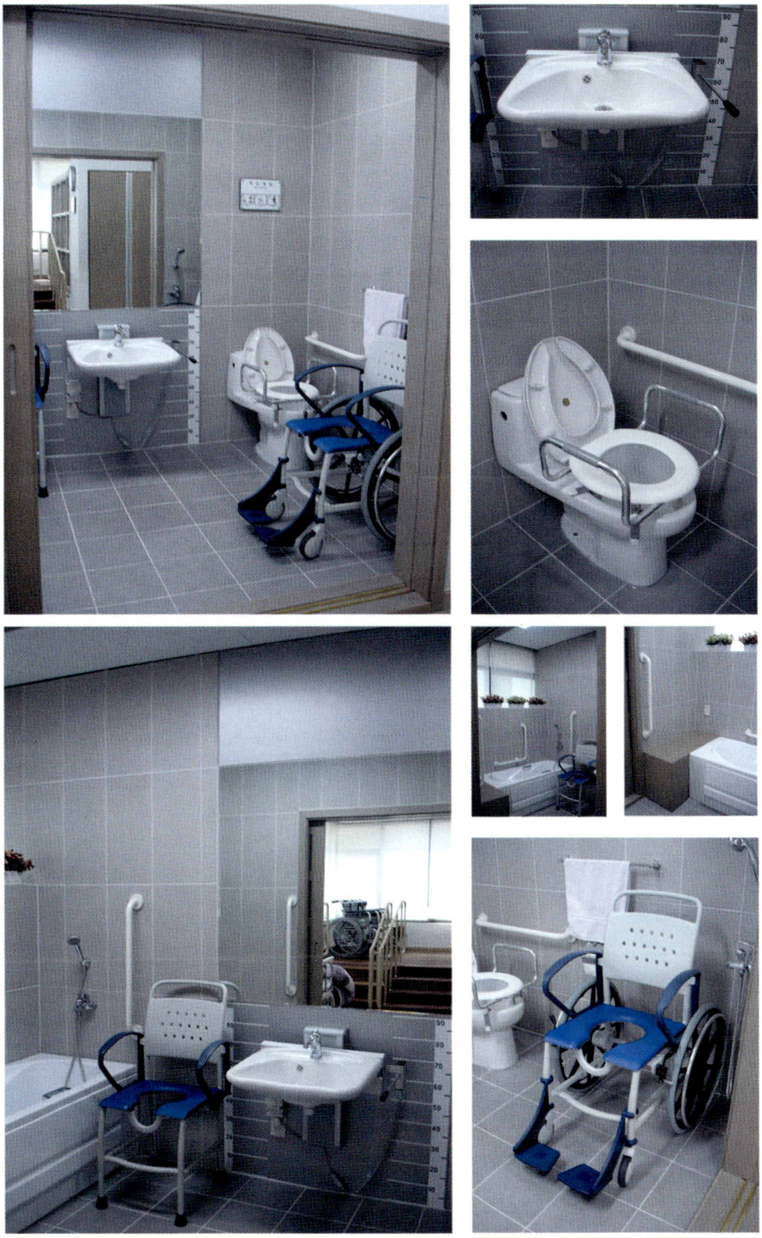

· 욕실체험

생활체험공간

· 계단 및 슬로프체험

3. 서울시 연합회 노인생애체험센터

1) 디자인 컨셉

본 프로젝트는 인간의 노화에 따른 신체적, 정신적, 사회적 변화를 젊은이들이 체험함으로써 노인과 생물학적 노화에 대한 이해와 관심 증진에 그 목적이 있다. 공간구성의 특징은 주택형 공간 구획에 전시특성을 부여하고 슬라이딩 Wall로 가변형 공간 구성을 연출하였으며 준비실과 교육실의 통합을 통해 체험자들의 동선을 최소화 하였다. 서울시 노인회 노인생애 체험센터는 노인의 일상생활 수행능력을 측정하는 척도인 ADL(Activity of Daily Living) 과 IADL(Instrumental Activity of Daily Living)에 대한 내용을 바탕으로 구성하였다. ADL은 (목욕, 복작(착복 · 탈의), 소변 · 용변, 개인위생(세면), 보행(휠체어 사용), 의자나 침대사용, 식사행위를 말하며 IADL은 약먹기, 전화사용, 물건사기, 식사준비, 가사세탁, 교통수단 이용, 재산 관리 능력 등이며 이는 일상생활 수행 능력 조사 시 사용되는 도구지만 장애정도를 판단하는 과학적인 근거가 되는 척도이다. 각 항목들은 공간 구성과 연계하여 전반적인 배치, 프로그램도 이러한 구성에 근거하여 수행하고 이에 전시공간의 느낌을 부여하여 체험자들의 감성을 자극시키며 실제 노인들이 느끼는 생활 속 장애를 체험하는데 의의가 있다. 각 공간별로 공간의 이미지를 제시하여 공간디자인에 대한 내용을 쉽게 파악할 수 있도록 하였다.

chapter 05

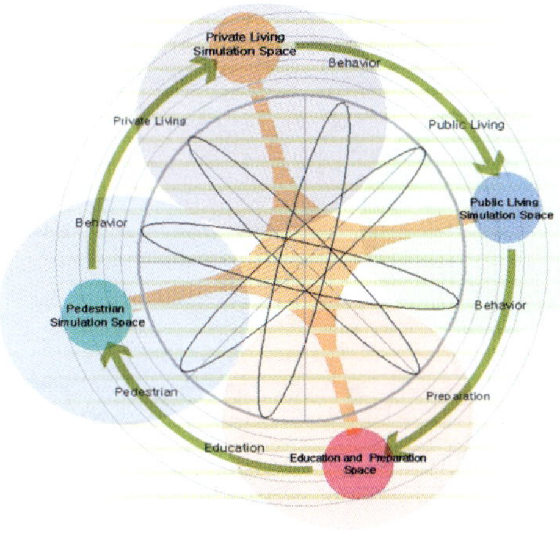

〈그림5-7〉 서울시 연합회 노인생애체험센터의 개념도

2) 공간 구성과 체험 학습 체계

1.주택형 공간구획에 전시특성을 부여

일반적인 삶의 공간인 전통적인 한국집의 특성을 가미해 딱딱한 전시공간이 아닌 하나의 주택공간을 편안한 전시공간으로 체험할 수 있도록 하였다.

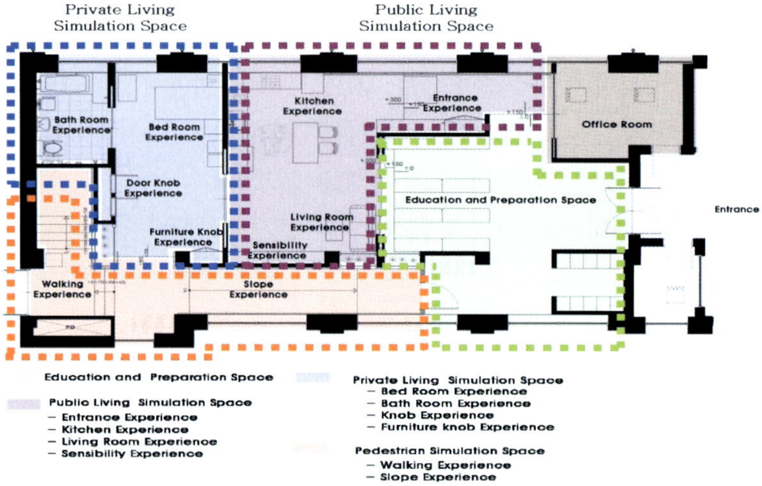

〈그림5-8〉
서울시 연합회 노인생애체험센터의 배치도

2.슬라이딩 Wall로 가변형 공간구성 연출

슬라이딩 도어가 닫혀있을 때는 공간 구획의 역할과 하나의 image wall의 역할을 하고 슬라이딩 도어가 열려있을 때는 체험공간은 유기적인 하나의 공간으로 구성된다.

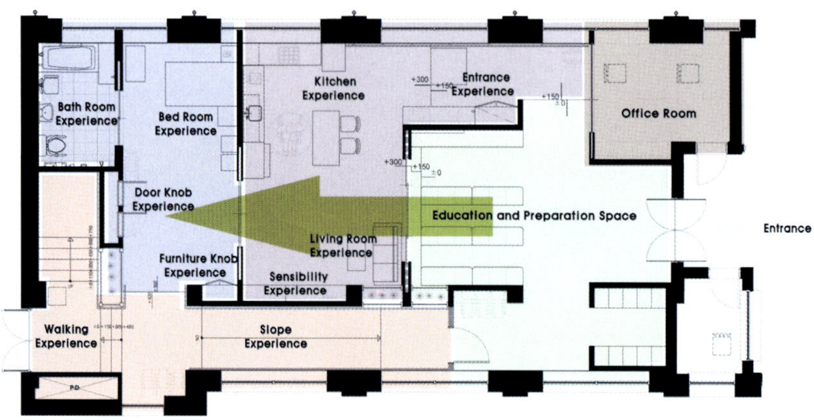

〈그림5-9〉
서울시 연합회 노인생애체험센터의 구획도

3.동선의 최소화

준비실과 교육실을 하나의 공간으로 만들어 체험자들의 동선을 최소화 하였다.

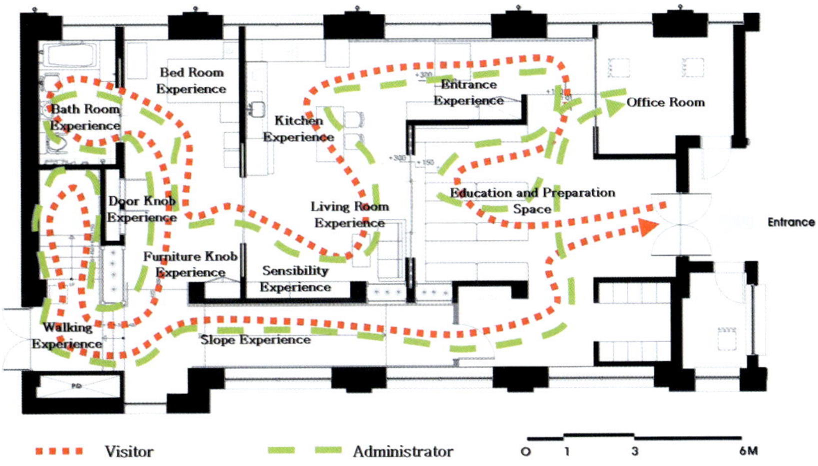

〈그림5-10〉
서울시 연합회 노인생애체험센터의 공간배치 및 체험학습 동선도

노인생애체험전시관은 체험 기구를 착용하고 노화로 인한 신체적 불편 및 어려움을 직접적인 체험을 실시하는 교육의 장으로서 앞으로 고령사회를 맞이할 우리들에게 매우 필수적인 과제라고 볼 수 있다.

3) 공간 설계안(Space Planning)

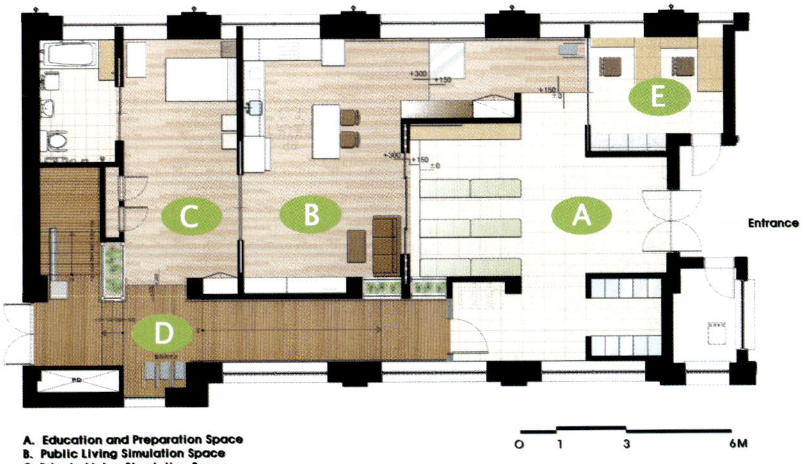

A. Education and Preparation Space
B. Public Living Simulation Space
C. Private Living Simulation Space
D. Pedestrian Simulation Space
E. Office Room

〈그림5-11〉
서울시 연합회 노인생애체험센터의 평면도

주방체험

주방 ELEVATION - A
주방 ELEVATION - C
주방 ELEVATION - B
주방 ELEVATION - D

욕실체험

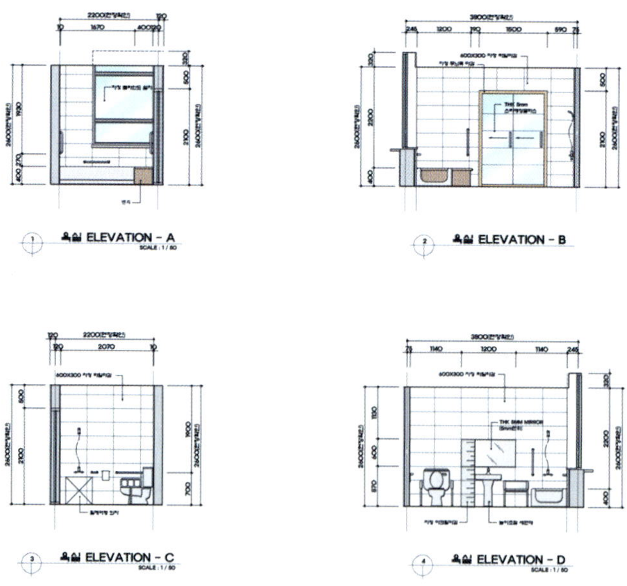

욕실 ELEVATION - A
욕실 ELEVATION - B
욕실 ELEVATION - C
욕실 ELEVATION - D

4) 사인 설계안(Sign Planning)

입구

· Main Sign

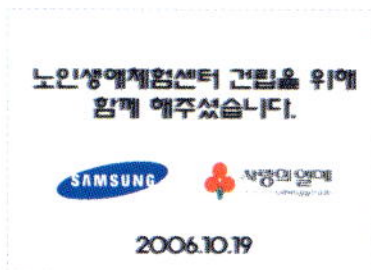

· 현판 Sign

· 스탠드형 Sign

교육 및 준비공간

· 주출입구 양 벽 Image Wall

· 스크린 벽 위 Sign

· 슬라이딩 도어 Sign

공동생활체험공간

· 현관체험 Sign

· 주방체험 Sign

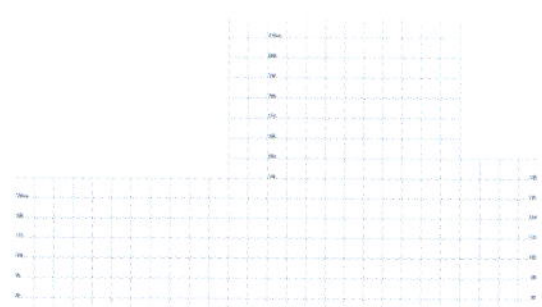

· 주방체험 치수선

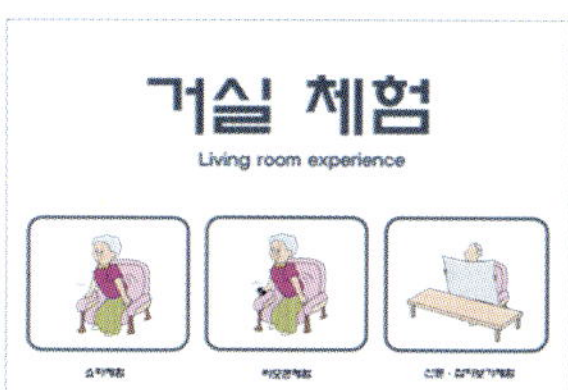

· 거실체험 Sign

· 감성체험 Sign

· 시각체험 Sign

개인생활체험공간

· 침실체험 Sign

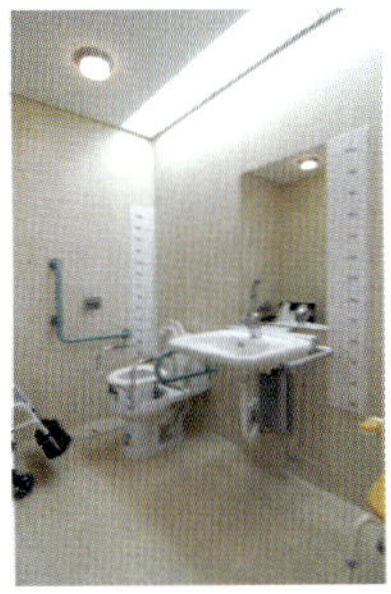

· 욕실체험 치수선

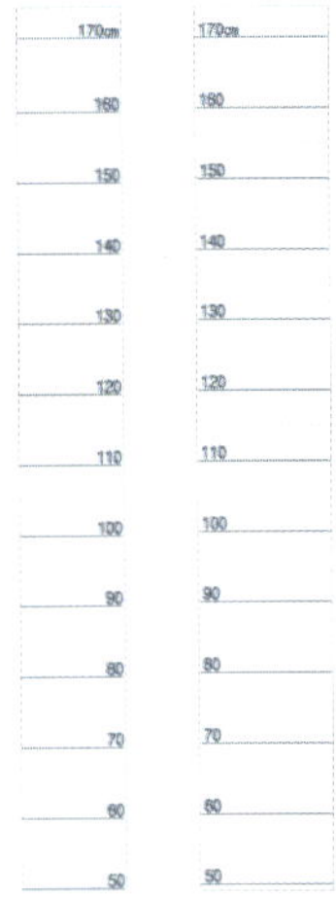

· 침실체험 치수선
(스위치 및 콘센트체험)

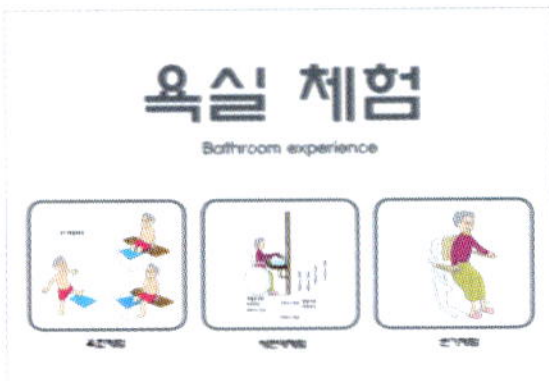

· 욕실체험 Sign

· 가구손잡이 Sign

· 문손잡이 Sign

보행체험공간

· 계단체험 Sign

· 슬로프체험 Sign

· 슬로프체험 끝 부분 Image Wall

3D Image

· 조감도-A

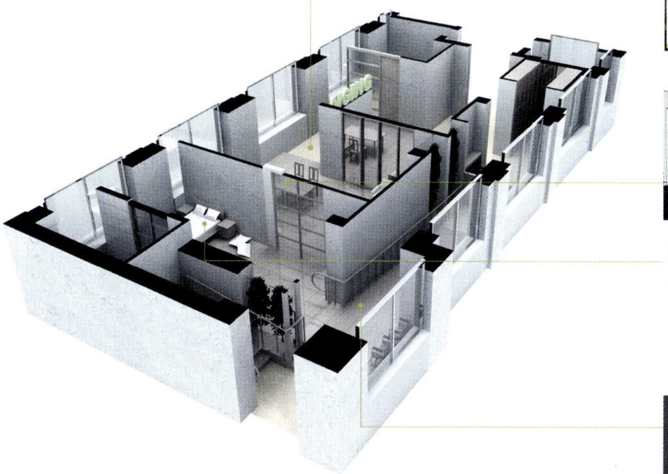

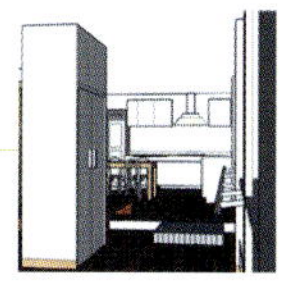

· 현관체험

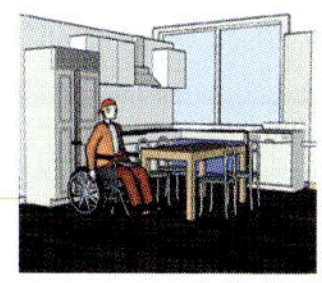

· 주방체험

· 침실체험

· 슬로프체험

· 조감도-B

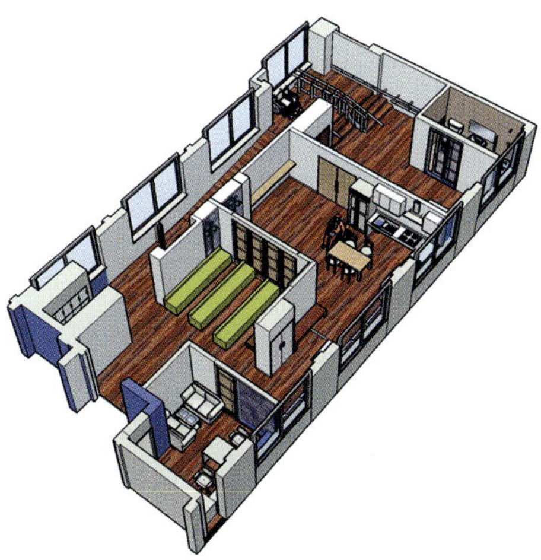

5) 공간 이미지(Space Image)

교육 및 준비공간

· 체험 전후 교육 및 준비 공간

공공생활체험공간

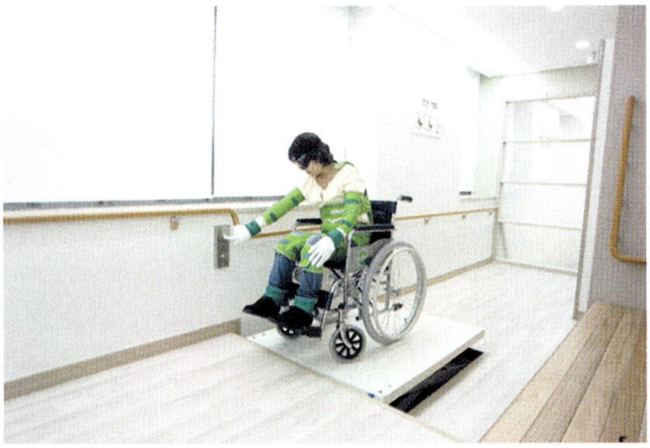

· 현관체험

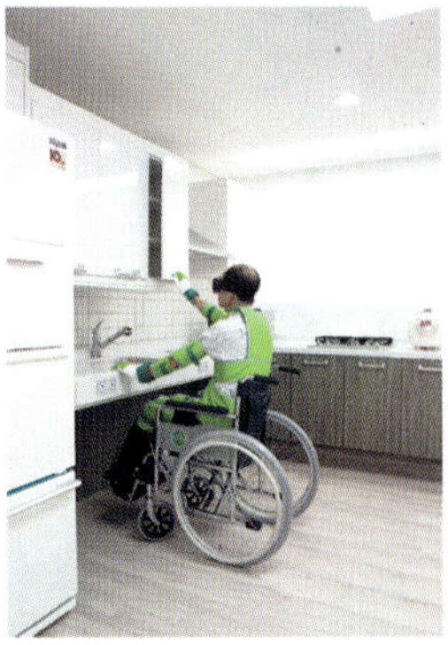

· 주방체험

공공생활체험공간

· 거실체험

· 시·청·촉각체험

개인생활체험공간

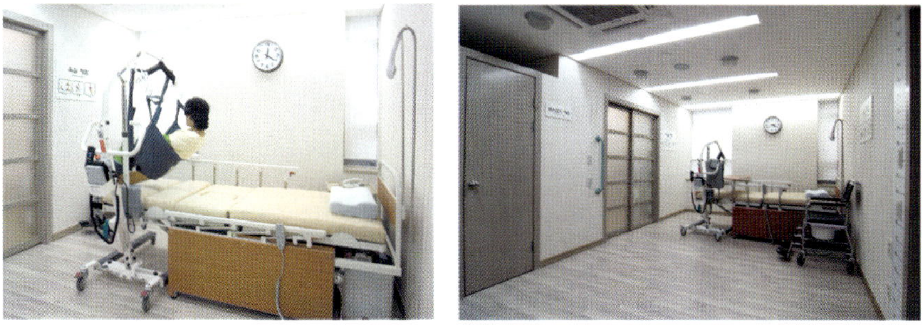

· 침실체험

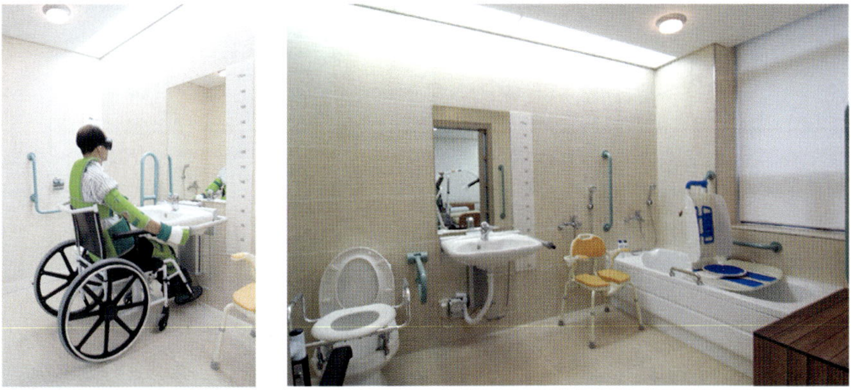

· 욕실체험

개인생활체험공간

· 문손잡이체험

· 가구손잡이체험

보행체험공간

· 계단체험

보행체험공간

· 슬로프체험

4. 동경가스쇼룸

1) 프로젝트 배경

동경가스공사의 경우, 동경가스공사내부에 다양한 전시실을 만들고, 그 중 노인생애체험전시관을 만들어 가상의 체험을 통해, 공공시설 이용 시에 노인들의 불편한 사항 등을 체험할 수 있게 하고, 가정 내에서는 부엌, 목욕실, 침실 등의 생활공간을 만들어 일상생활에서의 세세한 불편함까지 경험할 수 있게 했다. 이 시설은 동경가스의 사내연수는 물론이고 시민연수회, 개호교실, 관련전문가나 시설종사자들, 국내외 관심이 있는 사람들에게 자사의 상품의 이미지 고조와 더불어 고령자의 이해도를 높이기 위해 설립하였다.

2) 공간 구성과 체험 학습 체계

5개의 영역으로 구성되어 있으며 각각 사무실과 교육실, 체험실, 평가실 그리고 실버용품전시실로 구분되어 있다. 또한 체험실은 별도의 공간분리가 없이 각각 청각체험, 시각체험, 휠체어체험, 욕실체험, 주방체험, 침실체험, 계단체험, 색채 및 손잡이 체험공간이 있고 출구와 입구가 분리되어 있는 것이 특징이다.

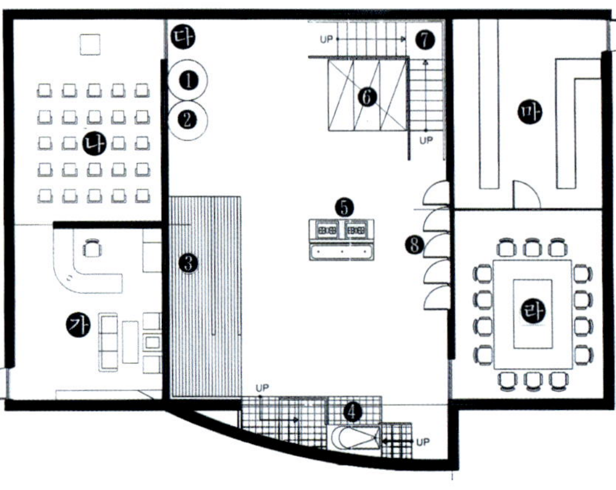

㉮ 사무실
㉯ 교육실
㉰ 체험실
㉱ 평가실
㉲ 실버용품전시실

〈체험실의 공간구성〉
① 청각체험실
② 시각체험실
③ 휠체어체험실
④ 욕실체험실
⑤ 주방체험실
⑥ 침실체험실
⑦ 계단체험실
⑧ 색채 · 손잡이체험

〈그림5-12〉
동경가스쇼룸의 평면 구성 및 이미지

또한 체험 전 후 교육이 각각 교육실과 평가실로 분리되어 있으며 다음과 같은 동선의 순서대로 학습이 진행된다.

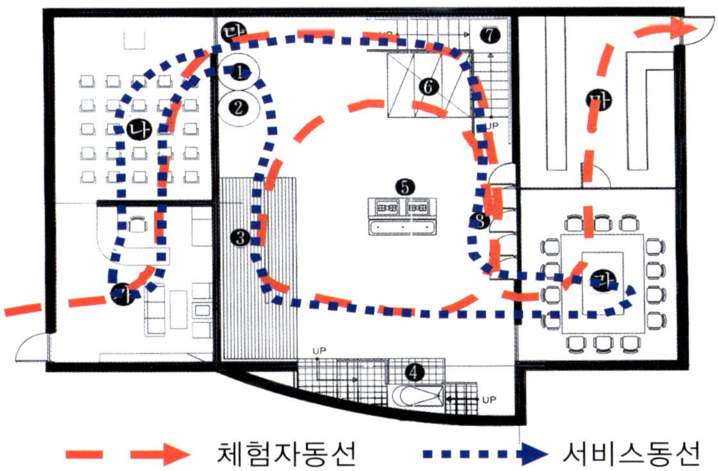

〈그림5-13〉
동경가스쇼룸의 공간 구성 및 체험학습 동선도

체험 전 교육실과 체험 후 평가 실이 분리되어 있어 대기 체험자들과의 동선이 분리되는 장점은 있으나 관리자가 체험자들에게 체험 기구를 지급하고 수령하는 장소가 틀려 서비스 동선의 길이가 길고 체험기구의 보관과 운반이 용이하지 못하다. 특히 체험실 공간 내에서는 산만한 체험 세팅으로 인해 체험자의 동선이 산만해서 흩어질 가능성이 있어 좀더 체계적으로 계획될 필요성이 있음을 알 수 있다.

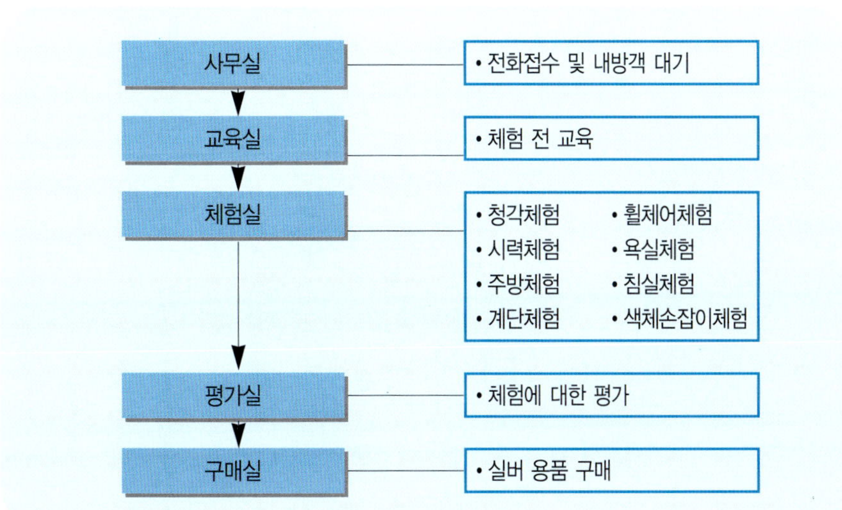

〈그림5-14〉
동경가스쇼룸의 체험 학습체계

3) 공간 설계안(Space Planning)

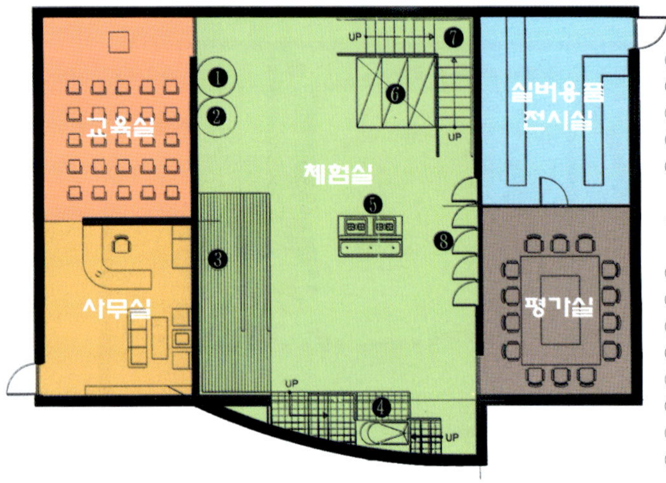

〈그림5-15〉
동경가스쇼룸의 평면도

㉮ 사무실
㉯ 교육실
㉰ 체험실
㉱ 평가실
㉲ 실버용품전시실

〈체험실의 공간구성〉

① 청각체험실
② 시각체험실
③ 휠체어체험실
④ 욕실체험실
⑤ 주방체험실
⑥ 침실체험실
⑦ 계단체험실
⑧ 색채 · 손잡이체험

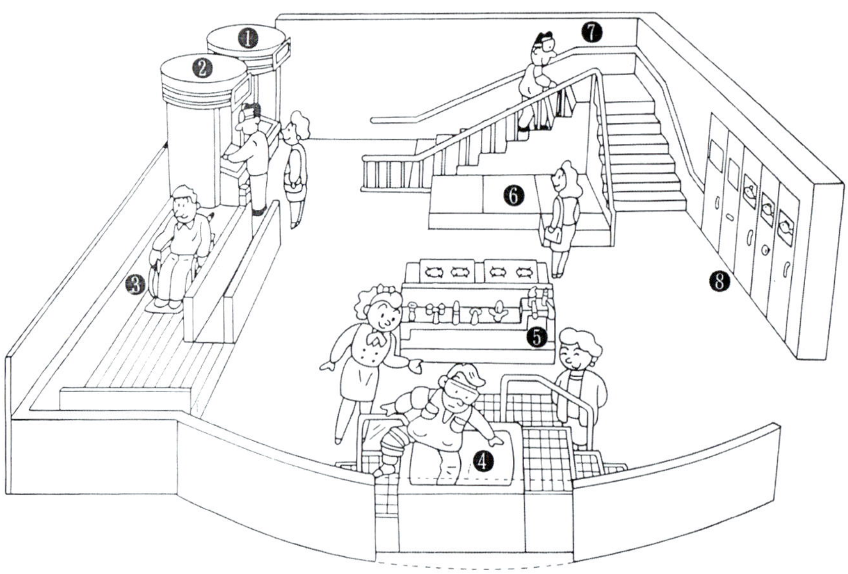

〈그림5-16〉
동경가스쇼룸의 투시도

4) 공간 이미지(Space Image)

입구

· 노인체험관입구

· 체험실내부구조

체험실

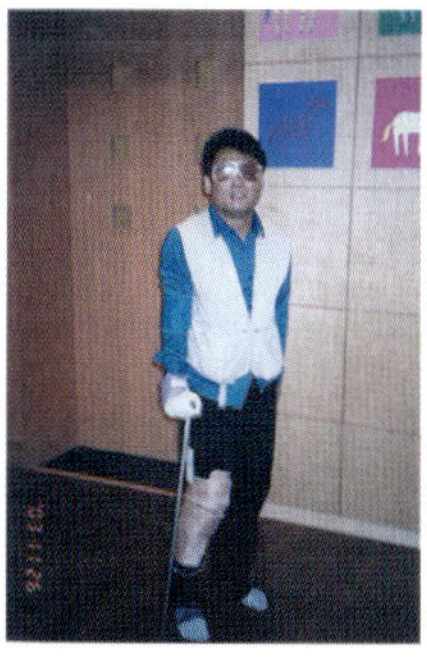

· 장비착용모습

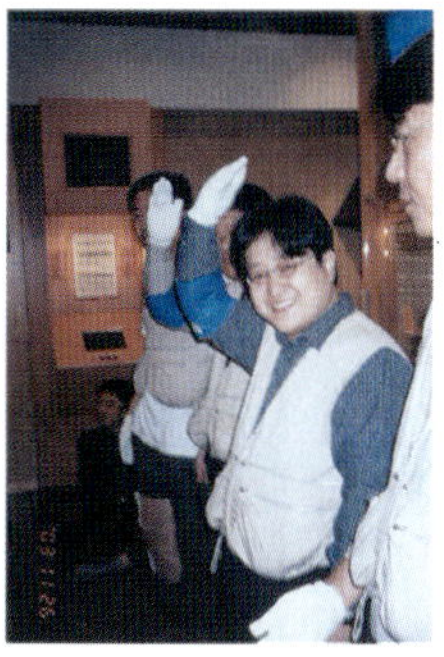

· 팔 관절에 보호대 착용

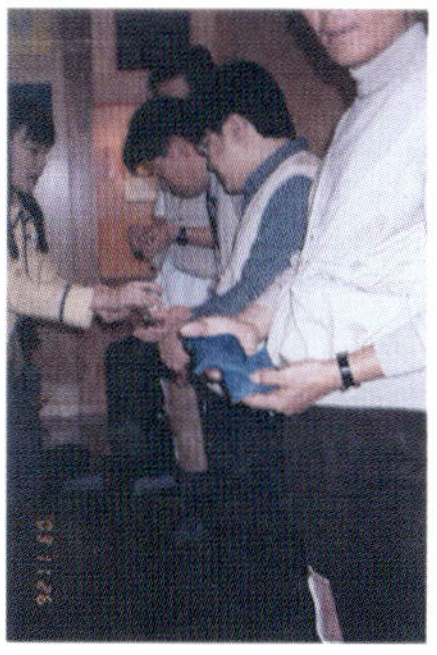

· 상의 주머니에 4kg 모래주머니 넣기

· 난청 체험을 위해 귀마개 착용

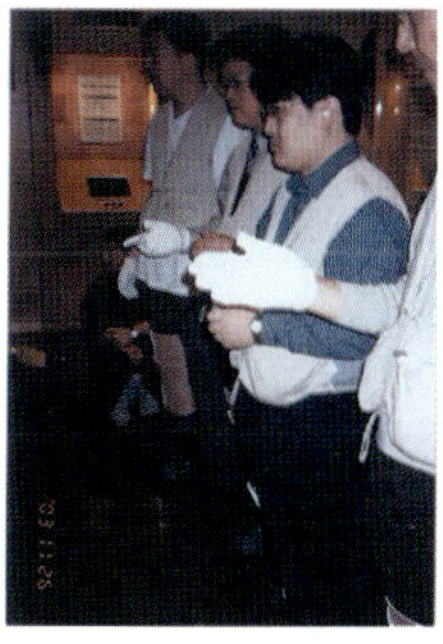

· 손의 감각을 무디게 하기 위해장갑 착용

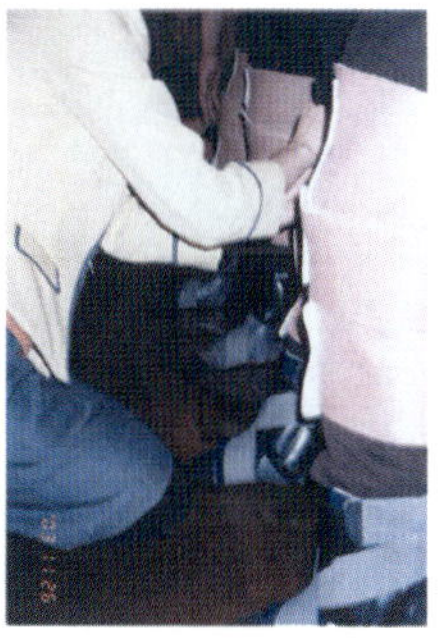

· 발/다리 관절에 보호대 착용

시각체험

· 백내장/ 녹내장을 위한 배경그림

· 백내장/ 녹내장 체험중

계단체험

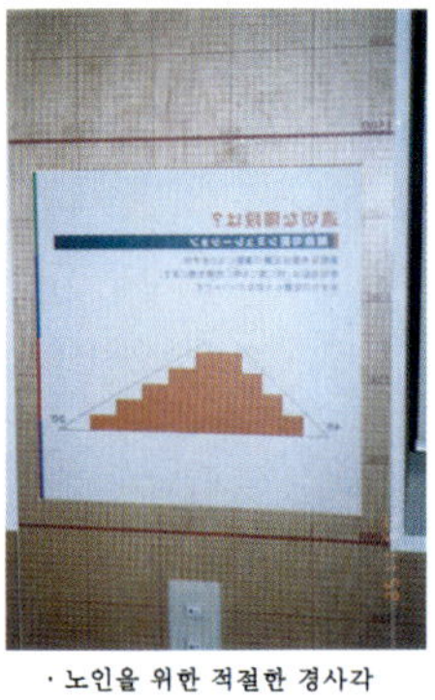

· 노인을 위한 적절한 경사각

· 휠체어 이용시 장애물(계단)을 위한 장치

· 계단과 수평이 되는 장치

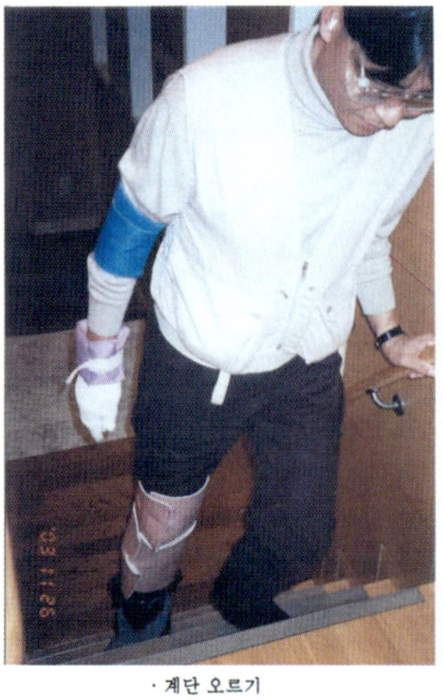

· 계단 오르기

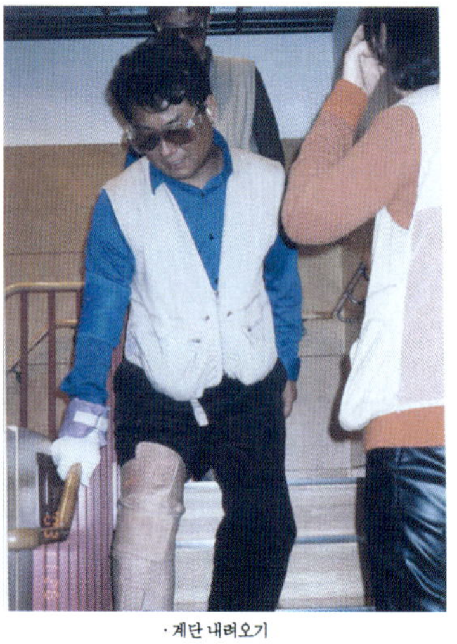

· 계단 내려오기

휠체어체험

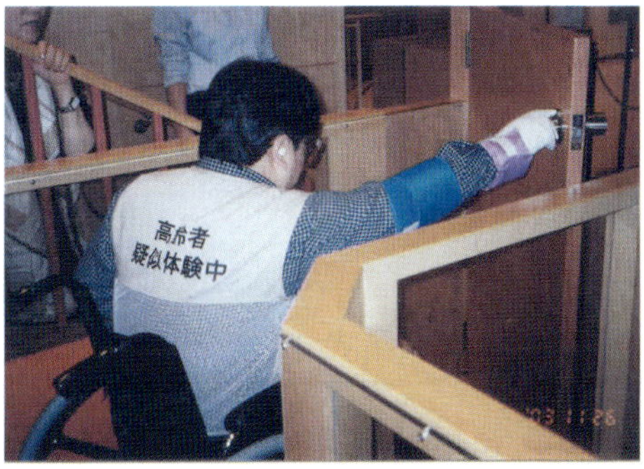

· 휠체어를 타고 문 열고 닫기

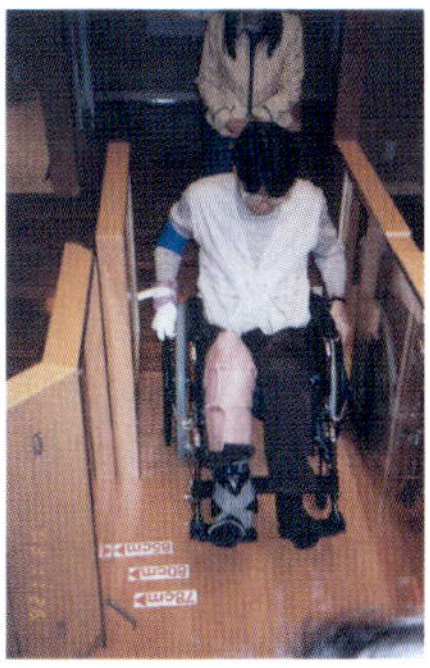

· 휠체어로 경사각 오르기

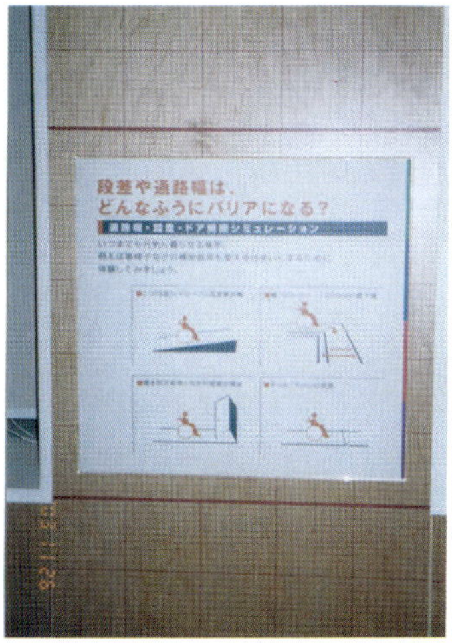

· 휠체어를 위한 경사각 등에 대한 설명

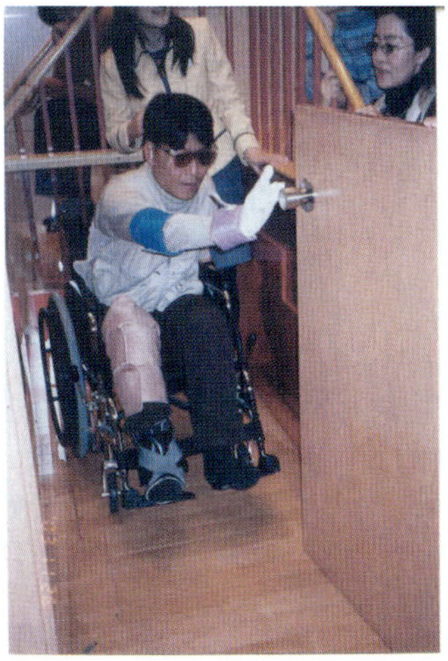

· 휠체어를 타고 문 열고 닫기

욕실체험

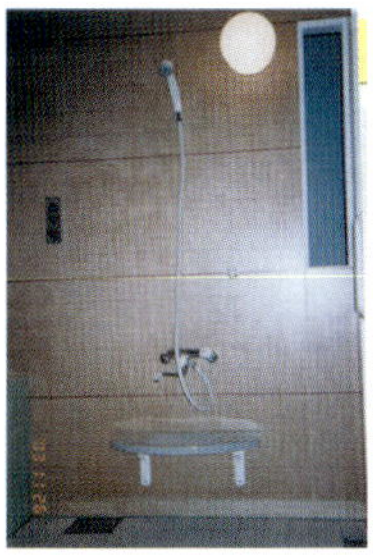

· 샤워시설

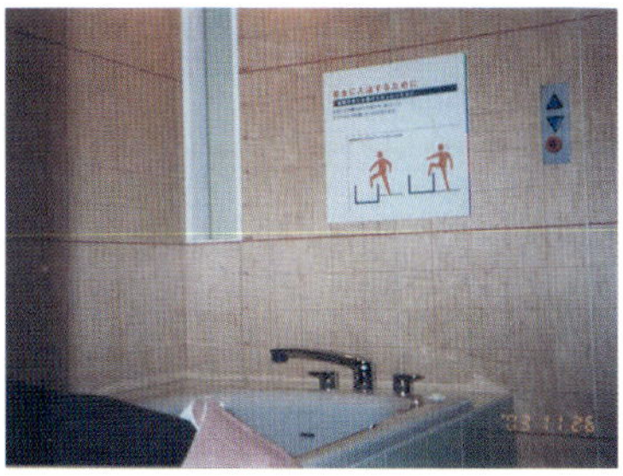

· 욕조

욕실체험

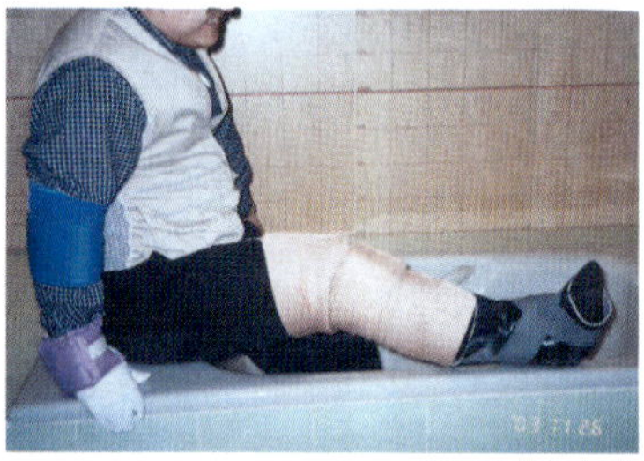

· 욕탕 이용하기

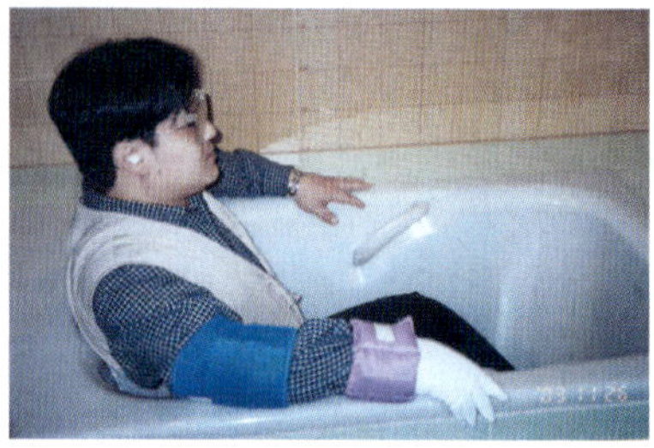

· 욕탕 이용하기

주방체험

· 선반의 높낮이에 대한 설명

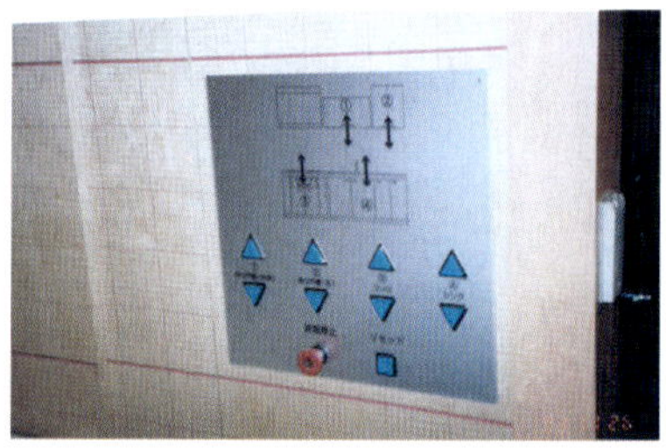

· 높낮이 조절 버튼

· 주방용품

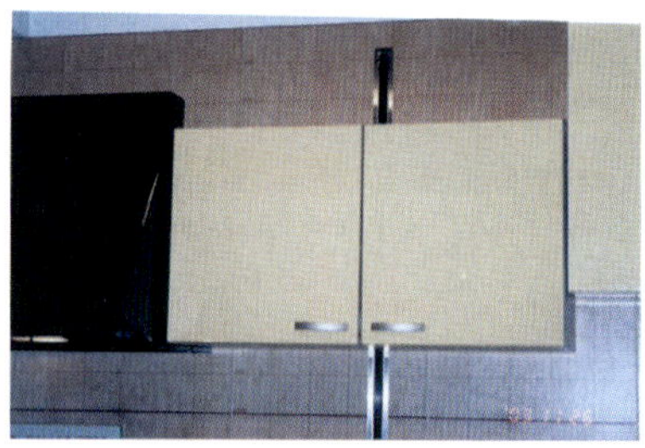

· 선반

5. 시나가와 쇼룸

1) 프로젝트 배경

시나가와구 에서는 노인들이 자신이 살던 주택에 머물기를 원하면서 주택 개조나 케어기기 구입 등에 따른 정보제공을 위해 실제 70세 이상의 노인들이 겪게 되는 물리적 불편함을 국제적으로 인정하는 기구들을 착용하여 그들의 일상생활을 체험하게 함으로써 주택 내에서 그러한 시설과 디자인의 필요성을 인식시키고 이를 교육 · 홍보하기 위하여 시나가와 쇼룸을 설립하였다.

2) 공간 구성과 체험 학습 체계

주택과 유사한 형태로 현관, 부엌, 식사실, 침실, 화장실과 욕실, 세탁실, 슬로프와 계단으로 구성되어 있다〈그림IV-14〉.

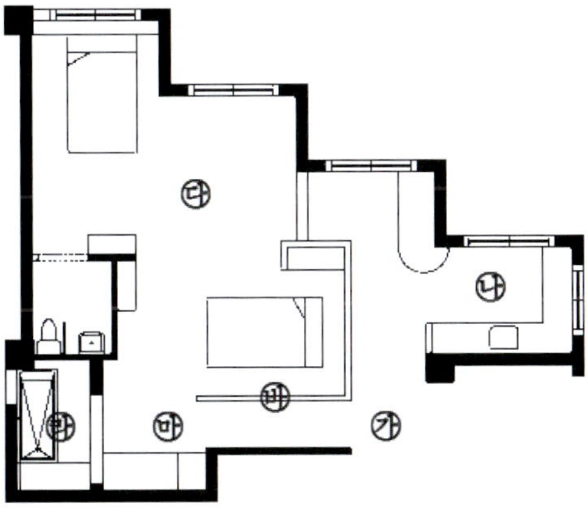

㉮ 현관
㉯ 부엌
㉰ 침실
㉱ 화장실과 욕실
㉲ 세탁실
㉳ 슬로프와 계단

〈그림5-17〉
시나가와구 모델 룸의
평면구성

서비스동선과 체험자 동선이 일치하여 체계적으로 정리되지 않고 체험자의 수가 제한적이다. 특히 서비스동선이 따로 구획되지 않아 장비의 보관이나 사무작업 시 불편함이 있다.

체험공간은 현관, 부엌, 침실, 화장실, 기타공간으로 구분되어 있다. 구체적인 공간구성 및 특징은 다음과 같다. 본 공간은 주택과 비슷한 형태로 계획되어 체험이 다소 체계적이나 시 · 청각 체험 부분이 배려되어 있지 않다.

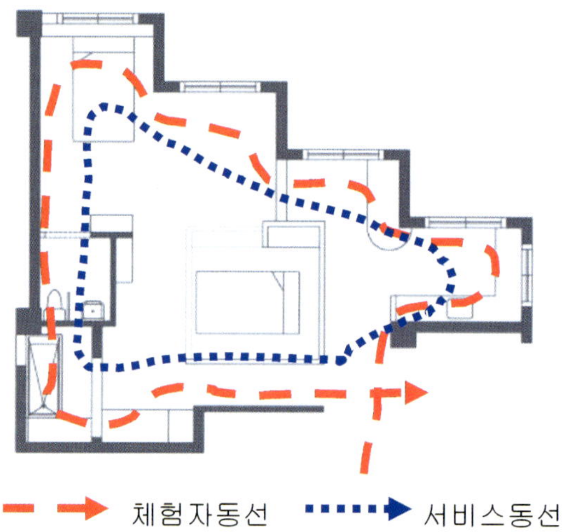

〈그림5-18〉
시나가와구 모델 룸의 동선체계

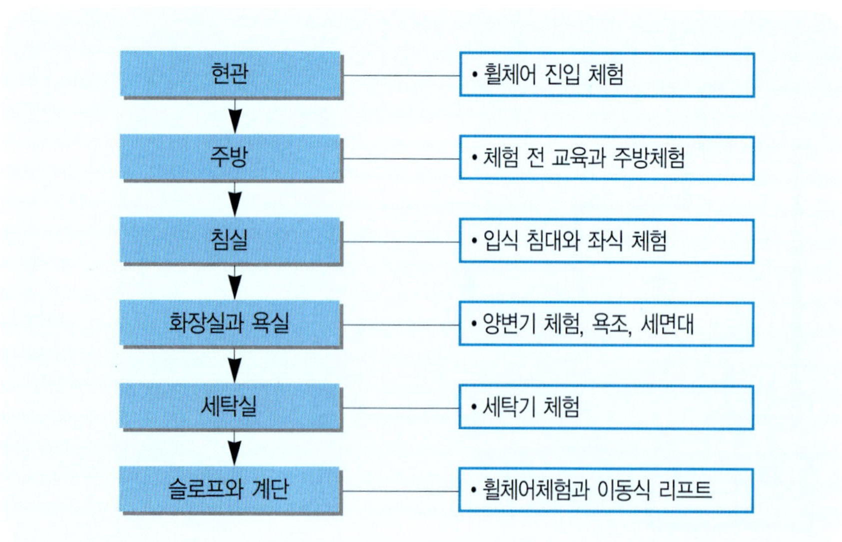

〈그림5-19〉
시나가와구 쇼룸의 체험학습체계

3) 공간 설계안(Space Planning)

〈그림5-20〉
시나가와구 쇼룸의
평면도

〈그림5-21〉
시나가와구 쇼룸의
투시도

4) 공간 이미지(Space Image)

현관

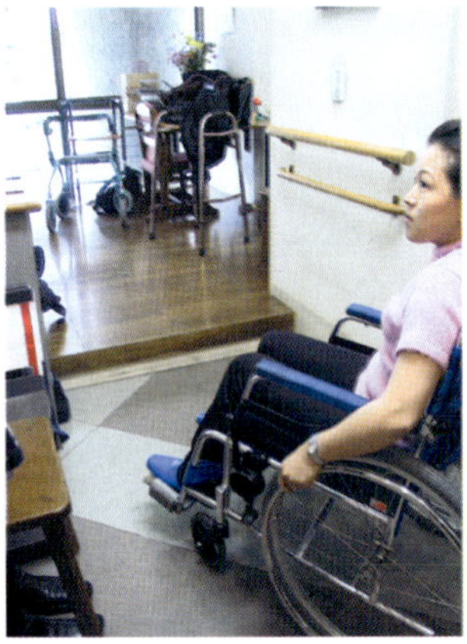

주방

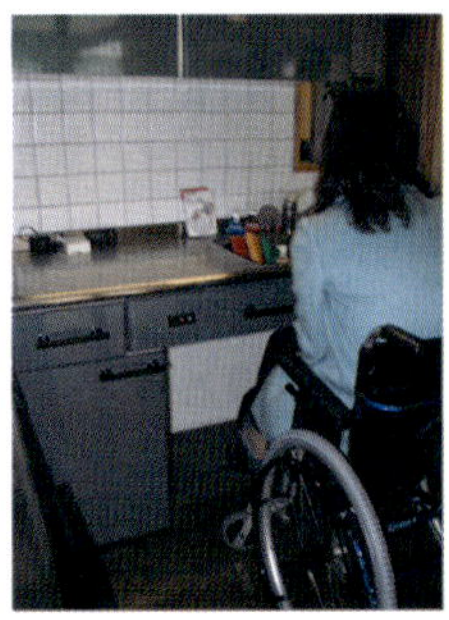

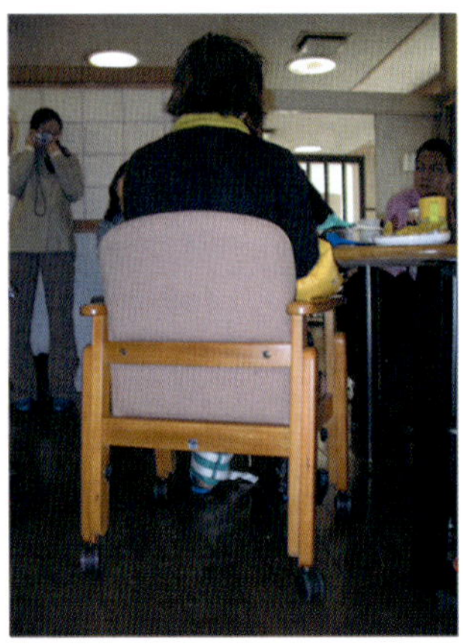

침실

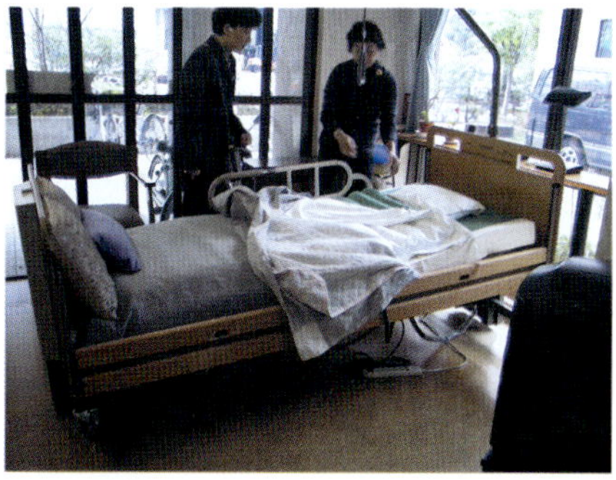
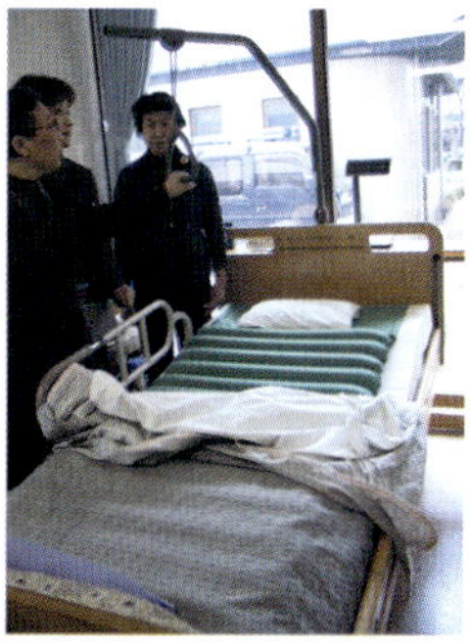
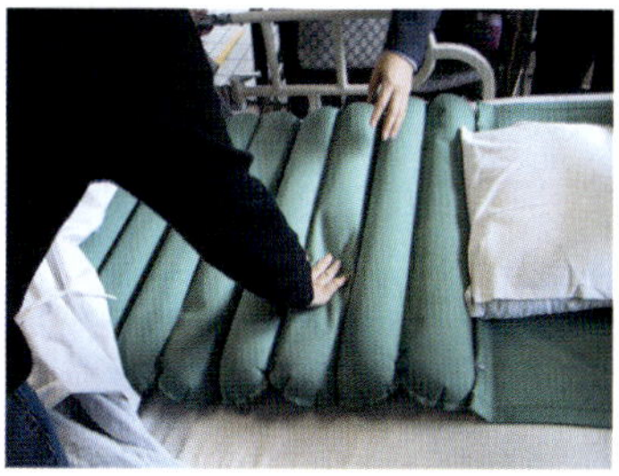
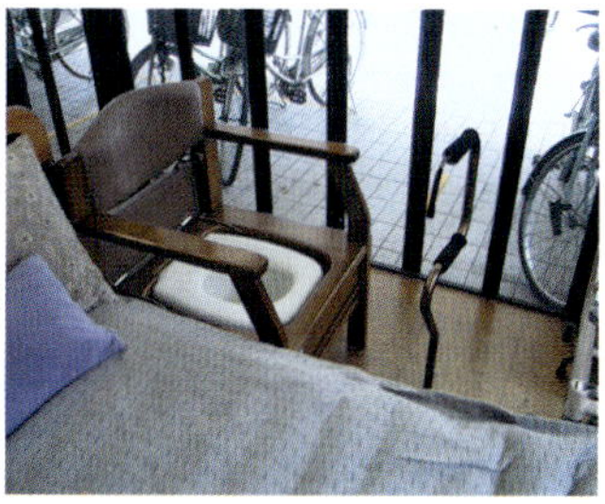

욕실

욕실

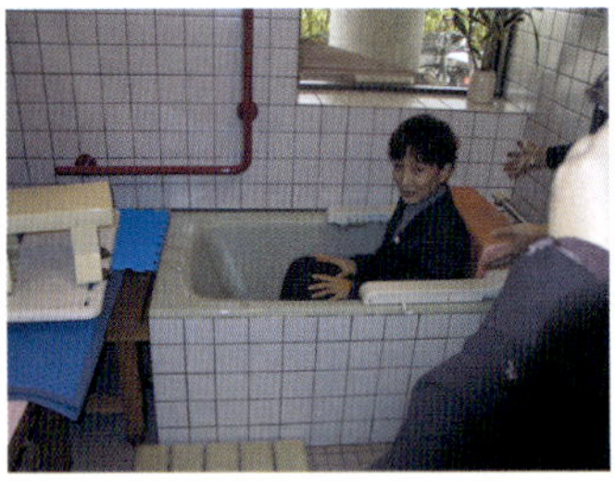

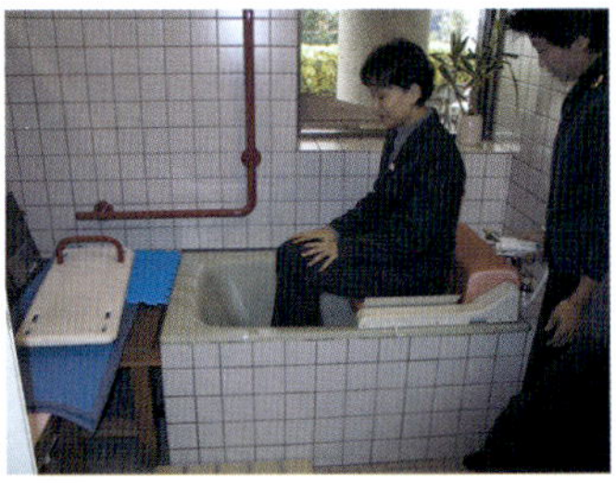

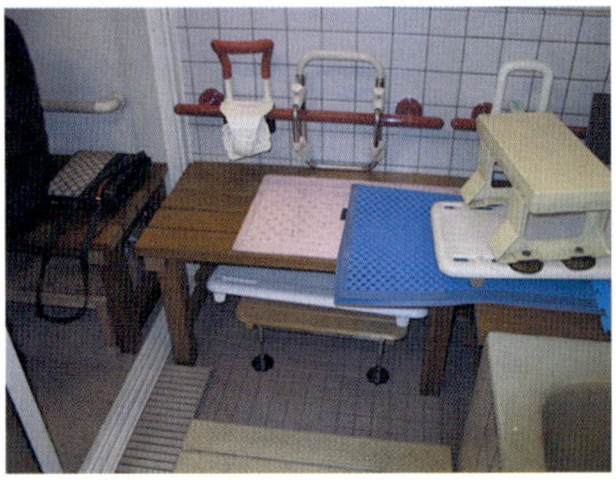

화장실

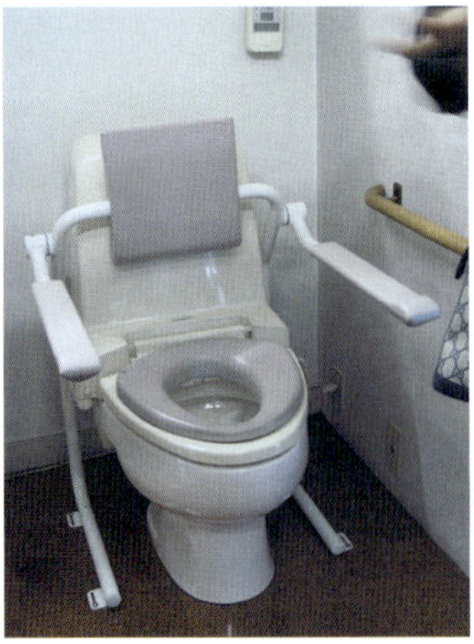

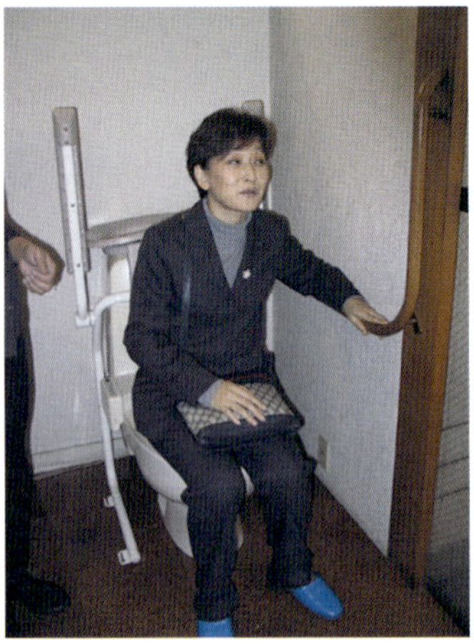

세탁실

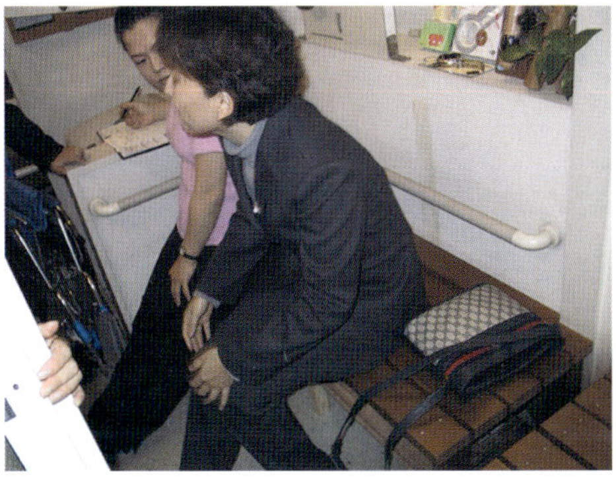

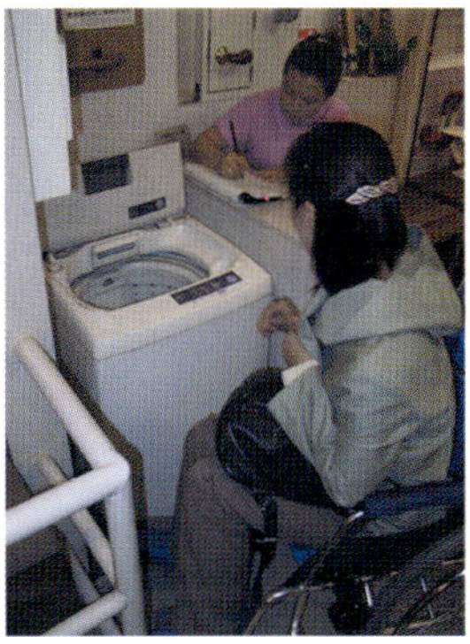

슬로프와 계단

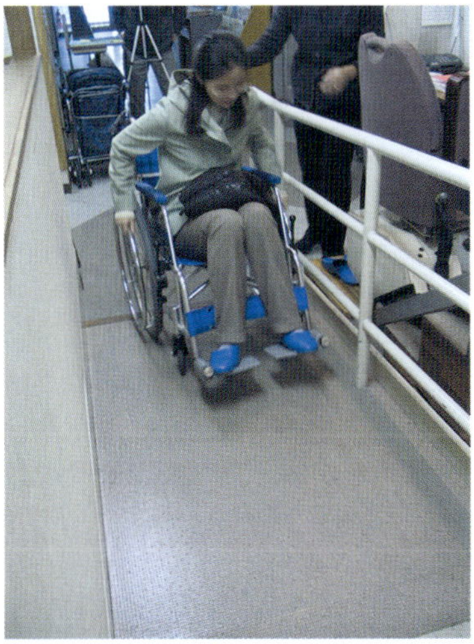

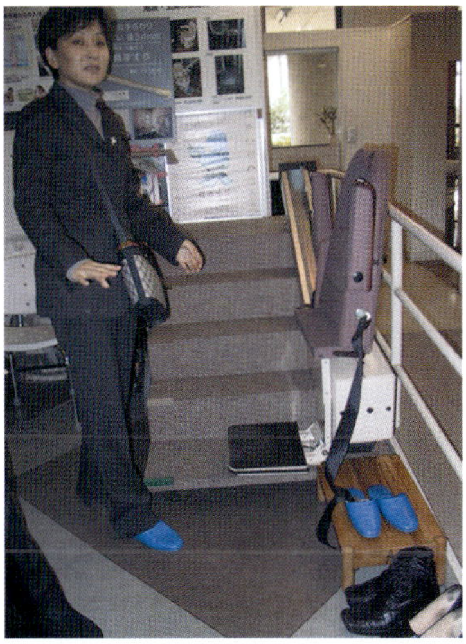

서울시 연합회 노인생애체험

체험프로그램의 전망 & 과제

chapter 06

"의미 없는 생활을 하느라 바삐 뛰어다니는 사람들이 너무도 많아. 자신들이 중요하다고 생각하는 일을 하느라 분주할 때도 반은 자고 있는 것 같다고. 그것은 그들이 엉뚱한 것을 쫓고 있기 때문이지. 자기의 인생을 의미 있게 살려면 자기를 사랑해주는 사람을 위해 바쳐야 하네. 자기가 속한 공동체에 헌신하고 자기에게 의미와 목적을 주는 일을 창조하는 데 헌신해야 하네."

미치 엘봄 (Mitch Albom) 지음/공경희 옮김(1997), 「모리(Morrie)와 함께한 화요일」 중에서

초고령화 사회를 앞두고 이제부터는 공식적인 학교교육이나 사회의 다양한 비공식적인 교육 현장에서 노인에 대한 이해를 도모하기 위한 교육이 제공되어야 한다. 이를 통해 노인에 대한, 그리고 노화와 고령화에 대하여 정확하고 풍부한 지식을 획득할 수 있어야 한다. 또한 노화 관련 정보의 제공을 통해 사회 각계각층에서 적극적으로 고령사회를 위한 준비가 이루어져야 한다. 그런 의미에서 노인생애체험센터의 설립 및 확대는 시사하는 바가 크다.

노인생애체험센터는 누구나 겪게 되는 생애 과정 중의 하나인 노화에 대한 직접적인 체험의 기회를 제공함으로써 노화의 특성을 이해하고 나아가 노인세대에 대한 이해를 통한 세대간의 교류를 증진시킬 것이다.

노인생애체험센터는 80세 나이에 오는 노화의 정도에 맞춰진 체험복을 입고 노화과정을 생활환경에서 체험을 할 수 있도록 설립되었다. 이는 노화에 대한 이해 더 나아가 노화로 인한 생활의 불편함과 노화를 지원하는 환경의 특성을 이해할 수 있는 공간이다. 이를 통해 노인을 위한 환경 디자인의 발전과 노인 복지정책에 발전에 기여하게 될 것이다.

궁극적으로, 노인생애체험은 체험자에게는 노후를 준비할 수 있는 기회를 제공하며 보다 나은 노인의 생활 환경증진과 연결되어질 것이며, 더 나아가 사회 대통합과 노인복지정책 발전에 이바지하게 될 것이다.

생애체험프로그램의 전망

1. 사회의식의 변화 중에 연령차별주의 해소.

: 노년체험을 통해 누구나 다 늙어간다는 즉 노인과 나는 하나라는 일체감을 통해 세대들 간의 특히 연령간의 차별주의를 해소시키는데 기여한다.

2. 노인에 대한 교육의 활성화

: 비공식적 노인에 대한 교육 활성화이다. 우리나라의 경우 현입시 제도가 유지되는 한, 외국처럼 정규과목에 노인에 대한 이해, 노화과정, 죽음과정 등의 과목을 의무교육에 삽입시키기란 현실적으로 불가능하다. 따라서 이런 비공식 셋팅인 노인생애체험센터를 통해 노인과의 일체감을 느끼고 간접적으로 노인을 이해함으로써 세대통합을 창출하는 교육적 성과를 기대해 볼 수 있다.

3. 비노인세대들의 노후준비 및 노화에 대한 이해도 증가

: 노인분들이 겪고 있는 신체적 · 사회적 생활의 어려움을 직접 체험해 봄으로써 노인분들에 대한 이해와 관심이 증가하며, 비노인세대들의 노후준비의 중요성에 대한 인식을 높여준다.

4. 노인문제해결의 실마리

: 이러한 노인생애체험을 통하여 부모와 자녀간의 갈등 혹은 상호간의 어려움을 재조명함으로써 현재 우리사회가 안고 있는 노인문제해결의 계기를 만들 수 있을 것이다.

5. 노인이 중심이 되는 사회

: 핵가족제도가 급격화되면서 부부중심, 아동중심의 삶은 노인들은 주변인으로 내몰았다. 이제는 노인인구 급증화, 베이비붐(babyboom)세대가 실버붐(agedboom) 세대가 되면서 노인세대의 경제력 확보와 더불어 이런 세팅을 통해 동시에 노인 인식이 바뀌면서 사회의 중심적인 역할로 변모하게 될 것이다.

6. 노인세대와 타세대간의 통합

: 현대화 · 도시화는 사회적 이동과 지리적 이동을 가져오고 가족간의 고립을 초래한다. 노인에 대해 가상체험을 해봄으로써 이런 공간적 고립을 해소시켜 주고 더 나아가 노인세대와 타세대간의 통합을 가져다 줄 것이다.

7. 중년층의 자신의 대응

: 곧 자신의 미래가 될 노인의 삶의 체험을 통해 자신의 현재와 미래의 노인상에 대해 생각해 봄으로써 멋진 노후의 삶을 준비 또는 설계하게 될 것이다.

8. 가족제도의 안정성 유지와 발전의 원동력

: 센터를 통해 개개인의 노후준비는 물론이고 경로효친의 미풍양속을 증진시킬 수 있는 계기가 될 것이며 가족제도의 안정성 유지는 물론이고 발전의 원동력이 될 것이다.

9. 실버산업 인력양성과 산업활성화

: 실버산업 노인관련 전문가, 정책결정자, 사회복지사 등은 물론이고 노인들을 위한 산업에 대한 관심이 고조되고 있다. 산업에 종사할 인력들의 노인체험은 다방면으로 도움을 줄 것이다.

10. 노인관련주택 및 시설의 디자인 및 생활 편의 용품의 개발

: 노인 체험 기구를 장착하고 가상 체험에 봄으로써 건강할 때 못 느꼈던 생활의 불편을 실감하게 되고 이를 통해 노인을 위한 공간에서 고려해야 할 디자인과 노인 생활 편의용품에 대한 제작 및 개발에 박차를 가하게 될 것이다.

11. 다양한 노인 생애 체험 센터의 유형 개발

: 노인생애 체험센터의 역할과 필요성에 대한 의식이 고조됨에 따라 사회 복지 관련 시설. 교육시설, 노인 관련 시설, 각 지역 내 지자체 시설 등으로 확산 될 것이며 각종 고령친화사업과 연계된 대규모세팅 등이 개발, 연구 되어질 것으로 예상되다. 이에 따른 다양한 유형 개발 연구

가 이루어 질 것이다.

12. 노인친화환경 의식고조

: 노인인구의 대중화는 노인도 함께 편하고 안전하게 사는 환경의 필요성에 대한 인식을 가져온다. 예를 들면, 황단보도 사이에 실버 존(Silver zone)을 설치한 것 등을 말한다.

13. 유니버설 디자인(Universal Design)이나 베리어 프리(Barrier Free) 개념 확대

: 장애가 없는 환경이란 노인 · 장애인, 노약자에게만 해당되는 개념이 아닌 우리 모두를 위한 디자인 개념이라는 의식이 확산되고 있다. 우선 노인대상의 복지시설, 공공시설을 중심으로 휠체어 사용자를 위한 문턱 없애기 등을 대표적으로 들 수 있다.

생애체험프로그램의 향후과제

1. 대상별에 따른 다양한 프로그램 개발

: 이용 가능한 대상이 유치원생부터 노인에 이르기까지 전 연령대에 걸쳐있다.

따라서 그 대상의 특성에 맞는 다양한 노인생애체험프로그램 개발이 지속적으로 이루어져야 할 것이다. 예를 들면 일삼세대 프로그램 개발에서 초상화그려주기, 서로 닮은 사진전, 서로 편지주고받기 프로그램 등이다.

2. 노인생애체험센터의 강사발굴 및 교육

: 중고령층 노인들을 노인생애체험 강사로 활용한다. 그들의 사회적 일자리 창출도 도모할 수 있으며, 학생체험자와 노인 강사 간에 즉 비 노인세대와의 세대 간의 통합이 센터 안에서도 이루어질 수 있는 기회를 가질 수 있다.

3. 노인의 시력과 청력테스트가 가능한 소프트 프로그램 개발

: 노인들의 시력 및 청력의 약화에서 올 수 있는 생활의 다양한 예들을 컴퓨터 프로그램화 시키는 작업이 필요하다. 관련 의사진들, 컴퓨터프로그래머, 센터관련자들이 참여해야 할 것이다.

4. 국내산 노인체험 장비제작

: 대부분 일본이나 미국의 수입품을 사용하고 있어 장비나 용품 구입 시 예산이 많이 드는 문제가 있다. 그렇다고 과학적으로 검증되지 않은 장비를 활용할 경우 노화에 대한 편견을 오히려 불러일으킬 수 있기 때문에 시간이 걸리더라도 과학적으로 입증된 체험 장비를 제작해야 할 것이다. 또한 아동부터 예비노인에 이르기까지 체험대상이 다양하므로 사이즈별로 장비가 제작되어야 할 것이다.

5. 고령친화산업 유형별에 따른 프로그램개발

: 노인요양을 도와주는 가정봉사원, 간호사 · 의사 등의 요양종사자 교육, 노인을 맞이하는 슈퍼 · 호텔 · 여관 · 병원의 직원교육, 노인의 가정을 방문하는 세일즈 · 택배 · 우편국 등의 직원 교육, 노인 관련 상품을 취급하는 사원들의 신입교육에 맞는 프로그램 개발이 필요하다.

6. 노인생애체험센터에 맞는 평가도구 개발

: 노인에 대한 태도, 노인관련 지식 및 환경개선에 대한 의식조사들이 노인생애체험 전후를 통해 어떻게 변화되었는지 등을 과학적으로 측정할 수 있는 도구가 필요하다.

7. 중고등학교 학생에게는 체험학습을 자원봉사시간에 포함

: 중고등학생들의 노인에 대한 태도는 부정적이다. 이들의 태도변화나 의식전환을 위한 교육이 학교에서는 거의 이루어지지 않는 실정이다. 따라서 자원봉사시간에 포함시키는 방안도 고려되어야 한다.

8. 교육인적자원부의 지원기대

: 노인에 대한 교육이 거의 이루어지지 않은 현실에서 민간단체 중심으로 확대되고 있는 노인생애체험센터는 노인의 이해, 노후준비, 세대

간의 통합 등의 유익한 교육의 파급효과를 감안한다면 지원방안에 대해 충분히 검토할 만하다.

9. 연계프로그램 활성화

: 노인들의 대부분이 후기노인이 되면서 장애를 갖게 되거나, 노인 중에 3분의 2가 여성노인이 되거나 노인수발의 거의 대부분이 여성임을 감안할 때 장애인분야와 여성분야와의 연계프로그램 방안을 강구하여 다양한 복지교육의 기회가 확대될 수 있도록 한다.

10. 장기요양보험의 실시 후 센터의 역할의 확대

: 내년부터 본격적으로 실시되는 장기요양보험은 노인간호실습, 실버용품 관련상담 및 문의가 쇄도할 것이며, 센터는 간호실습장, 상담창구, 실버용품전시 등으로 역할을 확대해야 할 것이다.

11. 지역사회의 노인에 대한 이해도를 높이기 위한 지속적인 홍보

: 노인생애체험센터는 주변의 지역주민들이 활용할 수 있도록 지속적인 홍보가 필요 하다. 초 · 중 · 고등학교 학교장, 여성단체장, 지역의 통반장 모임 등을 통해 홍보와 방문을 유도하거나 운영위원회의 위원으로 추천하여 홍보활동에 적극적으로 추진한다.

12. 노인 생애체험관련센타들의 증가에 맞춰 센터협회구성

: 관련 센터들의 시너지 효과를 위해 단체를 구성하는 것도 생각해 볼 수 있다. 노인관련 특별한 날의 이벤트를 지역별로 순차적으로 또는 동시에 개최하여 국민들의 노인에 대한 관심과 이해를 극대화 할 수 있다. 운영 매뉴얼, 강사교육프로그램 개발, 대상별 프로그램개발, 실 · 내외 프로그램 개발, 센터의 활용도 강구, 장비개발, 실버용품 개발, 이벤트 개최 등을 할 수 있으며, 운영인력교육, 안전교육, 유니버설 디자인이나 베리어 프리 공간구성 연구를 들 수 있다.

그 밖의 과제로는 직장인들의 노인생애 체험학습을 위해 주말을 활용할 수 있게 운영시간이 확대되거나, 센터에 올 수 없는 체험자들을 위해 출장강사제도 활성화도 요구되어진다.

동경 노인생애 체험센터

부 록

POSTSCRIPT

생애체험프로그램 참가신청서

<table>
<tr><td>예약자
성명</td><td colspan="2"></td><td>나 이</td><td>세 (년 월생)</td><td>성 별</td><td>남 여</td></tr>
<tr><td rowspan="2">소 속</td><td>학교</td><td colspan="5">학교 과(전공) 학년</td></tr>
<tr><td>직장</td><td colspan="5"></td></tr>
<tr><td>연락처</td><td colspan="2"></td><td>E-mail</td><td colspan="3">@</td></tr>
<tr><td>주 소</td><td colspan="6"></td></tr>
<tr><td rowspan="2">참가할
프로그램</td><td colspan="2">프로그램 A (기본)</td><td>프로그램 B</td><td>프로그램 C</td><td>프로그램 D</td><td>프로그램 E</td></tr>
<tr><td colspan="2"></td><td></td><td></td><td></td><td></td></tr>
<tr><td>참가 동기</td><td colspan="6"></td></tr>
<tr><td>희망
체험일시</td><td colspan="4">200 년 월 일 시</td><td>체험 인원</td><td>명</td></tr>
<tr><td colspan="7">한림대학교 고령사회교육센터 생애체험실 프로그램에 참가하길
원하여 참가 신청을 합니다.

200 년 월 일

신 청 인 : (서명)

고령사회교육센터 소장 귀하</td></tr>
</table>

* 첨부서류 : 참가자 명단 1부

참가자 명단

200　년　월　일

	이 름	소 속	e-mail	연령	성별	연 락 처
1						
2						
3						
4						
5						
6						
7						
8						
9						
10						
11						
12						
13						
14						
15						
16						
17						
18						
19						
20						

총 참가자 :　　　　　　명

생애체험프로그램 사전설문

1. 본 노인생애체험학습센터에서 체험하기 이전에 다른 곳에서 노인생애체험을 해 본 경험이 있습니까? (1번 문항의 대답이 "아니오"인 경우 3번으로)

① 예　　② 아니오

2. 1번의 문항의 대답이 "예"인 경우 다음 질문에 답하시오.

2-1. 1번 문항의 대답이 "예"인 경우 몇 번의 경험이 있습니까?

① 1번　　② 2번
③ 3번　　④ 4번 이상

2-2. 1번 문항의 대답이 "예"인 경우 언제, 어느 장소에서 경험을 해 보았습니까?

체험일시 : ______년______월
체험장소 : ____________________
체험목적 : ____________________

3. 본 노인생애체험학습센터에 대한 정보를 알게 된 경로는 무엇입니까?

① 학교수업시간　　② 인터넷
③ 친구 및 선후배　　④ 학교선생님(교수님)
⑤ 기타(__________)

4. 귀하가 노인생애체험을 하는 목적은 무엇입니까?

① 노인에 대한 이해를 위해　　② 노년기의 준비를 위해
③ 체험학습을 하기 위해　　④ 노인관련 정보를 수집하기 위해
⑤ 기타(__________)

생애체험프로그램 사후설문 - 환경개선의식 변화

1. 본 노인생애체험센터에서 체험하기 전에 다른 장소에서 한 번도 경험해 보지 못했던 항목은 무엇입니까? (□안에 있는 대로 체크(✓)하여 주십시오)

□ 시청각 체험을 위한 시뮬레이션 프로그램

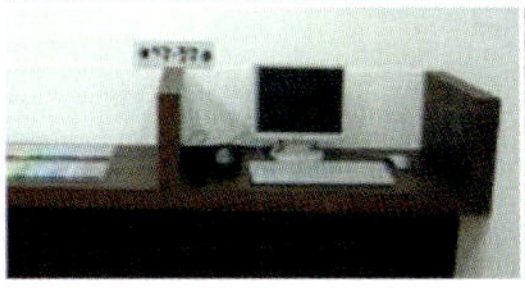

□ 시각 디스플레이(물고기 그림, 색연필세트)

□ 촉각인지 보드판

□ 문손잡이의 사용(3가지 종류의 손잡이)

□ 아령/페트병

□ 미닫이 문

□ 현관 벤치 및 핸드레일 부착

□ 환자용 침대

□ 높이에 따른 콘센트 사용

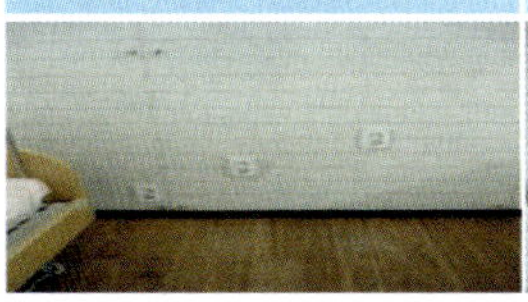

□ 싱크대 높이 및 하부 오픈

□ 식탁의 하부 오픈

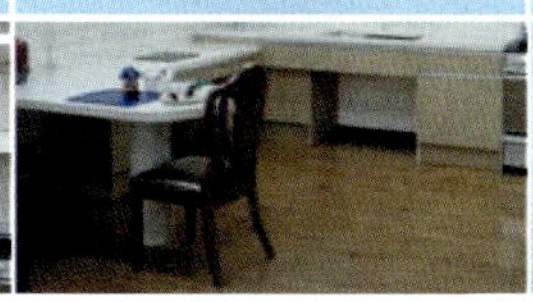

□ 전자식렌지의 사용

□ 노인을 위한 기능성 생활소품

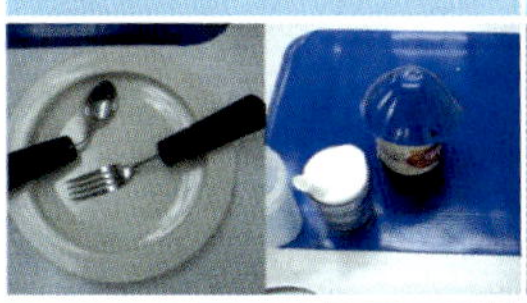

□ 세면대 높낮이 조절

□ 샤워용 의자

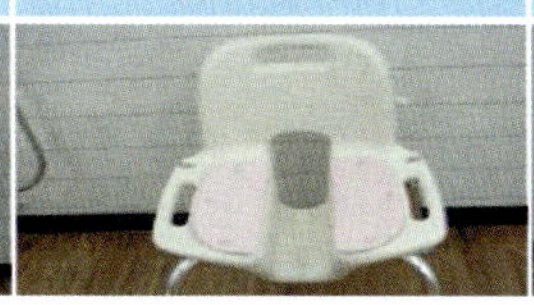

□ 욕조의 벤치 및 핸드레일

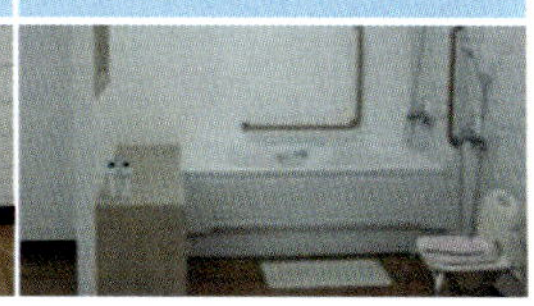

□ 양변기 부착형 손잡이와 핸드레일

□ 노인을 위한 욕실용품

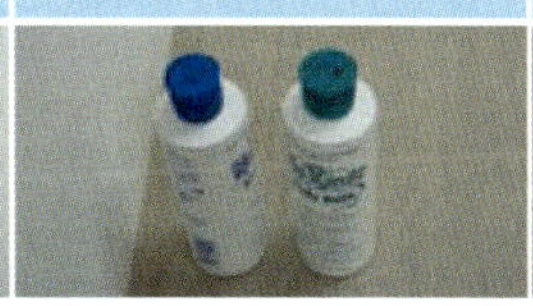

□ 슬로프 경사각 완화

□ 슬로프 핸드레일

□ 계단 경사각 완화

□ 계단 핸드레일

2. 휠체어 체험 후 휠체어 사용자를 위해 필요하다고 느낀 정도를 각 항목에 대해 모두 표기해주십시오

항 목	매우 필요하다	필요하다	보통이다	필요하지 않다	매우 필요하지 않다
보기) 현관의 미닫이문이 매우 필요한 경우	✓				
미닫이 문 					
환자용 침대 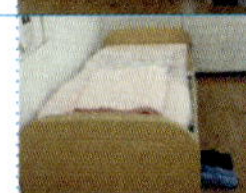					
콘센트의 높이 					
싱크대 높이 및 하부 오픈 					
식탁의 하부 오픈 					
전자식렌지의 사용 					
세면대 높낮이 조절 					
샤워용 의자 					
욕조의 벤치 및 핸드레일 					
양변기 부착형 손잡이와 핸드레일 					
슬로프 경사각 완화 					
슬로프 핸드레일					
계단 경사각 완화 					
계단 핸드레일					

3. 다음의 주택 제반 특성을 체험 하신 후 귀하가 노인이 되었을 때 주거환경을 개선하기 위해 주택 내에 도입하고 싶은 정도를 각 항목에 대해 모두 표기해주십시오.

항 목	매우 필요하다	필요하다	보통이다	필요하지 않다	매우 필요하지 않다
보기) 현관의 미닫이문이 매우 필요하다고 생각한 경우	✓				
사용하기 편한 레버식 문손잡이 					
미닫이 문 					
현관 벤치 및 핸드레일 부착 					
환자용 침대 					
높이에 따른 콘센트 사용 					
싱크대 높이 및 하부 오픈 					
식탁의 하부 오픈 					
전자식렌지의 사용 					
노인을 위한 기능성 생활 소품 					
높낮이 조절 세면대 					
샤워용 의자 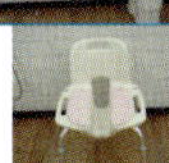					
욕조의 벤치 및 핸드레일 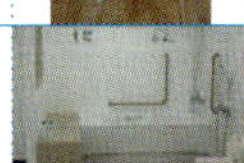					
양변기 부착형 손잡이와 핸드레일 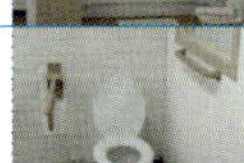					
노인을 위한 욕실용품 					
경사각이 완화된 슬로프 					
슬로프 핸드레일					
경사각이 완화된 계단 					
계단 핸드레일					

4. 손잡이(핸드레일) 체험 후 노인들을 위해 손잡이(핸드레일) 설치가 필요하다고 느낀 정도를 각 항목에 대해 모두 표기해주십시오.

항 목		매우 필요하다	필요하다	보통이다	필요하지 않다	매우 필요하지 않다
보기) 슬로프의 핸드레일이 매우 필요한 경우		✓				
현관 벤치 및 핸드레일						
욕조의 벤치 및 핸드레일						
양변기 부착형 손잡이와 핸드레일						
슬로프 핸드레일						
계단 핸드레일						

5. 귀하가 일반적인 주택에 살 경우 4번 문항의 항목과 같은 주택의 제반요소들로 주거환경을 개선 할 때 소요되는 경비로 얼마 정도를 지출할 용의가 있습니까?

① 500만 원 미만
② 500만 원 이상~1000만 원 미만
③ 1000만 원 이상~1500만 원 미만
④ 1500만 원 이상~2000만 원 미만
⑤ 2000만 원 이상~3000만 원 미만
⑥ 3000만 원 이상

6. 귀하가 만약 일반적인 주택에 4번 문항의 항목과 같은 주택의 제반요소들로 주거환경 개선을 할 때 정부보조가 일부 지원된다면 어느 정도가 타당하다고 생각하십니까?

① 총비용의 30% 미만
② 총비용의 30-50% 정도
③ 총 비용의 50% 정도
④ 총비용의 50-70% 정도
⑤ 총비용 70% 이상
⑥ 총비용 모두
⑦ 필요 없다.

질문에 답해 주셔서 대단히 감사합니다 !!!

질문	대답
정말 딱 80세의 몸이 이런가요?	체험복이 제작될 때 20대 여성이 착용하여 80세의 몸을 경험하도록 만들어 졌으므로 개인차가 있기는 합니다. 하지만 나이를 포함하여 건강상태, 생활습관과 같은 수많은 변인들을 하나하나 고려하긴 좀 힘듭니다. 80세가 느낄 수 있는 감각, 근력 등의 둔화를 최대한 반영한 것이니 상황에 맞게 적용시키면 좋을 것 같습니다.
체험이 너무 힘든데 전 이런 게 늙는 거라면 늙고 싶지 않거나 일찍 죽고 싶은데요?	체험을 통해 경험해 본 노화는 60~70년동안 서서히 노화되어 온것을 한정된 시간내에 한꺼번에 노화됨을 느꼈기 때문에 충격적일수도 있습니다. 그러나 실제 노화는 서서히 진행되고 있습니다. 즉, 우리 몸이 충분히 적응할 수 있는 정도의 속도로 점차적, 부분적으로 오기 때문에 평소의 식습관과 운동량을 적당히 조절한다면 건강한 노후를 보낼수 있습니다.
체험실에 있는 용품들이 좋긴 한데 너무 비싸요. 국가에서 지원해 줄 수는 없나요?	국가차원의 지원이 필요한 것도 사실이지만 그것에 앞서 우리가 먼저 노인들에게 이러한 환경과 용품이 필요하다는 것을 인식하고 활용해야지만 이슈를 만들어 낼 수가 있습니다. 최근 정부에서는 고령친화산업지원법을 만들어 친화제품 및 서비스 표준화추진에 적극 지원할 방침입니다. 또한 내년 7월부터 실시될 장기요양 보험법에서는 고령친화용품을 대여할 예정이며 일부용품은 보험으로 지원 가능합니다.

질문	대답
체험을 통해서 노인분들을 도와드려야 겠다는 생각은 들긴 하는데 당장 뭘 해야 할지는 모르겠어요 뭘 도와드리는 게 좋아요?	노인분들은 행동으로 도와드리는 것도 좋아하시지만 무엇보다 자신을 이해해주고 자신의 마음과 상황에 공감해 준다는 느낌을 받는 것을 가장 원하신다고 합니다. 우리가 상대방의 행동이 진심인지 아닌지 구분할 수 있는 것처럼 어르신을 도와드릴 때에도 정말 그분을 이해하고 공감하는 마음을 가지고 도와드리는가를 중요하게 생각하신다는 거죠. 그런 의미에서 생애체험은 비록 조작된 노화이긴 하지만 조금이나마 노인분들의 몸으로 여러 상황들을 경험해 볼 수 있기 때문에 이 경험을 바탕으로 도와드린다면 그 무엇이든 참 반가워하시리라 생각이 듭니다.
노인분들을 수발할 때 가장 주의하여야 할 점이 있다면 무엇인가요?	어르신 수발시에 가장 많이 범하게 되는 오류가 편하게 모신다는 이유로 모든 것을 다 해 드려야 한다고 생각하게 된다라는 거에요 어르신의 잔존능력을 최대한 발휘하실 수 있도록 스스로 할 수 있는 부분을 남겨두어야 해요. 예를 들어 하반신이 불편한 어르신을 욕조에 옮길 때에도 수발자가 들어서 옮겨드리는거 보다는 간이벤치를 이용하여 상반신에 남아있는 힘으로 스스로 들어가실 수 있도록 도와만 드리는 거죠. 수발할 때에는 신체적인 보조와 더불어서 심리적인 반응에도 늘 관심을 가질 필요가 있습니다.
실버용품들이 대부분 미국이나 일본 수입제품이던데 국산은 없나요? 수입품이라 가격도 너무 비싸고 실제로 사용하셔야 하는 어르신들이 구매하기 어려울 것 같으신데....?	국산의 실버용품을 찾기 힘든 이유는 개발부족이나 기술의 낙후 때문이 아니라 주로 국내 실버용품 산업의 대부분이 중소기업 중심으로 이루어지고 있는데 국내 수요층이 너무 미약해서 개발, 생산을 하기엔 재정적으로 역부족이라는 것입니다. 그래서 대부분의 업체가 직접 생산하기 보다는 수입해 온 제품을 중간유통 시키는 경우가 대부분이죠. 제품의 홍보와 더불어 실버용품의 수요계층이 두터워지고 활발히 활용한다면 국내실버산업의 비약적인 발전을 기대해도 좋을 듯싶습니다.

● 감각 및 근력체험

사진	명칭 및 용도
	라꾸라꾸 게임시리즈– 볼링 • 줄을 잡아당기면 10개의 핀이 원터치로 세워짐. • 핀을 일일이 세울 필요가 없음. • 혼자서도 즐길 수 있음. • 바퀴가 달려있어 운반에 편리하며, 휠체어 사용자들도 보조대를 사용하여 이용이 가능함. ※ 보조대는 별도 판매 출처 : http://www.silvershand.com, http://www.nsilver.co.kr(실버스핸드)
	라꾸라꾸게임시리즈–슬롯볼 • ball–hole이 삼색(적, 청, 황)으로 구성 • 볼을 구멍에 넣거나 색을 맞추어 넣거나, 빙고게임 등 여러 가지 방식으로 게임 가능 • 바퀴가 달려있어 운반이 수월함. • 휠체어 사용자도 즐길 수 있도록 보조대 설치가능 ※ 보조대는 별도 판매 출처 : http://www.silvershand.com, http://www.nsilver.co.kr(실버스핸드)
	라꾸라꾸 게임시리즈–삼색링던지기 • 컵, 링이 삼색(적,청,황)으로 구성 • 삼색의 조합을 이용하여, 즐기는 분에 따라 다양하게 변화 가능 출처 : http://www.silvershand.com, http://www.nsilver.co.kr(실버스핸드)
	촉감 인지보 드판 • 산뜻하게 디자인된 13×25cm 크기의 나무판과 10개의 원통으로 구성된 제품 • 원통과 나무보드판의 구멍에는 각각 다른 종류의 나무보드판 천을 서로 짝짓기 하는 게임 • 무게 : 340g 출처 : http://www.silvershand.com, http://www.nsilver.co.kr(실버스핸드)

사진	명칭 및 용도
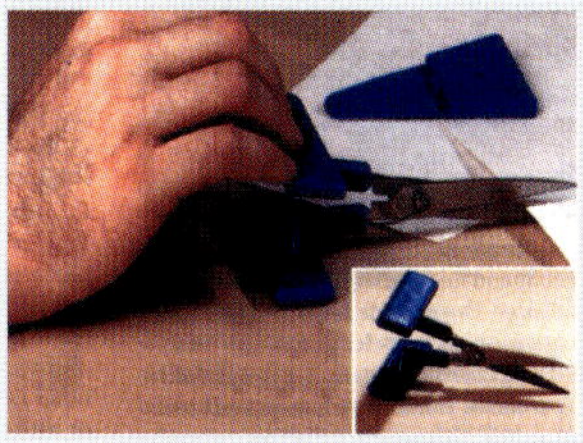	스프링 가위 • 생활보조용품 • 한 손으로도 가위질이 가능. • T자형 손잡이로 손이 미끄러짐을 완화. 출처 : Able Mall 080-990-0009
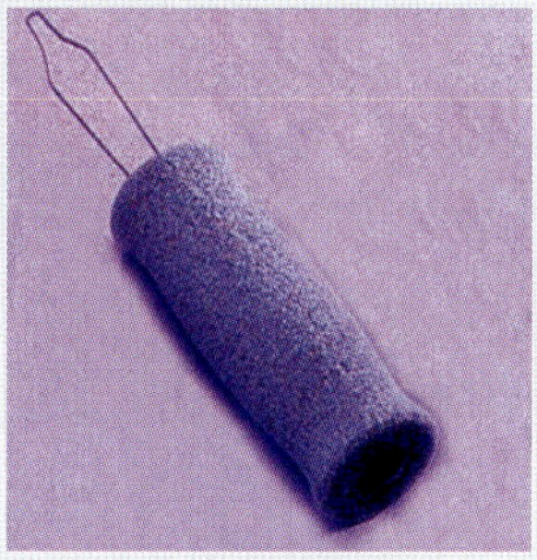	단추 끼우는 도구 • 생활보조용품 • 단추 구멍을 구리에 넣어 단추를 걸어 잡아 당기면 쉽게 단추를 끼울 수 있다. 출처 : Able Mall 080-990-0009
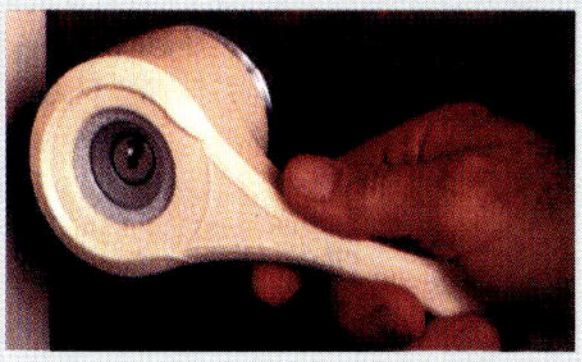	문고리 보조 손잡이 • 생활보조용품 • 표준형 손잡이에 손쉽게 설치할 수 있으며 손잡이를 쉽게 열도록 보조 출처 : Able Mall 080-990-0009
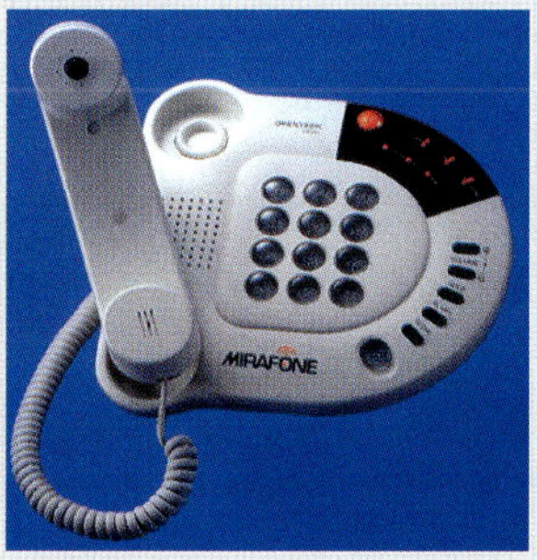	노인용전화기(난청용) • 고막에 이상이 생겨 청각 기능이 떨어진 분들을 위한 제품 • 고막을 통해 소리를 듣는 것을 대신해 골도를 이용해 소리를 전달함. 그러나 청신경이 죽어 소리를 못 듣는 분이나 말을 들어도 언어로 구별은 못하는 분은 사용하여도 효과를 볼 수 없음. 출처 : Able Mall 080-990-0009

● 생활공간 체험 – 부엌

사진	명칭 및 용도
	사각메트 & 원형메트 • 그릇, 도마 등 주방용품이나 전화기, 제도용품 고정에 사용 • 사각메트 : 음식물을 나를 때 미끄러지지 않아 안전, 360×250mm • 원형메트 : 한손으로 음식을 먹을 때 그릇의 미끄어짐을 방지, 지름 75mm 출처 : http://www.silvershand.com, http://www.nsilver.co.kr(실버스핸드)
	식사용에이프런 • 중풍이나 마비환자 식사나 구강세척시 사용 • 방수성이 뛰어난 바후다 방수 코팅 원단 • 겉면 : 폴리에스테르 100% • 속면 : 방수 폴리우레탄 수지 • 규격 : 600×1000mm 출처 : http://www.silvershand.com, http://www.nsilver.co.kr(실버스핸드)
	긴 꼭지컵 • 긴 꼭지가 있어 마시기 편한 컵 • 이 컵은 스트로를 끼울 수 있을 만큼 꼭지 입구가 크면 필요에 따라 자를 수 있음. • 공기구멍을 손가락으로 막으면 액체의 흐름을 조절할 수 있음. • 재질 : 폴리프로필렌 플라스틱 • 용량 : 237ml 출처 : http://www.silvershand.com, http://www.nsilver.co.kr(실버스핸드)
	아이디어 컵 • 기울이지 않고 마실 수 있음. • 이 컵은 숨이 잘 막히거나 목 부상으로 머리를 숙일 수 없는 사람들에게 획기적인 제품. • 또한 척추마비가 있는 어린이에게도 유용하게 쓰일 수 있음. • 마실 때 코 주위가 닿지 않게 컵의 한쪽 면을 잘랐으며, 컵 입구가 넓어서 환자가 마시는 과정을 임상의가 관찰할 수 있음. • 재질 : 플라스틱, 용량 237ml 출처 : http://www.silvershand.com, http://www.nsilver.co.kr(실버스핸드)

사진	명칭 및 용도
	레보U컵 • 식사보조용품 • 컵의 가장자리가 코에 닿지 않아 고개를 젖히지 않고도 물을 마실 수 있음. 출처 : 알케어 02-2063-3975
	타원죽병 • 음식물이나 약을 간편하고 편안하게 먹을 수 있음. • 용기를 누를 수 있어 걸쭉한 음식물 섭취 가능. • 흡입력이 약하시거나 입안에 상처가 있으신 분에게 효과적. • 식사시간이 긴 분이나 운동 전후의 수분보급용. 출처 : http://www.silvershand.com, http://www.nsilver.co.kr(실버스핸드)
	케네디컵 • 이 흘림방지 컵은 앉아서 마실 때나 누워서 마실때 흘림을 완벽하게 방지해 줌. • 잡기 쉬운 손잡이는 약한 손의 힘으로도 잡히고 오른손 혹은 왼손잡이들도 편하게 잡을 수 있음. • 뚜껑은 물이 새어 나오지 못하게 단단하게 고정되어 있고 모든 일회용 빨대로 사용가능 • 컵은 가볍고 내구성이 좋으며 7온스의 음료를 담을 수 있음 출처 : Able Mall 080-990-0009
	멜라민수지의 국자모양 그릇 • 한손만 사용하거나 한정된 근육을 쓰는 분들을 위해 디자인된 그릇 • 테두리가 경사져서 숟가락이나 포크로 쉽게 음식을 먹을 수 있음. • 그릇 바닥은 미끄러지지 않는 합성 고무로 되어있어 안심하고 사용 할 수 있음. • 식기세척기에서 180도(화씨)까지 세척 가능 출처 : Able Mall 080-990-0009

사진	명칭 및 용도
	멜라민수지의 국자모양 접시 • 앞쪽은 낮게 뒤쪽은 높게 디자인 되어있는 원형의 국자모양 접시 • 손이 불편하신분이 편하게 식사 할 수 있게 디자인된 접시 • 그릇 바닥은 미끄럼 방지 고무패드로 되어 있어 안심하고 사용 할 수 있음. • 전자레인지에서는 불가 출처 : Able Mall 080-990-0009
	멜라민 스쿱접시 • 음식물을 쉽게 떠먹을 수 있도록 한쪽 면을 경사지게 만든 접시 • 큰 접시의 직경 280mm, 작은 접시의 직경 220mm • 재질 : 멜라민(전자레인지 사용은 금함) 출처 : http://www.silvershand.com, http://www.nsilver.co.kr(실버스핸드)
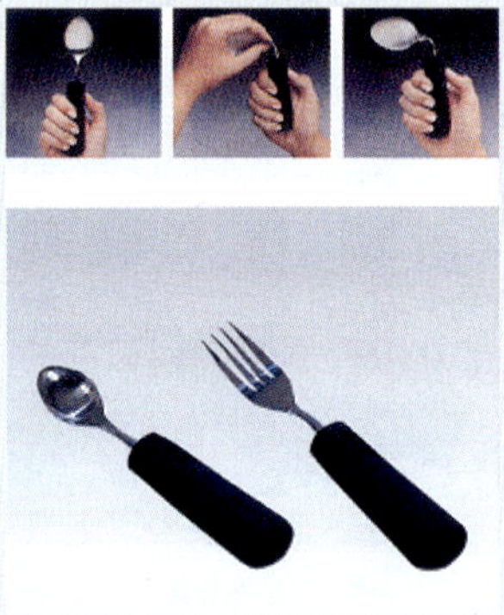	커트러리 스푼 / 포크 • 어떤 방식으로 잡든 안전하며 손에 맞는다. • 물기가 있어도 미끄러지지 않으며 촉감이 좋다. • 손잡이는 부드러운 고무재질로 유연성이 좋으며 안전하다. • 스테인리스 스틸 부분은 어느 각도에서도 구부릴 수 있다. • 노인성 치매, 관절염, 뇌혈관 장애, 신경손상이 있는 사람에게 효과적. 출처 : http://www.silvershand.com, http://www.nsilver.co.kr(실버스핸드)
	핸드그립용 스푼 • 식사보조용품 출처 : 알케어 02-2063-3975

사진	명칭 및 용도
	핸드그립용 포크 • 식사보조용품 출처 : 알케어 02-2063-3975
	티타늄 스푼 • 식사보조용품 • 손잡이 및 앞부분이 자유롭게 구부러짐. • 무게 : 150g 출처 : 알케어 02-2063-3975
	티타늄 포크 • 식사보조용품 • 손잡이 및 앞부분이 자유롭게 구부러짐. • 무게 : 150g 출처 : 알케어 02-2063-3975
	오프너 • 마개를 비틀 때 손쉽게 열 수 있음. • 한손만 쓰시는 분이나 상반신이 약하신 분은 접시받침과 함께 사용하면 더욱 효과적. 출처 : http://www.silvershand.com, http://www.nsilver.co.kr(실버스핸드)
	전동핸드그립 • 식사 및 양치보조 • 360도 회전 가능 • 칫솔, 스푼, 포크로 교환하여 사용 출처 : 알케어 02-2063-3975

● 생활공간체험 – 화장실 및 욕실

사진	명칭 및 용도
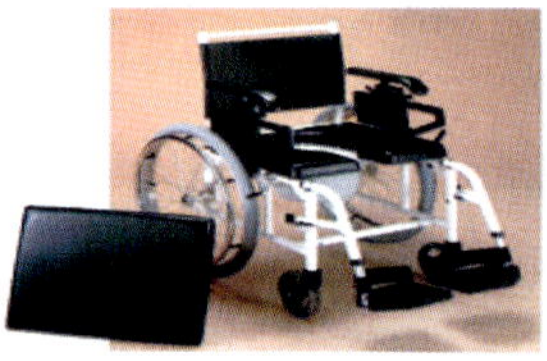	좌변형 휠체어 / 샤워체어 • 배변관리 및 목욕보조 출처 : 보장구메디컬 1544-3536
	욕조대GR (높이조절가능-미들type) • 체격이나 욕조 깊이에 따라 높이 조절 가능 • 입욕 시 의자나 욕조 안에서의 발판으로 사용 • 시트는 벗겨서 세탁 가능 • 흡반은 단단히 고정이 가능하며, 옆으로 기울어지지 않음. • 핸들이 부착되어 있어 흡반의 높이 조절 및 해체가능 출처 : http://www.silvershand.com, http://www.nsilver.co.kr(실버스핸드)
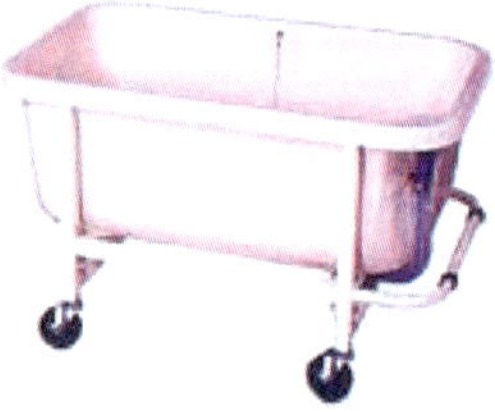	potable bath PB-1100 타입 • FRP제 경량 콤팩트, 바퀴 장착되어 이동 가능 • 각종 리후터 대응, 뒤쪽에 미끄럼 방지 장치 있어 입욕시 안전성 높임. • 수납 사이즈도 최소한으로 함. • 다양한 사이즈 있음. 출처 : http://www.silvershand.com, http://www.nsilver.co.kr(실버스핸드)
	욕조 손잡이 및 회전판 • 회전판으로 부드럽게, 난간형 손잡이로 안심 입욕 • 회전판에 낮은 상태로 욕조의 중앙부까지 발을 옮길 수 있음. • 본체는 집성목재를 사용, 발수가공처리로 마무리되어 내구성이 뛰어나며 관리도 쉬움. • 오른손용 및 왼손용 출처 : http://www.silvershand.com, http://www.nsilver.co.kr(실버스핸드)
	욕조 벤치 • 욕조 출입이 불편한 분을 위한 입욕보드(대) • 욕조 난간에 설치하여 들어오고 나가기에 안전 • 앉는 면은 안전성을 위해 고정 출처 : http://www.silvershand.com, http://www.nsilver.co.kr(실버스핸드)

사진	명칭 및 용도
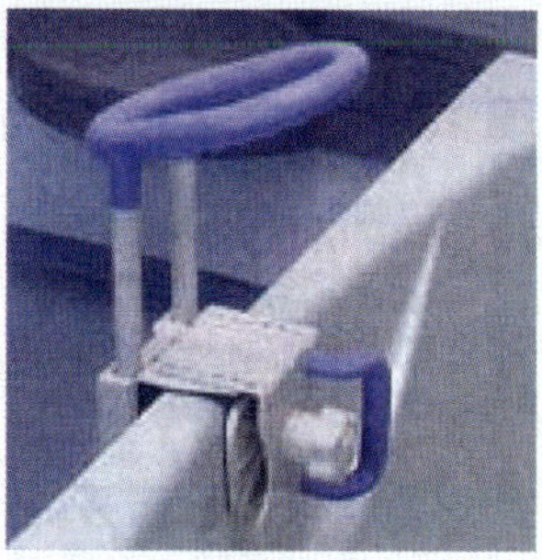	욕조난간-손잡이 부착 • 상부의 손잡이를 루프 형으로 하여 어느 방향에서도 양손으로 몸을 자유롭게 지탱 할 수 있음. • 체격이나 욕조 벽 높이에 맞춰 손잡이 위치 조절 • 욕조 내 손잡이는 몸의 방향에 따라 좌우 어느 쪽으로도 설치 가능 • 설치 가능한 욕조 벽은 4.5~13cm 출처 : http://www.silvershand.com, http://www.nsilver.co.kr(실버스핸드)
	노린스 샴푸 • 물이 전혀 필요 없음. • 혼자서도 세척이 가능하고 빗질이 쉬움. • 물이 구하기 힘들고 헹굴물이 전혀 없을 때, 노린스는 청결을 유지시켜줌. • 샴푸는 끈적이지 않음. • 사용이 쉽고 머리를 감는 시간이 5분이면 충분 출처 : http://www.silvershand.com, http://www.nsilver.co.kr(실버스핸드)
	노린스 바디바스 • 물로 헹구지 않고도 신선함과 깨끗함을 유지시켜줌. • 노인, 환자, 어린이 병원에서의 목욕에 이상적인 제품임. • 찌꺼기가 전혀 생기지 않음. • 노린스는 물을 나르는 번거로움이 없이 몸을 깨끗하고 상쾌하게 함. 출처 : http://www.silvershand.com, http://www.nsilver.co.kr(실버스핸드)
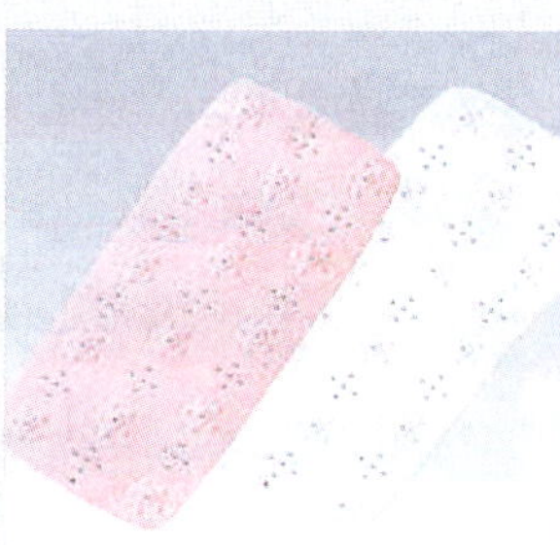	미끄럼 방지 매트 • 욕실에서 미끄러지지 않게 홀(혼홍)반이 많이 부착되어 있음. • 부드러운 감촉과 높은 내구성의 3층 구조. • 세탁기로 세탁이 가능(손질간편) • 곰팡이 방지 처리가 되어 있어 위생적임. 출처 : http://www.silvershand.com, http://www.nsilver.co.kr(실버스핸드)

● 생활공간체험 - 침실

사진	명칭 및 용도
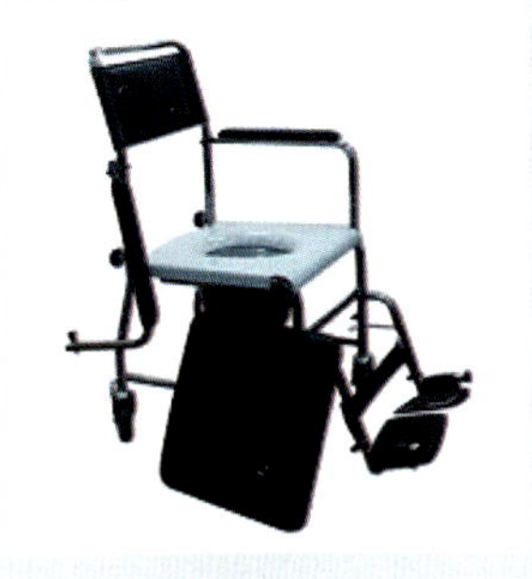	휠체어 변기 • 배변관리 출처 : 보장구메디컬 1544-3536
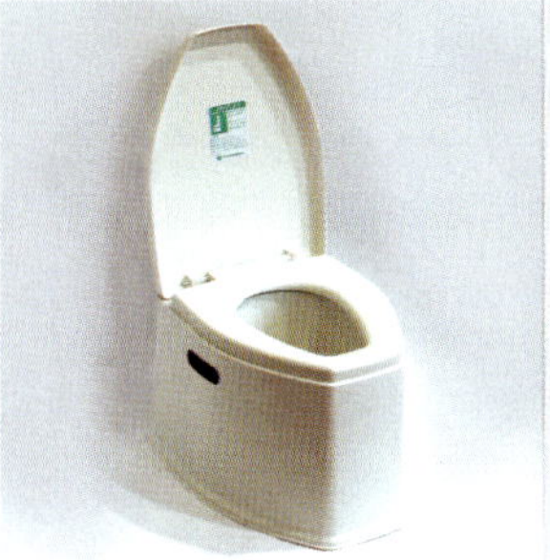	이동식 변기 • 배변보조 • 작은 부피로 보관용이 • 이중덮개로 위생적 출처 : http://www.silvershand.com, http://www.nsilver.co.kr(실버스핸드)
	휠체어용 쿠션 • 휠체어 등받이 및 앉는 면을 커버하는 쿠션 • 사계절 사용 가능하며, 짓무름 및 욕창 예방에 효과적 • 압박과 통증을 완화시킴. • 휠체어 사용을 좀 더 쾌적하게 함. 출처 : http://www.silvershand.com, http://www.nsilver.co.kr(실버스핸드)
	toilet chair • 배변훈련을 할 수 있는 의자형 변기 • 등 시트를 조절하여 당길 수 있고, 앉은 자세가 안정적이도록 해줌. • 스테인리스 파이프를 사용하여 각 부분은 떼어내기가 간단하며, 청소가 용이하고 위생적임. • 가볍고 심플한 디자인과 이동이 편리함. 출처 : http://www.silvershand.com, http://www.nsilver.co.kr(실버스핸드)

사진	명칭 및 용도
	세발기 • 환자를 침상에 누인 채로 모발을 세척하는 편리한 용품 • 휴대가 간편하고 물의 이동이 용이한 배수백과 본체의 분리가능 • 배수백의 용량은 20리터. • 스스로 세발할 수 없는 분께 적합 • 내열온도 70도인 염화비닐 소재 출처 : http://www.silvershand.com, http://www.nsilver.co.kr(실버스핸드)
	케어 나이트복(여성용) • armhole이 넓어 착용이 쉬운 파자마 • 누워있는 시간이 많은 사람을 위해 옷깃을 부착하지 않음. • 앞여밈이 단추가 아닌 매직테이프로 되어 있어 입고 벗기 편함. • 꽃 레이스가 주머니 입구와 옷깃 주위를 장식하고 있으며, 바지에는 고무 구멍이 붙어 있음. 출처 : http://www.silvershand.com, http://www.nsilver.co.kr(실버스핸드)
	기저귀용 바지 • 기저귀 사용하는 분을 위한 탈부착형 바지로, 기저귀 교환 시에도 맨몸이 드러나지 않게 마감처리 됨. • 물이나 소변 처리에 쉽도록 위, 아래, 옆에 지퍼로 연결되어 있음. 출처 : http://www.silvershand.com, http://www.nsilver.co.kr(실버스핸드)
	치매환자복 • 생활용품, 어르신이 기저귀를 꺼내거나 변을 만질 수 없도록 지퍼처리 출처 : 실버마을 031-575-9150

사진	명칭 및 용도
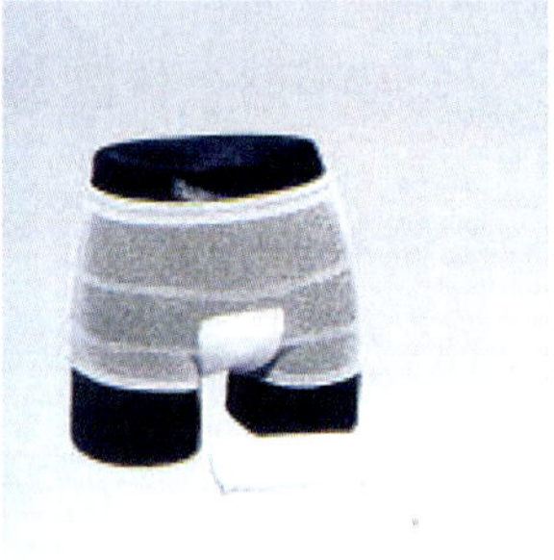	실금용 망사 팬티 • 가볍고 신축성이 뛰어남. • 얇아서 착용감이 좋음. • 장거리 여행 및 스포츠, 레져활동시 사용. • 패드가 밀리거나 떨어질 염려 없음. 출처 : http://www.silvershand.com, http://www.nsilver.co.kr(실버스핸드)
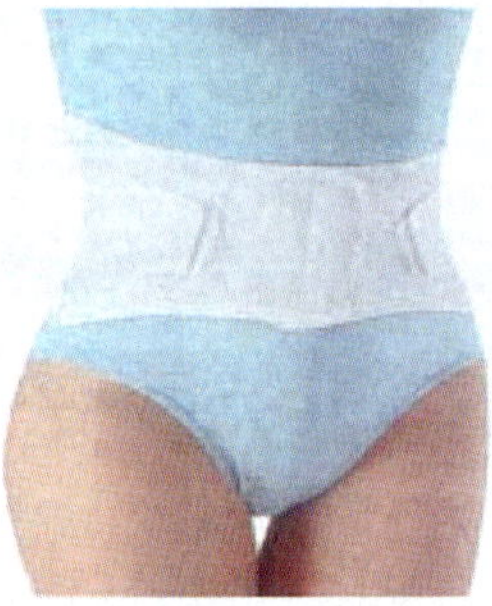	케어 서포트(허리 보호대) • 간호하는 사람의 허리 보호대 • 장착한 그대로 쾌적하게 간호 가능 • 본체와 보조벨트의 더블효과로 허리부분을 보호 • 등 부분의 분리 구조가 신체의 움직임을 흡수하여 뒤틀림 예방 출처 : http://www.silvershand.com, http://www.nsilver.co.kr(실버스핸드)
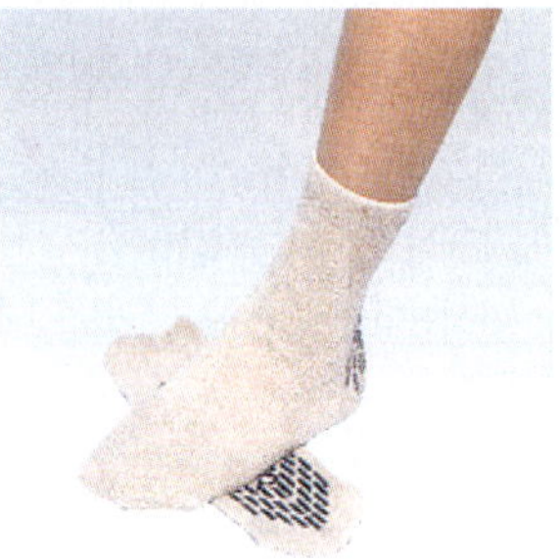	케어스텝 I • 양말 밑 부분을 고무처리 하여 보행시 안전하게 한 양말 • 뒤꿈치가 없는 일자형으로 발의 크기에 구애받지 않음. • 뛰어난 신축성과 보온성 • 아크릴과 폴리에스테르의 혼용 출처 : http://www.silvershand.com, http://www.nsilver.co.kr(실버스핸드)
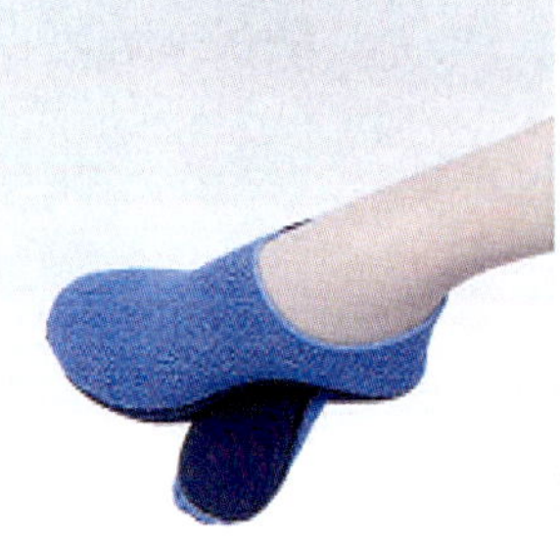	케어스텝 II • 슬리퍼 밑에 고무스토퍼가 부착되어 복도나 미끌어지기 쉬운 계단에 적절함. 출처 : http://www.silvershand.com, http://www.nsilver.co.kr(실버스핸드)

사진	명칭 및 용도
	방지 에어 매트 고급형 YH-018 • 욕창방지 출처 : 365메디컬 02-3431-0615
	공기분사방식메트 • 욕창방지 출처 : 365메디컬 02-3431-0615
	simple lift HLIPOI • 심플한 구성의 재택 간호용 리프트 • 설치가 간단하고, 가격이 저렴함. 출처 : http://www.silvershand.com, http://www.nsilver.co.kr(실버스핸드)
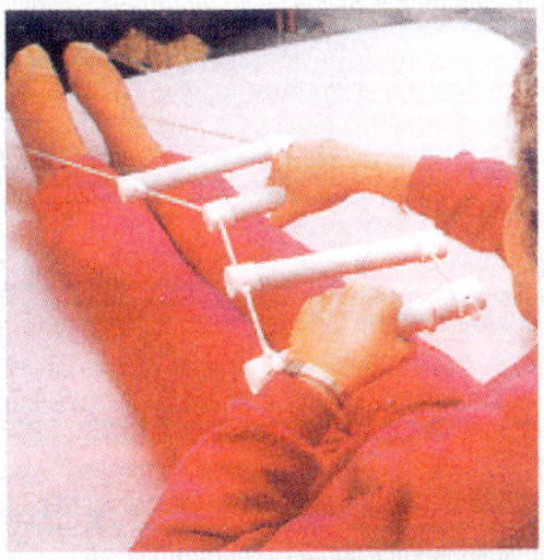	운동사다리 • 쉽게 잡아서 당길 수 있는 손 사다리. • 누운 상태에서 앉으려고 할 때, 침상에서의 운동시 사용 • 침대 다리에 간단히 고정 시킬 수 있음. • 모든 부품들은 중성세제와 소독제로 세척가능 • 길이 : 20cm, 중량 : 255g, 직경 : 2.5.cm 출처 : http://www.silvershand.com, http://www.nsilver.co.kr(실버스핸드)

사진	명칭 및 용도
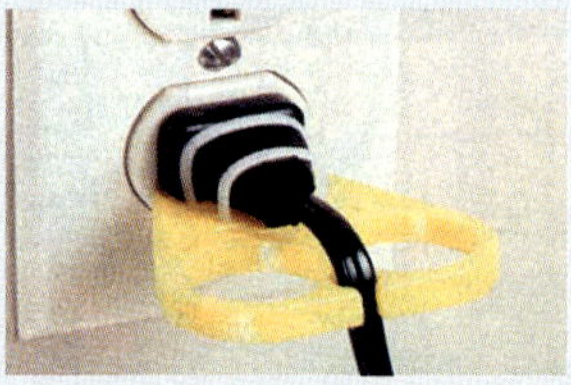	플러그 보조 손잡이 • 생활보조용품 • 두 개의 타이로 플러그에 영구적으로 고정시킬 수 있다. 출처 : Able Mall 080-990-0009
	초인종전달기 • 초인종 역할을 해주는 전달기 • 멀리 있는 문에서 초인종 전달기의 버튼을 누르면 도어노크센서수신기에서 불빛이 작동됨. • 무선으로 작동하며 20M 정도 떨어진 곳에서도 사용할 수 있음. • 초인종전달기 한 개에 수신기는 여러 개를 사용할 수 있음. • 아파트 현관문 등에 설치하시고 방, 거실 등에 수신기를 설치하시면 외부에 사람이 온 것을 어디서나 확인할 수 있음. ※ 도어노크센서수신기는 별도 구매 (상품코드 : 052ABK-004) 출처 : Able Mall 080-990-0009
	도어노크수신기 • 도어노크센서 전달기를 통해 오는 신호를 받아 불빛으로 나타내는 수신기 • 신호를 확인할 곳에 올려놓고 딥스위치를 도어노크센서전달기와 동일하게 맞추어 주면 멀리 떨어진 문에서 나는 노크소리를 불빛으로 알려줌.(무선작동하며 20M정도 떨어진 곳에서도 사용가능) • 전달기 한 개에 수신기는 여러 개를 사용 • 건전지를 끼워 사용. ※ 도어노크센서 전달기 별도 구매 (상품코드 : 052ABK-004) 출처 : Able Mall 080-990-0009
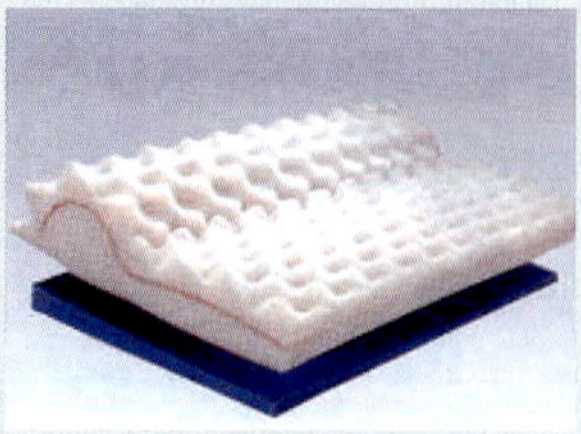	목교정배게 • 목뼈의 곡선을 따라 목을 가장 편안하게 보호함. • 목디스크, 불면증 예방 및 치료를 도와주는 부위별 분할 설계. • 목뼈에 무리를 주는 취침습관 교정 • 규격 :500×350×65~150mm 출처 : http://www.silvershand.com, http://www.nsilver.co.kr(실버스핸드)

사진	명칭 및 용도
	에어높낮이조절베게 • 복부위의 안락함으로 목디스크(경추)환자의 통증을 다소 완화 시켜줌. • 자신의 체형에 맞게 높낮이를 조절하여 사용 할 수 있음. • 머리와 목 부분을 안락하게 받쳐주어 목 부분을 편안하게 하고 호흡을 원활하게 함. • 베개 구조상 코골이도 다소 도움 출처 : Able Mall 080-990-0009
	케어방석 • 케어방석은 항균 처리된 우레탄으로 만들어 위생적임. • 방석 중앙 부분에 공간을 만들어 착용 시 꼬리뼈 부분과 항문주위의 부분에 압박을 완화하고 통풍을 원활히 했음. • 허벅지가 닫는 부분에 골을 만들어 옆으로 빠짐을 방지하고 앞으로 쏠림도 잡아 주도록 설계됨. • 방석카바가 함께 제공되어 사용에 편리 • 크기 : 420*400*50 출처 : Able Mall 080-990-0009
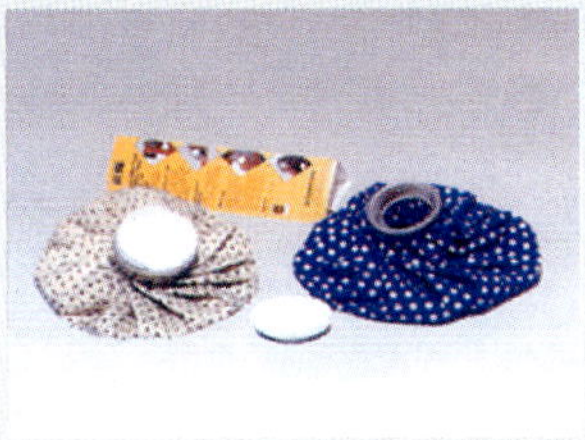	얼음주머니 • 두통, 치통, 부은 곳 등에 효과적. • 의약품 없이 통증을 없애는 냉찜질. 출처 : http://www.silvershand.com, http://www.nsilver.co.kr(실버스핸드)

postscript 부록

● 보행공간체험

사진	명칭 및 용도
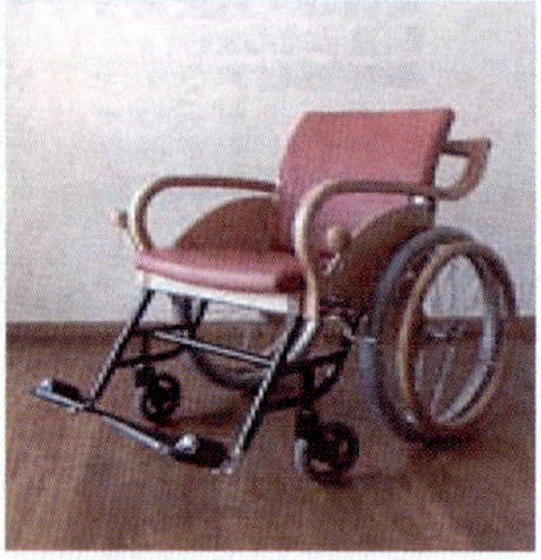	윈클2003-휠체어 • 실내 사용을 위한 목제 휠체어 • 가볍고 컴팩트하며, 가죽시트와 다리부분의 파이프의 오물이 쉽게 제거될 수 위생적임. • 장시간 앉은 자세에서 오는 욕창을 예방하는 시트 타입도 발매 예정임. 출처 : http://www.silvershand.com, http://www.nsilver.co.kr(실버스핸드)
	휠체어용 바퀴(spoke) 캡 • 오토 메이드로, 그림문양으로 만들어져 있으므로, 휠체어를 즐겁게 개성 있게 연출 가능 • 타이어가 회전해도 그림문양은 회전하지 않기 때문에 항상 귀엽고 멋지게 연출됨. • 자석에 의한 원터치 장치 • 누구라도 바퀴 스포크(살)에 장착하기 쉬우며 바퀴살에 손이 말려들어가는 것을 방지함. 출처 : http://www.silvershand.com, http://www.nsilver.co.kr(실버스핸드)
	지그재그 워커 • 보행보조 용품 • 접이식으로 보관용이 • 다리부분이 지그재그로 움직일 수 있음. 출처 : 실버마을 031-575-9150
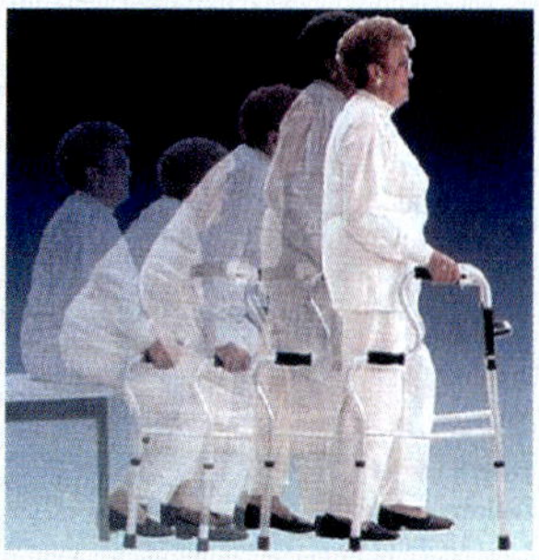	구동성 2단 손잡이 워커 • 보행보조 용품 • 앉고 일어섬과 보행을 동시에 보조 출처 : 실버마을 031-575-9150

사진	명칭 및 용도
	Deck pack CBL(슬로프) • 단체해소용 슬로프 • 소재 : 카본파이버를 사용하여 이용이 편리함 • 폭이 넓으며, 양쪽에는 탈륜 방지용 날(edge)이 있어 안전함 • 공공시설이나 교통기관, 전동 휠체어 이용자에게 최적 • 0.9m~4m까지의 9개의 사이즈 있음 출처 : http://www.silvershand.com, http://www.nsilver.co.kr(실버스핸드)
	joint식 step(받침대) • 평균적인 고령자의 경우 15cm의 정도의 단 차이에서 부담을 느끼기 시작하여 40cm가 되면 매우 큰 부담을 느낌 • 현관이나 부엌문 등에서 계단차이의 부담을 해소하기 위한 제품임 • 각 단을 올라서게 되면 높이 5cm 수준으로 자유롭게 조절 가능 출처 : http://www.silvershand.com, http://www.nsilver.co.kr(실버스핸드)
	단차해소기(5cm경사로) • 가볍지만 내구성 강한 단차해소용 경사로 • 받쳐놓기가 간편한 디자인으로 표면에 이음선이 없어 안전함. • 녹 방지, 부식방지 마감처리가 되어 있어 실내에서나 실외에서 모두 사용가능 • 수동휠체어, 전동휠체어, 스쿠터 사용하시는 분도 이용가능 출처 : Able Mall 080-990-0009

	한림대	안산대
센터명칭	고령사회교육센터 생애체험실	실버유사체험관
설립연도	2005.3	2005.12
목 적	고령사회로 진입함에 따라 고령자들이 신체 및 생활실태 및 감정을 올바르게 이해할 필요가 있습니다. 이를 위해 고령사회교육센터에서는 생애체험실을 운영합니다. 생애체험실은 일상생활 공간에서 고령자의 신체적, 감각적, 상태의 체험을 통해 고령자의 삶을 이해할 수 있는 기회를 제공함으로써, 초 · 중 · 고학생을 비롯한 비고령자 세대의 고령자들간의 상호이해와 통합을 증진시키고자 합니다.	실버유사체험관은 노인의 일상생활을 가상적으로 체험함으로써 노인의 신체적, 심리적, 사회적인 변화를 포괄적으로 이해하여 노인의 삶의 질을 향상시키는데 도움이 되고, 체험자가 자신의 노후에 관해 관심을 갖고 준비할 수 있도록 마련한 공간입니다.
구 조	감성 및 근력공간, 생활공간, 보행공간	실버케어 교육실, 실버케어 실습실, 실버생활 체험실
운영시간	연중 2주 1일(일 2회) 운영 오전 10:00~12:00 오후 14:00~16:00	학기 중 운영 오전 9:30~18:00 / 중 · 고등학생을 위한 방학 중 특별운영
주 소	강원도 춘천시 한림대학길 39번지	경기도 안산시 상록구 일동 752번지 대학본관 5층
전 화 번 호	033-248-3092~3	031-400-7066
homepage	http://care.hallym.ac.kr	http://silvercare.ansan.ac.kr

서울시연합회	고령친화용품산업화지원센터
노인생애체험센터	고령친화용품 홍보체험관
2006.10	2007.01
노인 이전의 세대가 노인이 된 이후의 일상생활을 가상적으로 체험함으로써 노인에 대한 올바른 인식을 증진하며, 초·중·고·대학생·일반인에게 체험교육기회를 제공한다. 또한, 사회적으로 노인을 위함 물리적 환경 개선의 필요성을 마련하는 역할을 하며, 나아가 세대 간의 이해의 폭을 확대, 세대 통합을 이루기 위하여 마련된 장소이다.	급속한 고령화로 노인들이 구매력을 갖춘 거대한 잠재 수요계층으로 등장하면서 고령친화 관련 산업이 거대 시장을 형성할 전망입니다. 이에 고령친화용품 산업화지원센터는 고령친화용품산업의 활성화를 통하여 내수시장확대와 국가 차세대 성장동력산업의 견인 역할을 수행하고 산업화 지원을 위한 인프라 체제를 구축함으로써 국제경쟁력 향상 및 국내 경제발전에 기여하고자 산업자원부와 부산광역시의 지원으로 설립되었다.
교육 및 준비공간, 공공생활 체험공간, 개인생활 체험공간, 보행체험공간	전시(전시, 기업홍보관, 특별전시관) 체험1(주택, 원격의료, 사무체험) 체험2(놀이, 이동기기, 고령자유사 체험)
월~ 금요일 09:00~17:00	오전10시~12시, 오후1시~5시 공휴일은 휴관
서울시 용산구 효창동 임정길 79 (사)대한노인회서울특별시연합회 1층	부산 동구 범일2동 825-3번지 눌원빌딩 1층 부산경성대학교
02-712-6400, 712-6556	051-635-2090
http://www.aging-simulation.or.kr	http://www.seniorpark.or.kr

① 뒷바퀴 주행형과 앞바퀴 주행형

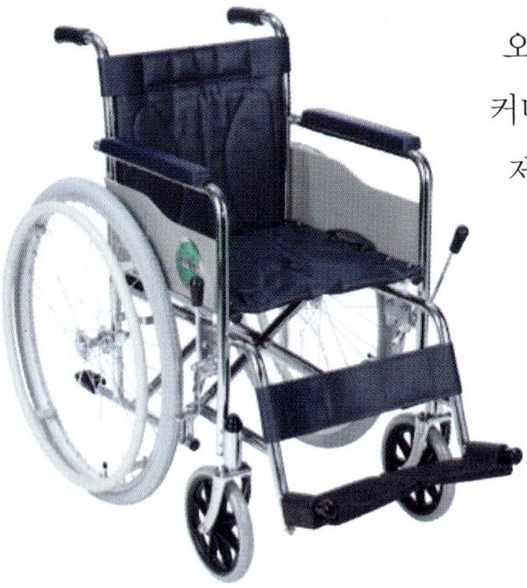

오늘날 사용되고 있는 휠체어의 대부분은 핸드림이 달려 있는 커다란 뒷바퀴와 앞쪽에 작은 바퀴가 있는 뒷바퀴 주행형이다. 제2차 세계대전 이전에는 앞바퀴 주행형 휠체어가 가장 보편적인 형태였다. 앞바퀴 주행형에서 뒷바퀴 주행형으로 바뀌게 된 것은 주로 적극적인 삶을 살아보려는 많은 젊은 전상자들의 요구가 있었기 때문이었다. 뒷바퀴 주행형 휠체어는 다음과 같은 장점 및 단점을 갖고 있다.

가. 장점

- 보다 빨리 달릴 수 있고 장거리 주행도 가능하다.
- 사용자가 전면과 양 측면으로 옮겨가기가 쉽다.
- 높은 연석 (큰길 양 옆의 턱) 과 같은 장애물을 넘기가 쉽다.
- 특히 빠른 속도로 달릴 때 안정을 유지하기가 쉽다.
- 계단을 오를 수 있다. (앞바퀴 주행형 휠체어로는 다른 사람의 도움이 필요하다)

나. 단점

- 방향전환을 하는 데에 더 많은 공간이 필요하다.(이것은 실내에서 사용될 때 중요 함.)
- 경험이 없는 사람은 쉽게 뒤로 넘어질 수 있다.

② 도와주는 사람이 필요한 휠체어

도와주는 사람이 필요한 휠체어는 대개 2가지 기본 모형이 있다. 이들 휠체어는 4개의 고정 뒷바퀴와 2개의 회전용 앞바퀴가 달린 것이 있는데, 후자의 모형이 조정하기가 훨씬 용이하다. 이 밖의 모형으로는 2개의 작은 바퀴만 있는 휠체어가 있는데 이는 사람을 옮기거나 들어 올리는데 사용되며, 협소한 공간과 쉽게 접어야 하는 경우에 유용하다.

③ 등받이가 젖혀지는 휠체어

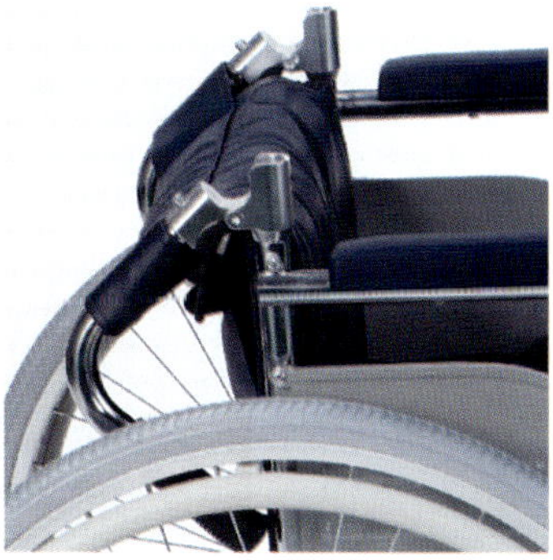

가. 장점

- 몸통을 안정시키고, 필요에 따라 앉아있던 자세에서 기대는 사세로 바꿀 수 있다.
- 등받이는 높이를 조절할 수 있는 발판과 팔걸이와 함께 사용할 수 있다.

나. 단점

- 휠체어의 무게가 늘어나고, 등받이가 높아짐에 따라 작동이 더욱 어렵게 된다.

④ 고정 차체 휠체어와 접는 차체 휠체어

휠체어에는 기본적으로 두 가지 유형이 있는데, 하나는 접는 식 X형 휠체어이고, 또 하나는 고정형 휠체어이다.

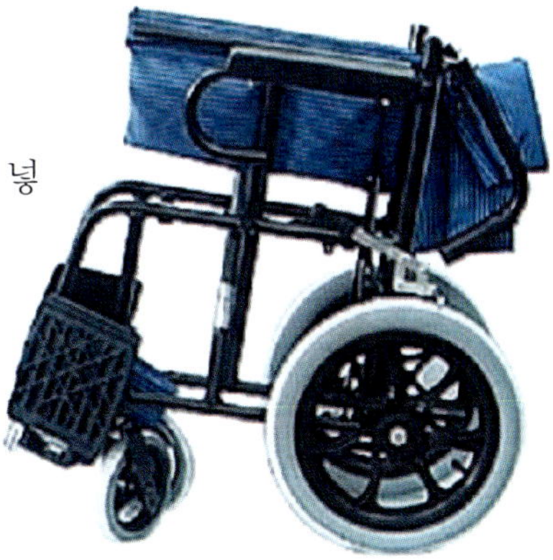

가. 장점

- 접는 식 X형 휠체어는 접기가 쉽고 좁은 공간에 넣어두기도 쉽다.

나. 단점

- 접는 식 X형 휠체어가 일반적으로 고정형 휠체어보다 무겁다.

⑤ 차체가 긴 휠체어

의지를 착용하지 않은 절단 환자들이 주로 사용한다. 차체가 길어 앞쪽에 여분의 무게가 실리게 되므로 절단으로 휠체어의 앞부분이 가벼워지는 것을 상쇄하여 휠체어의 균형을 잡아준다. 그러므로 하지 절단자는 차체가 긴 형태의 휠체어를 사용하거나, 표준형휠체어의 뒷바퀴를 2~5cm 정도 뒤로 옮겨 사용할 수 있다.

가. 장점

- 매우 안정성이 높다.

나. 단점

- 뒷바퀴가 좌석보다 훨씬 뒤쪽에 놓이게 되므로, 휠체어를 작동하는데 보다 넓은 공간이 필요하다.

⑥ 레버동력과 페달동력 휠체어

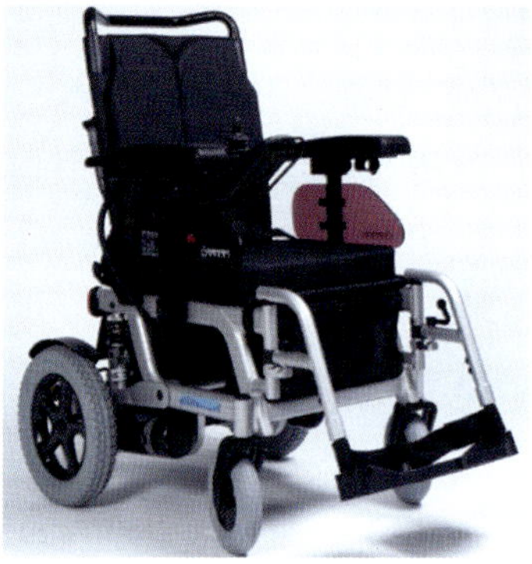

이 형태의 휠체어에는 3~4개의 바퀴가 달려있는데, 주로 옥외용으로 고안되었다. 특수레버동력휠체어도 있는데 이는 편마비나 한쪽 팔에 장애가 있는 사람들에게 적합하게 제작되었다.

가. 장점

- 지면이 고르지 못하거나 무른 땅에서 훨씬 잘 사용할 수 있다.

나. 단점

- 회전능력이 제한되며, 식탁에 앉거나 휠체어를 이리저리 옮기려고 할 때 레버와 페달이 방해가 될 수 있다.

⑦ 기립형 휠체어

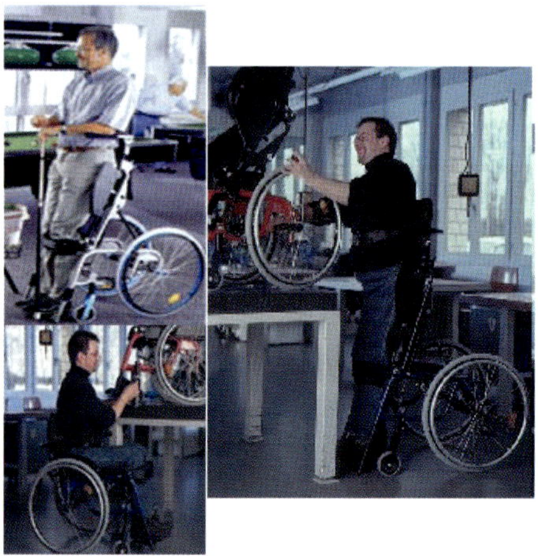

지지용 보장구를 사용하는 사람들이나, 고관절이나 무릎관절이 굳어 있는 사람들, 그리고 일반 휠체어에 앉을 수 없는 사람들을 위해 고안된 것이다. 이것은 또한 서있는 훈련을 할 때 이용되기도 한다. 어떤 모델은 서있거나, 선 자세로 일할 수 있도록 설계되어 있다.

⑧ 침대형 휠체어

침대형 휠체어는 엎드리고 이동하는데 사용할

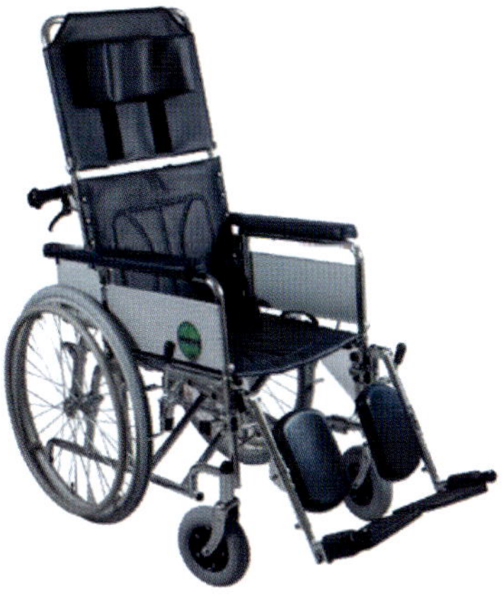

수 있는 것으로 주로 욕창으로 앉지 못하는 사람들이 사용한다.

가. 장점

- 앉을 수 없는 사람들이 혼자서 돌아다닐 수 있다.

나. 단점

- 넓은 공간을 필요로 하며, 무겁고 조종하기가 어렵다.

⑨ 좌석이 낮은 휠체어

두 다리만을 사용하고 손을 사용하지 못하는 사람이나, 한쪽 다리와 반대편 손만을 사용할 수 있는 사람들이 발로 휠체어를 밀어서 추진하게 되어있다. 이 모델은 절단이나 편마비등의 장애를 지닌 사람들에게 적합하다. 이 휠체어에는 분리형 다리받침대를 부착할 수도 있다.

⑩ 한 손 주행용 휠체어

직경이 다른 두개의 핸드림이 한쪽에 부착되어 있다. 작은 핸드림은 반대편 뒷바퀴를 작동시킨다.

서구에서는 한 손 주행용 기구가 표준형 장비와 보조형 장비로써 사용되고 있다. 이 휠체어는 한 팔만 사용할 수 있는 사람이나, 한 팔의 힘이 약한 사람들이 혼자 돌아다닐 수 있도록 해준다. 그러나 작동하기가 어렵고, 사용하는 팔의 힘이 강해야 하기 때문에 좌석이 낮은 휠체어나 레버동력 휠체어를 선택하는 것이 좋다.

⑪ 아동용 휠체어

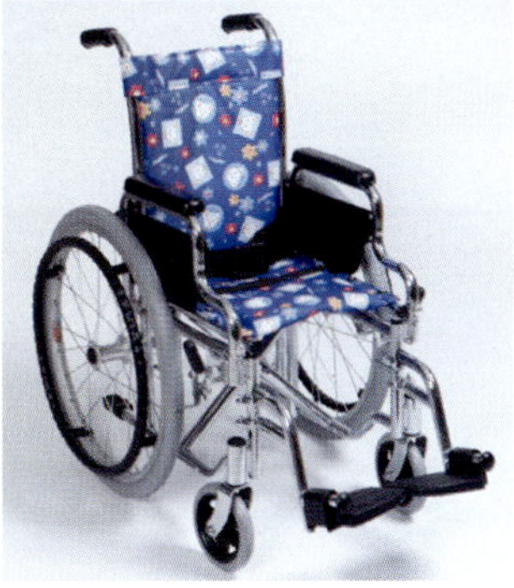

휠체어에 관한한 장애 아동들은 흔히 "작은 어른"인 것처럼 취급되어 왔다. 최근에 들어서야 아동들도 가능한 한 조기에 혼자 다닐 수 있는 기회를 갖는 것이 필요하다는 것을 인식하게 되었다.

아동이 움직이지 않고 누워만 있으면 두뇌 발달에 필요한 자극과 경험을 하지 못하게 된다. 그러므로 아동은 자기연령층에 맞는 휠체어를 사용해야 한다. 아동이 가능한 한 마루나 땅바닥의 물건을 혼자 집을 수 있도록 휠체어 의자를 충분히 낮추어야 하며, 이렇게 되면 아동은 혼자서 휠체어를 타고 내릴 수 있게 된다. 소아용 휠체어는 또래의 정상아동들과 같이 돌아다닐 수 있도록 가볍고 균형이 잘 잡혀 있어야 하며, 또한 실내에서도 아동이 마룻바닥처럼 낮은 위치와 탁자 높이에서도 놀 수 있도록 하는 것이 바람직하다. 이는 높이가 다른 두 대의 휠체어를 사용하거나, 좌석높이를 조절할 수 있는 휠체어를 사용하면 된다. 또한 어른이 아동을 휠체어에서 보통의자로 들어 옮겨주는 것도 방법의 하나이다. 장애아동이나 그의 친구들에게 휠체어가 둔탁하고 무거운 물건이라는 인상을 주지 않도록 하는 것이 중요하다. 그러므로 아동용 휠체어는 밝은 색상과 날렵한 모양을 하여 장난감같이 보이고, 실제로 아동이 장난감같이 쉽게 사용할 수 있어야 한다.

참고 문헌

::: 국내참고문헌 :::

강인(2003). 노인유사체험이 노인과 체험자 노화에 대한 태도에 미치는 영향. 한국노인복지학회

건강생활과학연구소(1997). 현대노년학, 서울:숙명여자대학교 출판부

고경애(1990). 한국청소년 노인부양의식에 관한 연구. 이화여자대학교 대학원 석사학위논문.

고도재(2002). 어린이 디자인 체험전시관의 공간구성 및 전시연출에 관한 연구. 홍익대학교 대학원 석사학위논문.

고승덕, 김명(1996). 한국보건교육학회: 노인의 일반적 특성과 신체적 정신적, 사회적 건강간의 관련성에 관한 연구, 대한보건협회, 보건학종합학술대회

고승덕, 조숙행(1997). 노인의 삶의 질 향상을 위한 요인 추출. 한국노년학, 17(2), 17-36.

고영복(1983). 전통사회의 효개념과 현실적 과제. 현대사회와 노인복지, 아산사회복지재단, 49-58

구한나리(2002). 장기요양보호대상 노인을 위한 주거환경 디자인 연구, 연세대학교 대학원 석사학위논문.

국미경, 문명호(2000). 일반아동의 장애체험이 장애아동에 대한 태도에 미치는 영향. 특수교육학회지, 35(3), 89-106

김광숙(1987). 청소년의 노인관에 대한 조사연구: 서울시내 중고등학교 학생을 중심으로, 성신여자대학교 대학원 석사학위논문.

김대연(1988). 효사상과 경로교육의 사적 고찰, 교육연구논총, 4 홍익대학교 교육연구소, 5-28

김미혜(2001). 사회복지전공 대학생의 노인에 대한 태도연구. 2001년 한국노인과학학술단체 연합회 학술발표.

김설향(1994) 신체활동이 노인의 우울 및 불안에 미치는 영향, 한국사회체육학회, 2, 129-138

김애순(2002). 성인발달과 생애설계, 서울: 시그마프레스

김영숙(2002). 중, 고등학생의 노인 이미지에 대한 도시와 농촌의 비교, 한국노년학, 21(3). 75-89

김윤정, 정선아(2001). 청소년의 노인에 대한 태도: 노인에 대한 인식과 행동간의 관계규명을 중심으로, 한국가정관리학회지, 19(6),1-11

김태현(1994). 노년학, 서울: 교문사

김행신(1998). 노인주거의 지원성 계획을 위한 주요 연구 : 노인단독가구를 대상으로. 대한건축학회 14권 10호

김혜경(1997). 청소년의 노인에 대한 태도와 조부모와의 세대 차이에 관한 연구. 한국 가정관리학회지, 15(4), 65-79

노승옥(1996). 여성노인의 건강상태와 신체적 심리적 사회적 요소들과의 관계연구. 여성건학간호학회, 21(1), 47-58

동경가스센타 매뉴얼(2003).

류종훈, 임창덕, 윤인호, 김동석, 오지혜(2002). 노인 교육의 이론과 실제. 서울: 학문사.

박희진, 조앤슈로이어(1996). 노인들의 환경디자인 요소와 낙상위험 인지도와의 관계 및 주거 내에서 낙상위험을 줄이기 위한 디자인 지침, 대한가정학회지, 45-55.

배선화(2004). 자연사박물관의 관람자 이용형태를 고려한 체험형 전시 연출에 관한 연구, 홍익대학교 대학원 석사학위논문

서문경애(2000). 치매노인가족의 적응모형구축. 연세대 대학원 박사학위논문.

서병숙, 김수현(1999). 대학생의 노인에 대한 이미지 연구, 한국노년학회 19(2) 97-111.

성인신(1994). 치매노인 가족의 부담감에 관한 연구. 숙명여자대학교 대학원 석사학위논문.

서혜경 외(2003). 1 · 3세대 통합을 위한 한세대 만들기 프로그램메뉴얼. 한국노인종합복지관협회

일본 시나가와구 팜플렛자료(2002)

안영섭(1996). 사회과학방법론총설. 서울: 법문사

안옥희, 김현진, 임희경(2002). 고령화 사회에서 노인의 이미지에 관한 조사, 한국생활과학회지, 11(4), 347-355

안병운(2005). 노인유사체험이 노인에 대한 태도 및 지식에 미치는 영향. 한림대학교 사회복지대학원 석사 학위논문.

연세대학교이연숙교수연구실(1993). 노인주택실내디자인지침, 서울: 경춘사

연태경 · 이윤희 · 최령 · 이연숙(2002). 일본 시나가와구 모델룸의 디자인 특성에 관한 현장사례연구. 대한건축학회 vol 22. no 1.

오은진(2000). 요양원 건축의 치료적 환경 특성과 치매노인 행동의 상호관련성. 연세대학교 대학원 박사학위논문.

오찬옥(2002). 고령화사회의 주택과 서비스 개발 방향: 노인재택을 가능하게 하는 주거디자인의 방향, 한국노년학회 춘계학술대회 및 정기총회, 한국노년학회 · 연세대학교 밀레니엄 환경디자인 연구소

원영희 외(2002). 노인의 자원봉사활동이 중학생의 노인에 대한 태도에 미치는 영향. 한국노년학회 22(2), 131-146.

이금룡(2002). 세대통합을 위한 노년기 사회적 역할. 한국청소년학회, 한국노년학회 공동 학술대회 간행물. 21-36

이선자(1988). 연령단계별로 본 노인에 대한 태도. 이화여자대학교 대학원 박사학위논문.

이연숙(1991). 한국의 주거문화모델 개발보급 방안연구, 한국문화예술진흥원문화발전소

이영숙, 박경란(2002). 노년학 교육이 대학생의 노인에 대한 태도에 미치는 영향. 한국노년학. 21(3). 29-41

이영숙, 박경란(2002). 노년학 교육이 대학생의 노인에 대한 태도에 미치는 여향. 한국여가레크레이션학회, 87-96

이윤희, 서혜경(2005). 노인생애체험전시관의 공간구성에 관한 연구. 한국실내디자인학회지. 제14권호, 156-164

이희범, 장인성(1997). 노인들의 신체활동에 대한 인식 변화와 교육에 관한 연구.

임종오, 이진오(2001). 노년기 노화에 따른 신체조성의 변화와 근력 및 근지구력의 관계. 한국노년학, 21(2),15-24.(임종화 · 이진호, 2001)

정경희 외(1998). 1998년 전국 노인생활실태 및 복지욕구 조사. 보건복지부

지환수(2002). 민속신앙을 주제로 한 박물관 전시 계획에 관한 연구, 서울시립대학교 대학원 석사학위논문

통계청(2001). 장래인구추계

통계청(2002). 한국의 사회지표.

한국보건사회연구원(1998). 국민건강조사. 보건복지부

한국장수사회문화협회(2003) 노인유사체험.

한림대(2005). 고령사회교육센타. 노인생애체험실 매뉴얼

한정란(2000). 대학생들의 노인에 대한 태도연구. 한국노년학회 20(3). 115-127.

한정란(2000). 노년교육학, 서울: 학지사

한정란, 김귀자(2003). 부모의 노인 및 조부모에 대한 태도와 자녀의 조부모에 대한 친밀감, 농촌지역을 중심으로. 노인복지학회.19 · (1), 61-82.

일본 핫토리메디컬 센타(2003). 노인유사체험.

홍순자(2001). 노년학개론. 서울: 하우사.

::: 국외참고문헌 :::

Aday, R. H., McDuffie, W.m & Sims, C.R.(1993). Impact of an International program on black adolescent' attitudes toward the elderly, Educational Gerontology, 19, 7, 663-674

Anderson-Hanley, C.(1999). Experiential activities for teaching psychology of aging. Educational Gerontology, 25, 449-456

Altman, I. & Chemers, M.(1986). Culture and environment. Cambridge University Press. Carp, F. M. and Carp, A.(1984). A complementary/congrunce model of well-being or mental health for the community elderly.

Baum, B. J.(1985). "Alterations in Oral Function." In Principles of Geriatric Medicine, edited by R. Andres, E.L. Bierman, and W.R. Hazzard. New York: McGraw-Hill Bell, 1976

Bengtson, V. L., Rice, C. J., Johnson, M. L.(1999). Are theories of aging important? Model and explanation in gerontology at the turn of the century.

Chowdhary, U., Schultz, C., Hasselriis, P., Kujath, H. A., Penn, D., & Henson, S.(2000). Integrating Activities and Aging appreciation of elementary school children, Educational Gerontology, 26, 541-564

Cristfalo, V. J., Tresini, M., Francis, M. K., Volker, C.(1999). Biological Theories of Senescence. Bengtson, V. L. & Schaie, K. W.(Eds)

Doty, R.L., and Snow, J.B(1988). "Age-related Alterations in Olfactory Structure and Function." In Molecular Neurobiology of the Olfactory System: Molecular Membranous and Cytological Studies, edited by F.L. Margolis and T.V. Getchell. New York: Plenum, 1988.

Eileen Schwalbach, Sharon Kiernan,(2000). Effects of an intergenerational friendly visit program on the attitudes of fourth graders toward elders, Educational Gerontology, 28, 175-187

Ellis, Nancy B.(1991). "Aging, Functional Change, and Adaptation." In Occupational Therapy and the Older Adult, edited by Jean M. Kiernat, Aspen Publishers.

Ellis, E. (1996). The yorthful option. Atlanta, GA : Aberdeen House.

Frank .L.J., Huges, J.P., Phels et al(1993). Intergenerational influences on midwest college students by three grandparents and significant elders. Educational Gerontology 19(3) 265-270.

Goffman, E.(1959). The Presentation of self in everyday life. Edinburgh: University of Edinburgh. Gordon & Hallauer, 1976, Porter & O'Connor, 1978

Hawkin. M.J.(1996). College student's attitudes toward elderly persons. Educational Gerontology, 22, 271-279.

Hulicka, Irene & Susan K Whitbourne(1979). Teaching Undergraduate Courses in Adult Development and Aging, Mt. Desert, MN: Beech Hill

Altman, I. et, al.(1984). Elderly people and the environment. New York : Plenum Press

Kaminkowitz, Grace(1993). "Aging: Try Walking a Mile in Moccasins of Age." In The Life Course: A Handbook of Syllabi and Instructional Material,edited by Timothy J. Owens, Indiana University at Indianapolis Distributed by ASA Teaching Resources Center, 1722 N. Street NW, Washington, DC 20036.

Kingson, E.R.(1989). The social policy implications of intergenerational exchange. Binghamton, N Y: Haworth Press.

Knapp, J. L & Stubblefield, P.(2000). Changing Students' perceptions of aging: the impact of an intergenerational service learning course, Educational Gerontology, 26, 611-621

Newman, Sally et, al(1997). Intergenerational programs, Tayor& Francis.

Remnet, VL(1989). Understanding Older Adults and Experiential Approach to Learning. Lexington, MA: Lexington Books

Rowe, J. & Kahn, R.(1987). Human aging : Usual and successful. Science, 237, 433-440.

Rowe, J. & Kahn, R.(1997). Successful aging. The Gerontologist, 37, 433-440.

Seefeldt, C.(1987). The effects of preschoolers' visits to a nursing home. The Gerontologist, 27, 127-137.

Scheider, R. & Kropf, Nancy & Kisor, Anne(1996). Gerontological Social Work: knowledge, service settings, and special populations, Brooks/Cole Cor.

Schwalbach, E. & Kiernan, J. P.(2002). Effects of an intergenerational friéndly visit program on the attitudes of fourth graders toward elders, Educational Gerontology, 28, 175-187

Smith, D. W. E.(1993). Human longevity. Oxford, UK: Oxpord University Press.

Solomom, D. H.(1999). The role of aging processes in aging-dependent diseases.

Tan, P & Hawkins, M.J(2001). Student attitudes toward older adult the elderly and integenerational programming. Child & Youth Services. 20(1) 161-173.

Usha Chowdhary, Carol M. Schultz, Peter Hasselriis,Harry A. Kujath, Dolores Penn, Sharon Henson, (2000). Intergenerating and aging appreciation of elementary school children, Educational Gerontology, 26, 541-564,

Wong, P. T. P., & Watt, L. M.(1991). What types of reminiscence are associated with successful again? Psychology and aging, 6, 272-279

Wood, Monika Deppen(1999). "Experiential Learning About Aging: A Simulation Exercise For Undergraduate Students." In Dena Shenk and Jay Sokolovsky, eds. Teaching About Aging: Interdisciplinary and Cross-cultural Perspectives, 3rd ed., Association for Anthropology and Gerontology and Association for Gerontology in Higher Education

Wood, Monika Deppen(2002). "Experiential Learning for Undergraduates: A Simulation About Functional Change and Aging." In Gerontology & Geriatrics Education, Vol. 23(2)

倥井政明, 山野井郭德, 山本都久(1997). 高齡者敎育論, 東信堂(Educational Gerontology)

::: 웹사이트 :::

http://www.nursing.upenn.edu/centers/hcgne/gero_tips/TLS_Teaching.htm(미국)

http://crab.rutgers.edu/~deppen/teach.htm(미국)

http://fcs.tamu.edu/families/aging/aging_simulation/index.php(미국)

http://www.enasco.com/healtheducation/ProductDetail.do?sku=SB24999G(미국)

http://www.dw_world.de/dw/article/0,,782623,00.html(독일)

http://www.globalaging.org/health/world/instaging.htm(독일)

http://www.fi.edu/guide/knox/simcenters.html(스위스)

http://www.wac.or.jp(일본)

http:// www.tg.showroom.com(동경가스센터)

http://www.karpkr.org/seniorsim/seniorsim_intro.asp(대한은퇴자협회)

http://www.bekkoame.ne.jp/~monaka(핫토리 메디컬 센터)